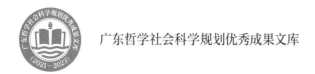

广东哲学社会科学规划优秀成果文库

新时代国家治理视域下检察公益诉讼的本土化构建

黄旭东 著

·广州·

版权所有　翻印必究

图书在版编目（CIP）数据

新时代国家治理视域下检察公益诉讼的本土化构建/黄旭东著． -- 广州：中山大学出版社，2024.12． -- （广东哲学社会科学规划优秀成果文库：2021—2023）． -- ISBN 978 - 7 - 306 - 08211 - 4

Ⅰ. D925.04

中国国家版本馆 CIP 数据核字第 2024BH7993 号

出 版 人：	王天琪
策划编辑：	金继伟
责任编辑：	周　玢
封面设计：	林绵华
责任校对：	王　璞
责任技编：	靳晓虹
出版发行：	中山大学出版社
电　　话：	编辑部 020 - 84110283，84113349，84111997，84110779，84110776
	发行部 020 - 84111998，84111981，84111160
地　　址：	广州市新港西路 135 号
邮　　编：	510275　　传　真：020 - 84036565
网　　址：	http://www.zsup.com.cn　　E-mail：zdcbs@mail.sysu.edu.cn
印 刷 者：	佛山家联印刷有限公司
规　　格：	787mm×1092mm　1/16　11.75 印张　224 千字
版次印次：	2024 年 12 月第 1 版　2024 年 12 月第 1 次印刷
定　　价：	98.00 元

如发现本书因印装质量影响阅读，请与出版社发行部联系调换

《广东哲学社会科学规划优秀成果文库》
出版说明

为充分发挥哲学社会科学优秀成果和优秀人才的示范带动作用，促进广东哲学社会科学繁荣发展，助力构建中国哲学社会科学自主知识体系，中共广东省委宣传部、广东省社会科学界联合会决定出版《广东哲学社会科学规划优秀成果文库》（2021—2023）。从2021年至2023年，广东省获立的国家社会科学基金项目和广东省哲学社会科学规划项目结项等级为"优秀""良好"的成果中，遴选出17部能较好体现当前我省哲学社会科学研究前沿，代表我省相关学科领域研究水平的学术精品，按照"统一标识、统一封面、统一版式、统一标准"的总体要求组织出版。

2024年10月

内 容 摘 要

检察机关提起公益诉讼制度经历了 2 年局部试点和 7 年的全面推行，在促进依法行政、严格执法、维护宪法法律权威、维护国家利益和社会公共利益等方面发挥了重要作用。但该制度目前的立法规定较为单薄，立法供给不足制约了公益诉讼制度的发展。基于此，本课题着重研究检察公益诉讼的基本原理，以此为基础，梳理和归纳现行司法解释中与检察公益诉讼相关的内容，并结合该制度在司法实践适用中出现的新问题，对检察公益诉讼各阶段所涉重要问题进行深入研究，并提出整体性的完善思路。

第一，检察机关在公益诉讼中的法律地位是检察公益诉讼制度的元问题。检察机关正是因为法律监督者这一特殊身份，才能对破坏公共利益的违法行为进行追责。例如，在行政公益诉讼中，检察机关提起公益诉讼，并非寻求司法救济，而是对行政机关的违法行为进行监督和追诉。正是这些特殊性决定了检察机关提起公益诉讼，与民事、行政诉讼中一般的原告不同，也区别于其他公益诉讼主体，以"公益诉讼起诉人"的身份参与公益诉讼，更能体现检察机关的诉讼地位。检察机关提起公益诉讼属于行使公权力，是维护公法秩序的行为，法院不能将其作为通常起诉主体对待。

第二，检察机关提起公益诉讼必须经过诉前程序，因此，有效发挥公益诉讼诉前程序的功能颇为关键。但民事公益诉讼和行政公益诉讼的诉讼主体、诉讼对象不同，诉前程序内容也有区别。在民事公益诉讼中，从节约司法资源、促进社会组织参与治理、推动行政机关履行职责等角度考虑，应尽可能使符合法定条件的行政机关和有关组织提起民事公益诉讼，诉前程序的功能主要就是排查适格的起诉主体。在行政公益诉讼中，诉前程序主要是协调司法和行政的关系，启动公益诉讼之前要特别注意不能以司法权破坏行政权的正当运行，检察机关应当向行政机关提出检察建议，督促其依法履行职责。为更好地督促行政机关履行职责，建议设定时限、限期答复，行政机关不依法履行职责的，人民检察院依法向人民法院提起诉讼。

第三，检察机关诉讼请求的设定要符合公益诉讼的性质。我国消费民事公益诉讼领域虽然已有主张惩罚性赔偿并获判决支持的成功先例，但是对于引入惩罚性赔偿请求权的正当性问题仍然存在争议。结合我国实际情况，我们可从制度目标需求、现行立法授权与司法环境构建三个维度论证引入惩罚性赔偿制度的正当性。为确保诉讼必要性以节约司法资源，相关主体应选择适宜主张惩罚性赔偿的消费民事公益诉讼案件类型，有针对性地进行诉讼。消费民事公益诉讼应当着重以个体损害数额微小而侵害对象众多的不特定违法行为为诉讼对象，关注大规模、广泛性的侵害行为，并通过主张惩罚性赔偿，克服消费者自诉惰性的负面后果，避免偷逃惩罚成为经营者牟取暴利的大概率事件。

第四，公益诉讼应当兼具预防性功能和补救性功能。公共利益损害补救的成本往往高于预防的成本，而且有些公共利益损害的后果具有不可逆转的特点，难以补救，也就是说，事前预防的效益会远远大于事后补救的效益。因此，公益诉讼应当注意充分发挥其预防性功能，将公共利益损害风险的防控置于首位。检察机关在设计公益诉讼的诉讼请求时，可探索预防性诉讼。

第五，检察机关提起行政公益诉讼与公民、法人和其他组织基于自己的主观权利提起行政诉讼有所区别，现行的《中华人民共和国行政诉讼法》①（简称《行政诉讼法》）的诉讼规则并不能不加区分地被直接套用到公益诉讼中。在证明责任方面，考虑到行政公益诉讼是"官告官"，检察机关是代表国家提起行政公益诉讼，具有较大的社会影响力，因而证明责任制度的完善应从程序性事项和实体性事项的区分入手，合理分配行政机关和检察机关各自的证明事项，根据诉讼属性，构建多层次的证明标准。另外，为保障检察机关案件的证明质量和效果，应准确理解公益诉讼案件线索，完善检察机关调查取证权。

第六，检察公益诉讼在法定办案领域形成了"4＋N"格局②，助力国家治理体系和治理能力现代化。检察机关应在新的实践中不断探索，顺应人民群众对公益保护的新需求，不断拓展公益诉讼案件范围。例如，随着互联网技术的快速发展，针对各种网络侵权、网购纠纷中公共利益的保护，检察机关可探索互联网领域的公益诉讼；随着生态环境资源保护向纵深发展，古树名木、野

---

① 本书所有法律法规，除了明确标明版本的，均指最新版本。
② "4"是指2017年7月1日施行的《行政诉讼法》和《中华人民共和国民事诉讼法》（简称《民事诉讼法》）所明确列举的领域：生态环境和资源保护领域、食品药品安全领域、国有财产保护领域、国有土地使用权出让领域。"N"是指2018年以来全国人大常委会修改、制定相关法律时，通过单行法的形式又进一步增加了若干个新领域。2018年1个：英雄烈士保护领域。2021年4个：未成年人保护领域、军人地位和权益保障领域、安全生产领域、个人信息保护领域。2022年4个：反垄断领域、反电信网络诈骗领域、农产品质量安全领域、妇女权益保障领域。2023年1个：无障碍环境建设领域。

生动物的保护存在一定的问题和困难，检察机关可通过总结在古树名木、野生动物公益诉讼保护方面的经验和做法，为生态环境资源保护提供有益的借鉴。

第七，公益诉讼裁判的执行监管问题也需妥善处置。由于公益诉讼执行具有特殊性，特别是公益诉讼赔偿金支付给谁、由谁支配，修复工程由谁实施、由谁监管，执行效果如何评估，等等，都存在法律空白。这恰恰说明了公益诉讼较为复杂，需要细致的规则、制度来保障。同时，现代法治视野下的公益诉讼和公益维护需要法治，司法是法律实施的重要而非唯一手段，是执法的补充而非替代，构建检察公益诉讼制度也不应孤立进行，应按照多方协力、有机联系的原则进行系统化构建，这样方能行稳致远。

目 录

导 言 1

第一章 检察公益诉讼的基本认识 5
一、公益诉讼的界定 5
二、公益诉讼的类型 6
三、公益诉讼的相关理论 7
四、域外检察机关提起公益诉讼的立法例 9
五、我国检察机关提起公益诉讼入法的理论辨析 12
六、我国检察公益诉讼的守正创新 16

第二章 检察公益诉讼的诉前程序 20
一、诉前程序的法理基础 21
二、诉前程序的功能 25
三、诉前程序的制度规定 26
四、诉前程序的主要问题及应对策略 27
五、诉前程序的功能拓展 32

第三章 检察公益诉讼的诉讼请求 40
一、消费民事公益诉讼诉讼请求的梳理 41
二、惩罚性赔偿在我国消费诉讼领域的演进 44
三、消费民事公益诉讼引入惩罚性赔偿的正当性 46

四、消费民事公益诉讼惩罚性赔偿的具体设置 …………………… 51
五、检察公益诉讼预防性诉讼请求的促进 ………………………… 54

第四章　检察公益诉讼的证明责任 …………………………………… 60
一、论题的界定 ……………………………………………………… 60
二、证明责任的基本理论 …………………………………………… 61
三、行政公益诉讼证明责任分配原则的争论及分析思路 ………… 67
四、行政公益诉讼证明责任的实践情况 …………………………… 71
五、公益诉讼起诉人的证明责任 …………………………………… 81
六、被告的证明责任 ………………………………………………… 86
七、完善行政公益诉讼证明责任的整体路径 ……………………… 88

第五章　检察公益诉讼的类型化检视 ………………………………… 93
一、检察公益诉讼案件范围的综合考量 …………………………… 93
二、互联网领域检察公益诉讼 ……………………………………… 96
三、个人信息保护检察公益诉讼 …………………………………… 100
四、涉税领域检察公益诉讼 ………………………………………… 102
五、食品安全领域检察公益诉讼 …………………………………… 105
六、古树名木保护检察公益诉讼 …………………………………… 108
七、野生动物保护检察公益诉讼 …………………………………… 116

第六章　检察公益诉讼的实体责任 …………………………………… 122
一、生态环境修复费用的确定 ……………………………………… 122
二、生态环境损害案例评析 ………………………………………… 126
三、生态环境修复费用的给付 ……………………………………… 131
四、生态环境修复费用的使用 ……………………………………… 135
五、生态环境修复费用的监管 ……………………………………… 139

第七章　检察公益诉讼的判决执行 …………………………………… 146
一、恢复性司法理念在检察公益诉讼中的适用 …………………… 146

二、检察公益诉讼的执行依据 …………………………………… 148
三、检察公益诉讼的执行方式 …………………………………… 153
四、检察公益诉讼的执行保障 …………………………………… 155
五、环境民事检察公益诉讼案例评析 …………………………… 157

结　语 ………………………………………………………………… 168

参考文献 ……………………………………………………………… 170

导　言

在现代社会背景下，一方面，人们享受着科技和经济发展所带来的便利；另一方面，这种发展也对生态环境、食品安全、市场秩序、国有资产、弱势群体等造成了现实损害，或是使得人们处于各种前所未有的风险之中。对此，构建公益诉讼制度以保护国家利益、社会公共利益的呼声高涨。全国人大常委会于2012年8月31日通过了《民事诉讼法》的修改决定，增设了民事公益诉讼制度。① 这是公益诉讼制度首次被纳入国家层面的立法，也宣告在我国的诉讼形式中增加了公益诉讼这一新的类型，公益诉讼的司法实践由此正式展开，这对于维护我国公共利益、进行公益损害救济具有十分重要的意义。

2012年，《民事诉讼法》将公益诉讼制度纳入法律框架具有积极意义，但是，该条款对于公益诉讼的具体规定存在不足。主要体现为：第一，该条属于原则性规定，并没有涉及公益诉讼的具体程序，操作性不强。实践中应该如何启动公益诉讼，应该依照什么样的公益诉讼程序，尚需立法并进一步根据实际情况予以细化。第二，对原告资格的规定较为抽象。对公益诉讼而言，确定原告资格是首要的关键问题，但当时公益诉讼条款只规定了"法律规定的机关和有关组织"有权向人民法院提起公益诉讼。从字面进行理解，即只有法律规定的机关和组织才能提起公益诉讼。2012年《民事诉讼法》修改之时，仅有《中华人民共和国海洋环境保护法》（简称《海洋环境保护法》）规定有关部门代表国家对海洋环境污染损害责任人提起侵权损害赔偿，② 至于其他公益诉讼起诉主体，则尚无单行法的授权。

公益诉讼的实践迫在眉睫，但《民事诉讼法》关于原告资格的规定实质上是一个概括性、指引性的条款，需要借助其他法律来明确相应领域公益诉讼

---

① 《民事诉讼法》（2012年修正）第五十五条规定："对污染环境、侵害众多消费者合法权益等损害社会公共利益的行为，法律规定的机关和有关组织可以向人民法院提起诉讼。"
② 我国《海洋环境保护法》（1999年修订）第九十条第二款规定："对破坏海洋生态、海洋水产资源、海洋保护区，给国家造成重大损失的，由依照本法规定行使海洋环境监督管理权的部门代表国家对责任者提出损害赔偿要求。"

的原告范围,学者将其称为民事公益诉讼"基本法+单行法"的立法模式。①《民事诉讼法》对相关单行法提出了立法要求,也为立法机关适时立法提供了空间,此后全国人大及其常委会根据公共利益发展的新情况,选择合适的诉讼主体,及时出台了相关法律规定以授权其发动公益诉讼。例如,2013年修正的《中华人民共和国消费者权益保护法》(简称《消费者权益保护法》)第四十七条赋予了中国消费者协会及省级消费者协会提起消费公益诉讼的权利;2014年修订的《中华人民共和国环境保护法》(简称《环境保护法》)第五十八条赋予了符合条件的社会组织提起环境公益诉讼的权利。《民事诉讼法》及上述相关法律授予了社会组织提起民事公益诉讼的权利,实践中也确实有社会组织提起环境公益诉讼或消费公益诉讼的案例,但由于相关的规则门槛较高,加上公益组织在专业技术要求和诉讼资金方面也有些力不从心,②因此由社会组织发起的公益诉讼案件总量不多,无法满足实践需求,导致社会公共利益的诉讼保护仍处于不利局面,迫切需要更有执行力的诉讼主体来推动这一制度。

在此期间,检察机关作为公益诉讼主体的地位并未得到明确,这是由于当时对公益诉讼制度的实际作用以及公益诉讼的原告主体范围存在着不同的认识。③但从理论上讲,检察机关作为国家的法律监督机关是宪法赋予的职能定位,公益诉讼也并非脱离法律监督职能的新职能,其不仅是法律监督,而且是法律监督的有力体现,这与检察机关作为法律监督机关的定位并不冲突。基于加强公共利益保护的需求,党的十八届四中全会适时提出由检察机关进行公益诉讼的实践探索,也正是建立在检察机关作为公共利益代表这一基础上。④

为了在法治轨道上推进这一诉讼机制,立法机关采取了一系列的立法行动来保障检察公益诉讼的实施。全国人大常委会先是于2015年7月1日授权检察机关进行检察公益诉讼的试点改革,最高人民检察院(简称"最高检")随

---

① 参见韩波《公益诉讼制度的力量组合》,载《当代法学》2013年第1期,第32页。

② 例如,环保组织需要提交连续5年的年检报告,因此,新设立的环保组织无法满足条件,从而被挡在公益诉讼门外。参见常纪文、李曜坤《美丽中国建设监督体系构建的成效、不足与建议》,载《中国生态文明》2022年第6期,第62页。

③ 参见张卫平《公益诉讼原则的制度化及实施研究》,载《清华法学》2013年第4期,第14-15页。

④ 党的十八届四中全会提出了探索建立检察机关提起公益诉讼制度。习近平总书记在党的十八届四中全会上专门对建立这一制度做了说明,突出强调"由检察机关提起公益诉讼,有利于优化司法职权配置、完善行政诉讼制度,也有利于推进法治政府建设"。在致第二十二届国际检察官联合会年会暨会员代表大会的贺信中,习近平总书记再次深刻指出:"检察官作为公共利益的代表,肩负着重要责任。"

后于 2015 年 7 月 2 日公布了《检察机关提起公益诉讼改革试点方案》。检察机关在为期 2 年的试点工作中，提起了数量可观的不同类型公益诉讼，对公共利益的保护发挥了积极作用。为巩固试点改革的成果，全国人大常委会在 2017 年专门修改《民事诉讼法》①和《行政诉讼法》②，加入了检察公益诉讼条款。2018 年全国人大常委会修改《中华人民共和国人民检察院组织法》（简称《人民检察院组织法》）时，根据上述两大诉讼法的修改情况，在检察机关的职权类型中对应增加规定了依法提起公益诉讼的职能。2019 年全国人大常委会修改《中华人民共和国检察官法》（简称《检察官法》）时，也在检察官的职责中对应加入了公益诉讼的内容。与此同时，我国最高人民法院（简称"最高法"）和最高检（最高法和最高检简称"两高"）于 2018 年联合发布《最高人民法院、最高人民检察院关于检察公益诉讼案件适用法律若干问题的解释》（简称《检察公益诉讼案件司法解释》），并于 2020 年及时做了修正，明确并细化了办理检察公益诉讼案件的具体程序事项，为检察公益诉讼制度的运行提供了规范依据。

在单行法方面，立法机关通过专门条款授权有关主体提起公益诉讼的形式，不断拓展公益诉讼的适用范围。例如，2018 年出台的《中华人民共和国英雄烈士保护法》（简称《英雄烈士保护法》）第二十五条、2020 年修订的《中华人民共和国未成年人保护法》（简称《未成年人保护法》）第一百零六条、2021 年修正的《中华人民共和国安全生产法》（简称《安全生产法》）第七十四条、2021 年出台的《中华人民共和国个人信息保护法》（简称《个人信息保护法》）第七十条、2022 年修订的《中华人民共和国妇女权益保障法》（简称《妇女权益保障法》）第七十七条等法律条文，都明确规定了检察机关在这些领域有权提起公益诉讼，为检察公益诉讼的具体实施提供了法律依据。各地立法机关也积极响应检察公益诉讼的实践需求，广东、云南、重庆、上海、浙江等 20 多个省级人大常委会于 2019 年至 2022 年期间陆续出台了支持

---

① 所增设的一款，为现行《民事诉讼法》第五十八条第二款：人民检察院在履行职责中发现破坏生态环境和资源保护、食品药品安全领域侵害众多消费者合法权益等损害社会公共利益的行为，在没有前款规定的机关和组织或者前款规定的机关和组织不提起诉讼的情况下，可以向人民法院提起诉讼。前款规定的机关或者组织提起诉讼的，人民检察院可以支持起诉。

② 所增设的一款，为现行《行政诉讼法》第二十五条第四款：人民检察院在履行职责中发现生态环境和资源保护、食品药品安全、国有财产保护、国有土地使用权出让等领域负有监督管理职责的行政机关违法行使职权或者不作为，致使国家利益或者社会公共利益受到侵害的，应当向行政机关提出检察建议，督促其依法履行职责。行政机关不依法履行职责的，人民检察院依法向人民法院提起诉讼。

检察公益诉讼工作的地方性法规①。

2023年3月,最高检在第十四届全国人民代表大会第一次会议上所做的工作报告显示:2022年,全国检察机关共办理公益诉讼案件19.5万件,比2018年上升72.6%。② 这说明我国检察公益诉讼工作随着法律依据的不断健全而得到了较大的发展,检察机关办理的公益诉讼案件数量在世界范围内都相当可观,及时有效地维护了公共利益,又彰显了我国国家治理的特色,形成了公益司法保护的"中国方案"。③

但目前《民事诉讼法》和《行政诉讼法》的规定不够详细,相关单行法也是如此,而承载具体诉讼规则的司法解释又难有较大突破。实践中检察公益诉讼规则存在模糊和争议,尚无法满足实践需求。例如,检察机关在公益诉讼中的地位与传统当事人是否有区别?检察机关在办理案件过程中,如何加强调查核实权从而保障办案效果?诉前程序与诉讼程序的有效衔接、公益诉讼裁判执行的衔接协调机制等程序问题有待厘清,法定领域公益诉讼办案质效有待强化。鉴于党的二十大报告提出了"完善公益诉讼制度",检察机关提起公益诉讼虽然已有一定的立法支撑,但还需要进一步的制度优化。④ 本书拟对检察公益诉讼的原理以及适用中所涉及的重要问题进行研究,从而为完善检察公益诉讼制度提供绵薄之力。

---

① 在"北大法宝"网站检索,截至2023年8月,共有24件地方性法规,其中,省级地方性法规21件,湖北省人大常委会于2019年7月出台的加强检察公益诉讼的决定是最早的,最新的是西藏自治区人大常委会2022年11月发布的关于加强新时代检察公益诉讼工作的决定。此外,另有珠海、汕头、深圳以经济特区法规形式出台的3件加强检察公益诉讼工作的决定。

② 参见张军《最高人民检察院工作报告——二〇二三年三月七日在第十四届全国人民代表大会第一次会议上》,载《人民日报》2023年3月18日,第4版。

③ 参见邱春艳《完善公益司法保护的中国方案 为服务保障中国式现代化作出新的检察贡献》,载《检察日报》2022年11月3日,第1版。

④ 参见汤维建《民事诉讼法学精论》(上册),中国检察出版社2022年版,第608页。

第一章　检察公益诉讼的基本认识

一、公益诉讼的界定

公益诉讼是与传统的私益诉讼相对应的一种新型诉讼模式，旨在维护社会公共利益。公益诉讼最早可以追溯到古罗马，西方国家在20世纪六七十年代将公益诉讼作为"保护扩散利益、实现市民正义"的手段推动其发展。①

学界对于公益诉讼的定义并不统一。广义说认为，只要诉讼中的内容涉及"公共利益"，就可归为公益诉讼。从这个层面理解，除了民事公诉、行政公益诉讼之外，检察机关提起刑事公诉也可纳入公益诉讼范畴。狭义说则从诉讼法角度提出，根据原告与案件的利益关系，可以区分私益诉讼与公益诉讼，公益诉讼的原告并非因为自己的权利受侵害而起诉，公益诉讼是指原告为了维护客观法律秩序或公共利益而提出诉讼主张的诉讼类型。另有学者从民权运动的意义上界定公益诉讼，将公益诉讼与社会变革联系起来，认为公益诉讼基于人权保护观念，重点关注社会发展进程中弱势群体的利益保护。②

在上述三种界定中，本书采用狭义说，从诉讼技术层面来理解公益诉讼，所讨论的公益诉讼是仅涉及公共利益或具备公共因素、原告与讼争案件不存在直接利害关系的诉讼形态。在这种诉讼形态中，原告起诉并非为了自己的利益，而纯粹是为了公共利益。公共利益是相对于私人利益而言的，但是，公共利益与私人利益并非绝对分离，因为某些个人利益和公共利益是统一的。

公共利益通常是指社会公共利益，即为社会全部或部分成员所享有的利益。但公共利益不仅仅限于社会公共利益，与公共利益相关的概念还有国家利益。国家利益虽然不同于国民的个人利益，但国家由国民所构成，国家利益在一定程度上体现了国民的个人利益和公共利益，特别是我国的国有经济实行的

---

① 参见[美]H. 盖茨《公共利益诉讼的比较法鸟瞰》，见[意]莫诺·卡佩莱蒂《福利国家与接近正义》，刘俊祥等译，法律出版社2000年版，第82页。

② 参见林莉红《公益诉讼的含义与范围》，载《法学研究》2006年第6期，第149页。

是全民所有，国家利益与全体公民息息相关，因此，我国公共利益不仅包括社会公共利益，还包括国家利益。在我国公益诉讼实践中，国家利益也被纳入公益诉讼的范畴。① 另外，"公地悲剧"等现象又提示我们，公共利益具有易受侵犯的特点，如果将公共利益的保护仅仅寄希望于社会个体的道德和良知，那么公共资源最终将被个人自觉或不自觉地榨取干净。因此，我们有必要将司法作为公共利益保护的最后手段。有关主体将侵害公共利益的违法行为诉诸法院，通过公益诉讼寻求司法救济是有力的保护手段。

二、公益诉讼的类型

公益诉讼有多种分类方法，例如，根据公共利益所处的领域，可分为环境公益诉讼、消费公益诉讼、妇女权益公益诉讼、未成年人权利公益诉讼等；根据公益诉讼请求的内容，可分为预防性公益诉讼、禁令性公益诉讼、补偿性公益诉讼、惩罚性公益诉讼等；根据原告的身份，可分为机关公益诉讼、团体公益诉讼等。还有观点主张，公益诉讼是一种独立的诉讼类型，因为我国目前的诉讼制度不论民事诉讼还是行政诉讼都属于私益诉讼的范围而非出于维护公益的目的。这种观点看到了环境公益诉讼和传统诉讼的区别，但也有学者认为，维护公益的目的并不必然导致这一诉讼模式不能融入目前的诉讼制度体系中。② 因为从划分标准来说，公益诉讼、私益诉讼是以诉讼目的为标准的，而民事诉讼、行政诉讼是以主体间关系为标准的，认为公益诉讼不属于民事或行政诉讼实质是混淆了两种不同的分类依据，这种观点看到了环境公益诉讼和传统诉讼的联系。

本书根据我国现行诉讼法的规定，以公益诉讼所涉案件的性质为标准，将公益诉讼分为民事公益诉讼和行政公益诉讼。民事公益诉讼是指为维护社会公共利益，针对民事主体的侵权行为提起的请求法院提供民事救济的诉讼；行政公益诉讼是指当行政主体的违法行为或不作为侵害了公共利益或使公共利益有

---

① 但张卫平教授认为，公益诉讼是涉及不特定主体的社会公共利益的诉讼，所涉及的公共利益如果有特定主体的，就不需要纳入公益诉讼的范围。例如，国有资产有特定的主体，无须将此类诉讼纳入公益诉讼，而是由代表国家的机关直接提起诉讼。参见张卫平《民事诉讼法》，法律出版社 2019 年版，第 358 – 363 页。

② 参见黄锡生、谢玲《环境公益诉讼制度的类型界分与功能定位——以对环境公益诉讼"二分法"否定观点的反思为进路》，载《现代法学》2015 年第 6 期，第 109 页。

受侵害之虞，而请求法院通过行政诉讼纠正行政违法的制度。① 作为保护公共利益的司法手段，民事公益诉讼和行政公益诉讼既密切联系，又存在着明显差异。

这两种公益诉讼都以维护社会公共利益为目的，都源于罗马法的公益诉讼，具有功能一致、提起主体一致、案件类型一致等共性。其差异主要表现为以下五个方面：

第一，被告不同。前者的被告是实施了侵权行为而损害社会公共利益的民事主体，包括公民、法人或其他组织；后者的被告则是拥有行政权的行政机关或其他行政主体。

第二，被诉对象不同。前者针对的是民事违法行为，后者则是以违法行政行为作为被诉对象。

第三，诉讼性质不同。前者侧重于对民事违法行为进行否定性评价，以及对受侵害利益提供救济，就诉讼本身而言基本属于救济性，而不涉及监督问题。② 后者则侧重于对行政机关的行政行为实施法律监督，以督促其依法行政，具有很强的监督性。

第四，适用的程序规则有较大差异。民事公益诉讼的案件由中级人民法院管辖，行政公益诉讼的案件则由基层人民法院即可管辖，两类案件的诉讼证据规则等也有区别。

第五，诉讼效果不同。前者的诉讼效果是让侵权行为人停止侵害、消除危险、排除妨碍，就造成的损失进行损害赔偿；后者主要涉及撤销被诉行政行为、责令行政机关履行法定职责等。

三、公益诉讼的相关理论

公益诉讼以保护公共利益为诉讼目的，其主要特征之一是原告资格的扩张，即原告与讼争案件之间没有直接的利害关系。公益诉讼"原告申诉的基础并不在于自己的某种权利受到侵害或胁迫，而在于希望保护因私人或政府机关的违法作为而受损的公众或一部分公众的利益"③。传统诉讼理论是坚持原

---

① 参见蔡虹、梁远《也论行政公益诉讼》，载《法学评论》2003年第2期，第100页。
② 参见张艳蕊《民事公益诉讼制度研究——兼论民事诉讼机能的扩大》，北京大学出版社2007年版，第39页。
③ [美] H. 盖茨：《公共利益诉讼的比较法鸟瞰》，见 [意] 莫诺·卡佩莱蒂《福利国家与接近正义》，刘俊祥等译，法律出版社2000年版，第82页。

告适格规则，只有在法律上与案件有利害关系的人，才能成为案件的原告。而在公益诉讼中，原告资格会由与案件有利害关系的人向其他主体扩张，其理论基础主要有以下四类：

（1）"私人检察总长"理论。"授权任何非公共官员的个人，或者指定的团体来提起诉讼……即使唯一的目的是维护公共利益。这样的人，一旦获得这种授权，就是所谓的私人检察总长。"① 也就是说，个人或团体可以经由法律的授权，像检察总长一样拥有维护公共利益的相关权限，针对损害公共利益的违法行为提起诉讼。这一理论的实质在于，由私人充当公共利益代表，其目的是补充行政执法资源的匮乏，以确保公共利益免受不法行为的侵害。美国为了激励个人提起公益诉讼，甚至通过立法规定胜诉的原告可以要求对方支付律师费，并获得一定数量的赔偿额。②

（2）共和主义理论。根据该理论，自由平等的公民对公共利益负有保护的责任，当公民作为原告提起公益诉讼时，法院不应纠缠于当事人的个人权利或利益是否受到侵害，而应关注被诉行为是否对公共利益造成了损害或者不利影响。"在共和理念的指引下，环境议题上的当事人适格，不应完全建立在个人享受环境上的利益受损害此一狭义的要件上。而应强调环境的公共机能，以决定当事人适格问题。"③

（3）客观诉讼理论。公益诉讼的理论基础，可追溯至法国法学家狄骥（Duguit）的社会连带关系理论，该理论创立了客观诉讼和主观诉讼的概念。④ 其中，主观诉讼面向的是个人，解决的是个人之间的利益纠葛；客观诉讼面向的是公共利益，解决的是公共利益受损的问题。可见，主观诉讼的原告须与诉讼标的有直接利害关系，客观诉讼对原告虽然无此要求，但必须有法律明确规定才具有原告资格；主观诉讼的判决效力具有相对性，客观诉讼的判决效力则可及于与公共利益相关的所有人员。客观诉讼以维护公共秩序为目的，其特征与公益诉讼相符，因此经由德国、日本等大陆法系学者传播，就成为公益诉讼

---

① 陈亮：《美国环境公益诉讼原告适格规则研究》，中国检察出版社2010年版，第183页。
② 例如，美国1986年修订的《反欺骗政府法》规定，任何个人或公司在发现有人欺骗美国政府索取钱财后，有权以美国政府的名义控告违法的一方，并在胜诉之后分享一部分罚金。
③ 叶俊荣：《迈向"自制"之路——美国最高法院对环保团体当事人适格的紧缩》，见焦兴铠《美国联邦最高法院论文集》，"中央研究院"欧美研究所1993年版，第114页。
④ 参见林莉红、马立群《作为客观诉讼的行政公益诉讼》，载《行政法学研究》2011年第4期，第5页。

的理论基础，我国学者也以此作为检察公益诉讼的理论之一。①

（4）公共信托理论。"公共信托说"的含义可以概括为：政府对一些特殊的财产应承担起受托人的义务，即依财产本身的性质最大限度地保障社会公众能实现的对这些财产所应当享有的权益。② 公共信托包含了三个重要因素：公共信托财产、政府义务和社会公众的权益。公众作为一个分散的"不特定多数人"的总和，不借助国家力量便难以集中而切实地实现其利益，因此在公共信托的制度设计当中，国家作为公众的受托人，应当依照公众的要求，最大限度地保障社会公众的特定财产权益。这样可以有效地监督国家的行为，防止其对公共利益造成危害。作为公共利益代表的立法机关将运用司法保护公共利益的任务托付给检察机关，检察机关担当了公共利益的代表，有权就不法行为提起公益诉讼，从而实现公共利益保护的最大化。

四、域外检察机关提起公益诉讼的立法例

（一）英美法系

在美国，联邦检察官由总统提名，经参议院审查批准。检察官被视为国家的行政官员，负有维护公共利益的职责。根据《美国法典》第 28 编第 547 条的规定，联邦检察官在涉及联邦利益的民事案件中，有权作为原告为政府辩护，有权在追收拖欠美国政府罚款、罚金案件中向被告提出诉讼等。③ 美国很多单行法都规定了检察机关可以作为公益诉讼的原告，在环境法律中尤为突出，例如，美国早在 20 世纪 70 年代前后便通过《环境保护法》（1969 年）、《清洁空气法》（1970 年）规定检察机关有权对环境公害启动公益诉讼，以保护所有人的健康和福利。检察机关除了单独提起公益诉讼，也可以自行决定加入其他适格主体发起的公益诉讼中，以共同原告的形式更好地维护公共利益。而学界时常提及的美国私人检察官制度，则是通过制定法赋予个人执法权。该制度源于《美国联邦民事诉讼规则》第 17 条的规定，即在法定情形下，个人为了保护他人的权利或利益，可以以联邦政府名义提起诉讼。公民个人此时像

---

① 参见孙佑海、张净雪《检察公益诉讼专门立法的理论基础和法律框架》，载《国家检察官学院学报》2023 年第 3 期，第 75-76 页。
② 参见吴真《公共信托原则研究》（博士学位论文），吉林大学 2006 年，第 15 页。
③ 参见《美国联邦民事诉讼规则》，齐玎译，厦门大学出版社 2023 年版，第 13 页。

检察官一样采取诉讼行动,这种情况在有关消费者利益、环境利益、有色人种等与公共政策密切相关的领域较为多见。

在英国,只有检察总长能代表政府提起诉讼,以保护公众权利,阻止公共性不正当行为。为了规范检察总长的权力行使,《英国皇家检察官准则》详细规定了检察官在提起公诉时应予斟酌的公共利益因素。英国关于公益诉讼的规定较为保守,个人是没有权利提起公益诉讼的。但是,当不正当行为直接或很有可能损害个人权益时,个人可以向检察总长寻求救助。检察总长如果注意到案件与公众利益相关,既可以自己直接行使职权,也可允许提出检举的个人以检察总长的名义起诉。在检举诉讼中,检察总长就是该案的名义原告,从而享有督促施行的支配权。①

(二) 大陆法系

近代意义上首次开启由检察机关提起公益诉讼之门的是法国。早在1804年的《拿破仑民法典》中,法国就从实体法的角度规定了检察机关在民事诉讼中的职权,确立了检察机关提起民事诉讼的制度。后来法国《民事诉讼法》的规定更加系统而详尽。根据法国新《民事诉讼法典》第421条的规定,在法律确定的情形下,检察院代表社会。也就是说,检察机关可以作为主参加人提起公益诉讼或作为从参加人参与公益诉讼。该条文后面有四个条文对此做了具体规定。第422条规定,检察院在法律有特别规定的情形下,依职权提起诉讼。第423条规定,在涉案事实妨害公共秩序时,除非法律有例外规定,否则检察院应当为维护公共秩序提起诉讼。第425条规定,下列案件应当报送检察院,并由检察院作为从当事人参加诉讼:①有关亲子关系、未成年人监护的安排、成年人监护的设置与变更的案件;②有关挽救企业、裁判重整与裁判清算程序,涉及公司领导人的金钱责任以及个人破产或禁止权利的案件。第426条规定,检察院可以要求报送其认为应当参加诉讼的其他案件。②

在德国,检察机关和公益团体都可以作为公益诉讼的原告。德国通过立法规定由具有公益性质的社会团体来提起公益诉讼,例如,消费者团体获得了数部法律的授权,根据《防止不正当竞争法》可提起制止不正当竞争的不作为之诉,还可依据《普通交易约款法》对使用违法约款的行为提出禁止令,环保组织可根据《行政程序法》提起自然保护区、国家公园等环境保护区内的

---

① 参见汤维建《民事诉讼法学》,北京大学出版社2023年版,第154页。
② 参见《法国新民事诉讼法典》(上册),罗结珍译,法律出版社2008年版,第435-441页。

禁令或是规划项目的许可，等等。团体诉讼作为公益诉讼的特别形式，有着较为成熟的模式。检察机关介入公益诉讼，则分别规定在德国《民事诉讼法》和《行政法院法》之中。在民事诉讼领域，检察官在民事诉讼的参与方面呈现弱化趋势。德国《民事诉讼法》早在1877年制定时，就规定了检察官有权全面参与婚姻事件。该法在1976年修改时，则取消了检察官全面参与婚姻事件的制度，只有处于婚姻事件中涉及无效婚姻或婚姻事实的确认这两种情形时，才允许检察官参与进来。到了1998年，《民事诉讼法》完全取消了检察官在婚姻事件中的参与制度。① 但是，这并不影响检察机关实施公益诉讼的职能，其在消费者利益、环境污染、雇佣劳动等方面仍可发起或参与公益诉讼。在行政领域，德国检察机关与政府司法行政机关存在直接隶属关系，检察官依法独立行使职权。检察官作为国家或地方的公益代表人，根据德国《行政法院法》第35条的规定，可以为保护公共利益而参加行政法院中的任何诉讼。

在俄罗斯，联邦检察机关作为特殊的国家机关，被称为护法机关，主要职能在于实施检察监督。由于深受列宁提出的全面检察监督理论和国家干预原则的影响，检察机关有权对各类国家机关及公职人员的守法和执法情况进行监督，为了捍卫法律所保护的社会和国家利益，其可以参加案件（刑事案件、民事案件和其他案件）。② 俄罗斯联邦宪法明确规定，检察长可以国家公诉人身份支持公诉，并对法院民事、刑事的判决、裁定和决定提出异议。检察机关如果是以支持公民起诉的方式介入民事诉讼，则其后发现案件涉及公共利益时，即使原告要求撤诉或终止诉讼，检察机关也有权决定诉讼是否继续进行。当然，检察机关为了维护公共利益，也可以单独起诉或是直接加入已经开始的公益诉讼。俄罗斯联邦《民事诉讼法典》第45条规定："检察长有权请求法院维护公民、不特定范围的人的权利、自由和合法利益或者维护俄罗斯联邦、俄罗斯联邦主体、地方自治组织的利益。"③ 可见，当有必要维护公民权利及合法权益时，检察长不仅有权提起民事诉讼，还有权在诉讼的任何阶段参加到已经开始的民事诉讼程序中。

（三）两大法系的启示

两大法系由于经济、政治、历史、文化等因素而存在制度差异，但两大法

---

① 参见蓝冰《德国民事诉讼法研究》，四川人民出版社2017年版，第120页。
② 参见［俄］维诺库罗夫·尤里·叶夫根尼耶维奇《检察监督》，刘向文译，中国检察出版社2009年版，第24页。
③ 《俄罗斯民事诉讼法典》，程丽庄、张西安译，厦门大学出版社2017年版，第17页。

系关于公益诉讼的立法有基本的共同点，就是都肯定了检察机关提起公益诉讼这一做法，并由检察机关作为公益代表来就损害政府利益或是社会公共利益的行为发动诉讼。特别是在行政公益诉讼范畴下，检察机关不是作为公权力的"同盟者"，而是作为公权力的"监督者"来弥补行政救济制度的固有缺陷。[①]当然，在检察机关之外，一些国家也允许社会组织或团体提起公益诉讼，甚至允许公民个人作为公益诉讼的主体。针对具体公共利益被侵害的情形，公益诉讼有不同的类型，在现阶段，其包括国有资产流失诉讼，环境污染、公害诉讼，特定弱势群体权益受损引发的诉讼，反垄断诉讼，特定人事诉讼，消费者保护诉讼，扩散性利益受损的群体性纠纷诉讼，等等。[②]但在立法体例上，两大法系有不同的特点，德国和法国通过诉讼法典明确规定检察机关具有公益诉讼当事人的地位，美国、英国则更多通过单行法来规定。当然，为了防止检察机关滥用公益诉讼，两大法系都强调公益诉讼的法定性，即检察机关应对照法律的规定，依法提起和进行公益诉讼。

五、我国检察机关提起公益诉讼入法的理论辨析

（一）关于检察机关公益诉讼主体资格的不同观点

从民事诉讼法的修改过程来看，对于检察机关能否成为公益诉讼原告，存在着两种不同观点。在全国人大常委会于2007年对《民事诉讼法》进行第一次修改之前，学者提出的专家建议稿对此持积极态度，支持检察机关提起公益诉讼。《〈中华人民共和国民事诉讼法〉修改建议稿（第三稿）及立法理由》第396条关于公益诉讼的立法建议是"在受害人没有提起诉讼或者很难确定受害人的情况下，人民检察院、其他国家机关为维护公共利益，可以对实施侵害人提起禁止侵权、赔偿受害人损失的民事诉讼。社会团体在得到受害人授权的情况下，也可以提起前款规定的诉讼"[③]。但此次修法最终只是对民事诉讼法审判监督程序和执行程序的部分规定做了修改，公益诉讼并没有被纳入。全国人大常委会2010年开始着手进行民事诉讼法新一轮修改的起草工作，并于

[①] 参见黄锡生、谢玲《环境公益诉讼制度的类型界分与功能定位——以对环境公益诉讼"二分法"否定观点的反思为进路》，载《现代法学》2015年第6期，第112－113页。

[②] 参见潘申明《比较法视野下的民事公益诉讼》，法律出版社2011年版，第48－49页。

[③] 中国人民大学法学院"民事诉讼法典的修改与完善"课题组：《〈中华人民共和国民事诉讼法〉修改建议稿（第三稿）及立法理由》，人民法院出版社2005年版，第64页。

2012年公布《中华人民共和国民事诉讼法修正案（草案）》，其中建议增加规定：对污染环境、侵害众多消费者合法权益等损害社会公共利益的行为，有关机关、社会团体可以向人民法院提起诉讼（修正案草案第八条）。① 有观点认为，草案的规定不够清晰，检察机关才是维护公共利益的最佳代表，是最适合提起公益诉讼的机关，通过提起或者参与民事公益诉讼来维护社会公共利益是检察机关的应有功能，这也能够弥补行政机关提起公益诉讼动力不足的问题。因此，学者们提出，应当明确赋予检察机关诉权，以促使其积极提起公益诉讼。②

但对于检察机关能否作为民事公益诉讼的原告，学界一直存在不同的观点，质疑主要来自以下三方面：第一，我国检察机关在法律性质上是国家的法律监督机关，不仅不隶属于行政机关，还是行政机关的监督机关。而西方国家的检察权隶属于行政权，因此才将检察机关定位为政府的代理人，并可以代表州政府、联邦政府起诉。可见，国内外检察机关性质不同，故我国检察机关不宜作为原告提起环境公益诉讼。③ 第二，检察机关作为法律监督者，其与对方当事人地位不对等，很容易打破原被告平等对抗的诉讼格局，进而影响当事人权利的平等对待。在此意义上，有人指出"检察机关作为民事公益诉讼原告存在正当性、合理性和合法性的缺失"④。第三，检察机关提起民事公益诉讼会造成角色冲突。在这类诉讼中，检察机关既有类似于原告的诉讼地位，还要行使法律赋予的法律监督权，兼具运动员和监督员身份，职能上的自相矛盾使检察机关介入民事诉讼出现逻辑悖论。⑤

（二）我国检察机关提起公益诉讼的正当性论证

公益诉讼的设立以我国公共利益保护所面临的严峻现实为大背景，故检察

---

① 参见王胜明《关于〈中华人民共和国民事诉讼法修正案（草案）〉的说明——2011年10月24日在第十一届全国人民代表大会常务委员会第二十三次会议上》，载《司法业务文选》2012年第31、32期，第63页。

② 参见中国政法大学诉讼法学研究院《〈中华人民共和国民事诉讼法修正案（草案）〉修改意见》，见中国诉讼法律网：https://www.procedurallaw.cn/info/1021/2497.htm，最后访问时间：2023年5月8日。

③ 参见陈兴生、宋波、梁远《民事公诉制度质疑》，载《国家检察官学院学报》2001年第3期，第96页。

④ 王蓉、陈世寅：《关于检察机关不应作为环境民事公益诉讼原告的法理分析》，载《法学杂志》2010年第6期，第70页。

⑤ 参见王蓉、陈世寅《关于检察机关不应作为环境民事公益诉讼原告的法理分析》，载《法学杂志》2010年第6期，第70页。

公益诉讼制度具有积极作用，但保护公共利益的手段和途径并非唯此一种，从而需要进一步明确检察公益诉讼的功能定位是什么，它与其他公益保护制度相比有何特殊性。厘清这些问题，便可以回应上述质疑。上述质疑主要是基于检察机关的定位、诉讼结构的特点、检察权的公权力本质等方面，认为检察机关不宜作为公益诉讼的原告。本书认为，在公益诉讼中，判断一个主体是否应享有原告主体资格，应当从该主体能否作为公共利益的代表，是否具有相应的取证、举证、诉讼能力等方面考虑。检察机关提起公益诉讼制度的正当性可从以下五个方面进行论证。

第一，检察机关提起公益诉讼符合其职能定位。检察机关作为公共利益代表，是各国的共识。在两大法系主要国家的法律制度中，检察机关不论是作为行政机关还是司法机关，都是国家公权机关的代表，有能力及时捍卫公共利益，相关立法也授权检察机关为保护公共利益有权对违法行为提起诉讼。我国的国情和检察机关的性质，更是要求检察机关肩负起代表、维护、实现国家利益和社会公共利益的职能。在公益诉讼主体不确定或者缺位的情形下，由检察机关提起诉讼，可使社会公共利益免受进一步的侵害。

第二，检察机关提起公益诉讼符合诉权理论。"现代诉讼的基本理论认为，……检察机关在诉讼中，最突出、最主要的职责是代表国家、公众把被告人（刑事被告人、民事被告人、行政被告人）的违法行为和违法事实提供给法院，要求其依法进行审理和裁判，并对审理的过程以及裁判的结果进行监督。"[1] 检察官是国家利益的代表，也是公共利益的代表，凡涉及国家利益、社会公共利益、公民重大利益的民事活动，检察官均有权提起诉讼并参与其中。[2] 因此，代表国家和社会公益对某些特定的或者法律规定的案件提起民事公诉，是检察机关的法定职责。在德国，检察机关作为社会公共利益的代表，除了有权对刑事诉讼的侦查、审判和执行进行监督之外，还有权对涉及国家、社会公共利益的案件提起民事诉讼，以实现其维护国家法律与社会公益的职责。《检察官法》第七条规定，检察官的职责之一是代表国家进行公诉。可见，各国检察机关都享有内涵丰富的诉权，除了针对刑事案件发起公诉，在行政领域、民事领域也享有公诉权，以便更好地保护公共利益。

第三，检察机关的法律监督职能与公益诉讼并不冲突。《中华人民共和国

---

[1] 湛中乐、孙占京：《论检察机关对行政诉讼的法律监督》，载《法学研究》1994年第1期，第37页。

[2] 参见张卫平《程序公正实现中的冲突与衡平》，成都人民出版社1993年版，第387页。

宪法》（简称《宪法》）第一百三十四条规定，人民检察院是国家的法律监督机关。根据我国宪法规定的检察机关的性质和地位，检察机关作为国家的法律监督机关，享有广泛的监督职能，有权对一切国家机关、人民团体、企事业单位及公民个人是否遵守国家法律进行监督。检察机关对司法机关诉讼活动进行监督只是其基本职能之一，其在办案过程中对于行政机关及其工作人员的履职行为进行监督，督促行政机关积极履职或是纠正行政机关违法行为，从而规范行政执法行为；或者是在面对公共利益受到损害而行政机关不作为时，在发生更为严重的损害后果之前，检察机关代替行政机关发起执法诉讼以保护公共利益，[1] 这也是法律监督职能的应有之义，对于推进法治政府建设具有重要意义。简而言之，公益诉讼是与诉讼监督相并列的检察职能，其以诉的形式充分体现了检察监督的特质。

第四，检察机关具有完成公益诉讼的能力。有观点认为，检察机关不具备提起环境公益诉讼的专业知识和能力，而环境纠纷解决的专业性决定了检察机关并非提起环境公益诉讼的最佳主体。[2] 本书认为，由检察机关代表社会公共利益提起民事公益诉讼，不仅具有法律地位的保证，而且具有提起公益诉讼的人、财、物等方面的优势，也不用担心其滥用诉权或造成诉讼地位的失衡等问题。确实，环境纠纷中包含了大量的科技因素，需要采用专门的证据收集方法和技术手段，但这并不影响检察机关成为公益诉讼主体。实践证明，检察机关在调查取证上更易发挥其优势，联合环保部门共同调查取证，固定证据。"因为检察机关对于违法情节是否存在，享有为宪法所保障的证据调查权。在此意义上说，检察机关提起民事公益诉讼，更容易克服诉讼中的技术性障碍，更容易获得胜诉的结果，从而更有利于社会公益的司法保护。"[3] 以环境公益诉讼为例，这类案件一般涉案金额巨大，诉讼费用高，个人或一般组织往往无力负担或者不愿负担。由于环境侵权行为具有隐蔽性、破坏的不可逆转性，且被告往往是法人，这些因素都加大了调查取证的难度。检察机关所拥有的人力、物力和财力，在调查取证、参与诉讼的经验等方面具有优势，这是其他主体所不具有的，有利于扭转和平衡当前公益诉讼中存在的原告弱势、被告强势的局面。

---

[1] 参见巩固《环境民事公益诉讼性质定位省思》，载《法学研究》2019年第3期，第130－134页。
[2] 参见吕忠梅《环境公益诉讼辨析》，载《法商研究》2008年第6期，第133－134页。
[3] 汤维建：《民事诉讼法学精论》（上册），中国检察出版社2022年版，第606页。

第五，检察机关具有客观中立的优势。一方面，我国行政部门的职权划分存在不明晰的情形，如果一味强调由行政机关提起民事公益诉讼，可能造成多个行政机关争相起诉或无人起诉的状况；另一方面，行政部门可能在某些情况下对侵害社会公益的违法行为采取放任或默许的态度，并由于其疏于行政监管造成损害后果的扩大，进而导致社会公益无法得到有效保护。而行政公益诉讼还是一种政治控制机制，在经济发展到一定程度，其他社会矛盾日益突出的情况下，行政公益诉讼制度对行政权力的控制功能会逐步得到重视。检察机关作为法律监督机关，不会受到部门利益的影响，由其提起公益诉讼能够超脱于具体利益，真正维护社会公益。

六、我国检察公益诉讼的守正创新

检察公益诉讼在国家治理体系中具有重要地位和作用，该制度入法后也迎来了更大的发展契机。最高检根据上位法并结合实践经验制定了《人民检察院公益诉讼办案规则》（简称《办案规则》）。《办案规则》既规范和保障了公益诉讼检察权的正确行使，又对实践需求进行了及时回应，有利于提高办案质量效率。《办案规则》共六章一百一十二条，充分体现了我国检察公益诉讼制度的特点，主要有以下四方面特色。

第一，明确检察公益诉讼一体化办案机制，更好地发挥检察机关的整体优势。检察机关办理公益诉讼案件需要收集摸排案件线索，调查核实相关证据，启动立案、磋商、制发检察建议或公告、提起诉讼、跟进监督乃至出庭起诉等办案程序，这就要求办案团队具备多方面的办案能力。实践中，基层检察机关是办理公益诉讼案件的主要力量，但受办案能力、技术手段、统筹协调等方面的限制，办案人员对重大复杂疑难案件的把控能力存在不足，迫切需要上级部门加强工作指导和审查把关。同时，上级人民检察院领导下级人民检察院工作是检察机关履行职责的基本组织原则。我国《宪法》和《人民检察院组织法》均规定了"上级人民检察院领导下级人民检察院的工作"。《人民检察院组织法》第二十四条还规定了上级人民检察院对下级人民检察院行使"指令下级人民检察院纠正，或者依法撤销、变更"错误决定、"指定管辖"、"办理下级人民检察院管辖的案件"、"统一调用辖区的检察人员办理案件"等具体职权。《办案规则》第十一条总结各地实践经验，对公益诉讼一体化办案机制做了规定，上级人民检察院根据办案需要，可以交办、提办、督办、领办案件，依法统一调用辖区的检察人员办理案件，被调用的检察官可以代表办理案件的人民检察院履行调查、出庭等职责。这些规定有利于发挥检察机关上下级领导关系的体制优势，强化检察机关上下级院、同级院以及院内各业务部门之间的协作配合，有利于发挥检察公益诉讼在国家治理体系和治理能力现代化进程中的独特优势。

第二，确立检察公益诉讼案件立案管辖与诉讼管辖分离的原则，化解办案效率和诉讼构造的冲突。自检察机关开展公益诉讼工作以来，公益诉讼立案工作基于案件性质进行区分管辖，在提级管辖上做了不同管辖要求。根据《人民检察院提起公益诉讼试点工作实施办法》和《检察公益诉讼案件司法解释》相关规定，对于民事检察公益诉讼，适用提级管辖，一般由侵权行为地、损害结果地或者被告住所地的市（分、州）人民检察院管辖；对于行政检察公益诉讼，则遵循行政诉讼法管辖原则，并未适用提级管辖，一般由违法行使职权或者不作为的行政机关所在地的基层人民检察院管辖。对于民事公益诉讼提级管辖的规定，固然有利于排除地方干扰，但在实践中，基层检察机关更容易发现辖区内损害公共利益的违法事实，就近调查取证也更加便利，将基层检察机关排除在民事公益诉讼之外不利于"四大检察"职能在基层院的充分开展。从管辖权配置角度，起诉、执行和诉讼监督这些环节属于法院诉讼管辖的范畴，要符合法检级别对应的要求；而检察机关在提起公益诉讼之前，案件办理权限完全属于检察机关，如何立案、调查和处理，完全属于检察机关的内部事务。因此，《办案规则》第十四条规定，人民检察院办理民事公益诉讼案件由违法行为发生地、损害结果地或者违法行为人住所地基层人民检察院立案管辖，可充分发挥基层检察机关办理案件的主体作用，有效提高办案效率。而一旦进入诉讼环节，则应符合诉讼构造的要求，《办案规则》第十六条规定，人民检察院立案管辖与人民法院诉讼管辖级别、地域不对应的，具有管辖权的人民检察院可以立案，需要提起诉讼的，应当将案件移送有管辖权人民法院对应的同级人民检察院。

第三，细化民事公益诉讼的诉讼请求，肯定了惩罚性赔偿在检察公益诉讼中的适用。由于诉讼请求是公益诉讼的重要内容，体现了公益诉讼起诉人所期待的具体权利主张或者实体法律效果，因此诉讼请求的正确主张往往与公益诉讼人的具体权利相关联。在实践中，争议较大的是民事公益诉讼是否能提出惩罚性赔偿金问题。有观点认为，私益诉讼的受害者主张惩罚性赔偿是于法有据的，例如，《中华人民共和国民法典》（简称《民法典》）第一千二百零七条规定了缺陷产品的"被侵权人"有权请求相应的惩罚性赔偿、第一千一百八十五条规定了知识产权的"被侵权人"有权请求相应的惩罚性赔偿、第一千二百三十二条规定了污染环境和破坏生态的"被侵权人"有权请求相应的惩罚性赔偿。此外,《消费者权益保护法》第五十五条规定的"消费者或者其他受害人"、《中华人民共和国食品安全法》(简称《食品安全法》)第一百四十八条规定的"消费者"、《中华人民共和国药品管理法》(简称《药品管理法》)第一百四十四条规定的"受害人或者其近亲属"、《中华人民共和国旅游法》(简称《旅游法》)第七十条规定的"旅游者"、《中华人民共和国电子商务法》(简称《电子商务法》)第四十二条规定的"平台内经营者"等都有权要求惩罚性赔偿。相较而言,检察机关在民事公益诉讼中主张惩罚性赔偿目前尚缺乏实体法的明确授权。但从制度目的来看,惩罚性赔偿是对被告进行财产上的处罚,以防止将来重犯,也达到警诫他人的目的,维护社会利益,是国家为自身需要而做出的强制性干预结果。在此意义上,民事公益诉讼制度和惩罚性赔偿制度在设立目的、功能、价值方面是趋同的。因此,《办案规则》第九十八条除根据各领域案件的特点,细化了民事公益诉讼的诉讼请求外,还规定检察机关在破坏生态环境和资源保护以及食品药品安全案件中,可以提出惩罚性赔偿诉讼请求,以加大违法者的违法成本,达到让违法者不敢再犯的目的和效果。

第四,吸收"行为要件+结果要件+职权要件"的三要件标准,解决了行政机关是否依法履行职责的判断难题。受制于行政监管的专业性,在实践中,检察机关对行政机关是否依法履行职责做出准确判断较为困难。2019年最高检会同生态环境部等联合印发的《关于在检察公益诉讼中加强协作配合依法打好污染防治攻坚战的意见》和2020年最高检会同中央网信办等联合印发的《关于在检察公益诉讼中加强协作配合依法保障食品药品安全的意见》,都明确了判断行政机关履职尽责的标准:以法律规定的行政执法机关的法定职责为依据(职权要件);以是否采取有效措施制止违法行为,是否全面运用法律法规、规章和规范性文件规定的行政监管手段(行为要件),国家利益和社会公共利益是否得到了有效保护(结果要件)为标准。《办案规则》吸收了上述规范性文件的内容,通过多个条款从正、反两个方面对判断行政机关是否依法履行职责的方式做了细化。《办案规则》第七十二条规定了职权要件标准,即人民检察院认定行政机关监督管理职责的依据为法律法规规章,可以参考行政机关的"三定"方案、权力清单和责任清单等。《办案规则》第八十二条则从行为要件标准规定了行政机关未依法履行职责的认定情形:逾期不回复检察建议,也没有采取有效整改措施的;已经制定整改措施,但没有实质性执行的;虽按期回复,但未采取整改措施或者仅采取部分整改措施的;违法行为人已经被追究刑事责任或者案件已经移送刑事司法机关处理，但行政机关仍应当继续依法履行职责的；因客观障碍导致整改方案难以按期执行，但客观障碍消除后未及时恢复整改的；整改措施违反法律法规规定的；其他没有依法履行职责的情形。《办案规则》第七十四条、第七十五条、第七十七条、第八十一条等多个条款都将行政机关依法履行职责与"国家利益或者社会公共利益是否处于受侵害状态"这一结果要件相关联。

总之，在我国的公益诉讼制度体系中，通过《民事诉讼法》《行政诉讼法》专门规定检察机关提起公益诉讼，具有理论支撑，又符合我国的制度特点，其制度价值越来越得到社会各界的关注和认同。党的二十大报告强调要"加强检察机关法律监督工作"和"完善公益诉讼制度"，这对检察公益诉讼制度而言，既是充分肯定，也是更高的期许和要求，应认真研究检察公益诉讼的具体问题，不断激发公益诉讼检察制度优势、释放制度效能，推动国家治理体系和治理能力现代化。

第二章　检察公益诉讼的诉前程序

诉前程序是检察机关在提起公益诉讼之前所必须履行的前置程序。全国人大常委会于 2015 年 7 月 1 日授权检察机关开展公益诉讼试点工作时，要求检察机关起诉前应先督促行政机关依法履职，或是督促、支持其他适格主体起诉。也就是说，只有在督促没起作用时，检察机关才能提起公益诉讼。最高检在随后的《检察机关提起公益诉讼改革试点方案》中设计了立体化的流程和机制，进一步明确了检察机关在民事公益诉讼和行政公益诉讼诉前程序中的工作方式，民事公益诉讼是"督促"或"支持"适格主体起诉，行政公益诉讼是"督促"纠正违法行政行为或依法履职，并规定了具体的期限。2017 年，《民事诉讼法》和《行政诉讼法》将检察公益诉讼制度纳入其中，诉前程序作为检察公益诉讼的法定程序也得以正式确立，只是规定得较为简略。"两高"的《检察公益诉讼案件司法解释》则做了较为具体的规定。① 在实践中，就案件的办结方式而言，诉前程序结案占比高，大多数检察公益诉讼案件通过诉前程序解决。据统计，2018 年至 2022 年，我国检察机关共立案办理民事、行政

---

① 《最高人民法院、最高人民检察院关于检察公益诉讼案件适用法律若干问题的解释》第十三条规定："人民检察院在履行职责中发现破坏生态环境和资源保护，食品药品安全领域侵害众多消费者合法权益，侵害英雄烈士等的姓名、肖像、名誉、荣誉等损害社会公共利益的行为，拟提起公益诉讼的，应当依法公告，公告期间为三十日。公告期满，法律规定的机关和有关组织、英雄烈士等的近亲属不提起诉讼的，人民检察院可以向人民法院提起诉讼。人民检察院办理侵害英雄烈士等的姓名、肖像、名誉、荣誉的民事公益诉讼案件，也可以直接征询英雄烈士等的近亲属的意见。"《最高人民法院、最高人民检察院关于检察公益诉讼案件适用法律若干问题的解释》第二十一条规定："人民检察院在履行职责中发现生态环境和资源保护、食品药品安全、国有财产保护、国有土地使用权出让等领域负有监督管理职责的行政机关违法行使职权或者不作为，致使国家利益或者社会公共利益受到侵害的，应当向行政机关提出检察建议，督促其依法履行职责。行政机关应当在收到检察建议书之日起两个月内依法履行职责，并书面回复人民检察院。出现国家利益或者社会公共利益损害继续扩大等紧急情形的，行政机关应当在十五日内书面回复。行政机关不依法履行职责的，人民检察院依法向人民法院提起诉讼。"

公益诉讼 75.6 万件,其中检察建议不能落实而依法提起诉讼的有 4 万件。[①] 可见,诉前程序的设置,体现了行政权与检察监督权的不同分工以及后者对前者的充分尊重,彰显了我国司法制度的独特优势,但"一项诉讼管道的制度功能不能完全以诉讼数量作评价基准,而应探究建制的目的是否实现"[②],诉前程序的功能仍可进一步发掘,这就需要基于诉前程序的理念来进一步讨论程序规则构建问题。

一、诉前程序的法理基础

诉前程序的设置是以检察机关能提起公益诉讼为前提,应在理论上阐明两个基本问题以夯实立法理据:一是检察机关公益代表人身份的正当性,以明确其提起公益诉讼的资格;二是存在多重公益代表人时,如何解决众多起诉主体的诉权冲突。

(一) 检察机关的公益代表人身份

公益诉讼保护的对象为涉及公共利益的事项。但何为"公共利益",由于界定比较困难,至今还是一个不确定的概念,一般是指"不确定多数人的利益"。我国当前采取具体列举的形式,将环境污染和侵害众多消费者合法权益的公害案件、国有资产流失的案件、违法出让国有土地使用权案件等波及利益广泛、损害触目惊心的案件先纳入公益诉讼范围。[③] 当公共利益受到损害,又找不到具体的受害人,或者受害人都不愿意或没能力来维护公共利益时,由谁来作为公共利益的代表人的问题,就必须正视。通常认为,国家之成立就是为了最大限度地保护公共利益,由于国家是个抽象的实体,具体职能需由各个国家机关(立法机关、行政机关、司法机关)来行使,各机关在保护公共利益方面都发挥着作用,都可作为公共利益的代表,但行政机关的组织体制、运行方式、资源配备及行动能力等更有利于公共利益较快地获得保护,因此一般都由行政机关作为公共利益的代表人,而且这一趋势还在加强。"随着福利国家时代的来临,现代行政的积极、能动作用日益突显出来,其在公共利益的代表

[①] 参见张军《最高人民检察院工作报告——二〇二三年三月七日在第十四届全国人民代表大会第一次会议上》,载《人民日报》2023 年 3 月 18 日,第 4 版。
[②] 叶俊荣:《环境政策与法律》,元照出版有限公司 2010 年版,第 254 页。
[③] 参见《检察机关提起公益诉讼改革试点方案》中的"试点案件范围"。

与维护方面逐渐担负起主导性的使命。可以说，现代社会中政府是公共利益最佳的代表者、判断者、维护者和促进者。"①

在西方国家，检察制度是从"国王的法律代理人"发展而来的，具有很强的行政色彩。检察权并不具有国家权力体系意义上的独立地位，而只是作为政府在诉讼中的代言人，代表行政权对司法权实施监督制衡；检察机关通常被置于行政组织体系内，检察官要接受司法部部长的指令。既然检察官被视为行政官员，当然会被认为是公共利益的维护者。例如，在英美国家，官方的公益代表组织通常由一位部长级总检察长领导，其下属是同时代表国家及公共利益的检察官。检察官为维护法律及公共福祉，可依据检察长的指示参与联邦或各州法院的程序。② 正是在此意义上，有学者对检察机关介入公益诉讼持审慎意见，提出由于各国检察体制有差异，所以别处的经验无法在本地简单复制。③ 但从现代社会的发展来看，政府管理权限的扩大具有客观必然性，如果不适当约束行政权力对经济社会的管理和干预，将不利于社会成员基本权利的行使。实践中也不乏行政机关出于地方保护主义、部门保护主义的动机或是行政官员的私利，实施侵害公共利益的不法行为，在此情形下更遑论由其提起公益诉讼。

由此看来，在公共利益受损，需要相关主体来制止不法侵害、修复公共利益，而行政机关又缺席时，增加公共利益的代表人是必然选择。我国实行"议行合一"的体制，行政权、检察权、审判权都由全国人大及其常委会衍生，对其负责，检察机关与行政机关之间是平行关系，两者相互独立。检察机关作为国家法律监督机关，其职务活动代表国家利益，以国家的名义进行，国家根据其职能赋予其包括公诉权在内的多种公权力，其参与诉讼无疑具有正当性，既可防止侵害公共利益的不法行为被无端放纵，又能保障公民权利在司法过程中不受非法侵犯和剥夺，"国家代表性和公益代表性"的特质十分突出。④ 尽管从总体上看，检察机关以往在刑事诉讼领域的活动要比民事、行政诉讼领域中多得多，但这不妨碍检察机关担任民事、行政案件公益代表人。

需要明确的是，检察机关担任公共利益代表人并不意味着取代行政机关的公益代表人的地位。行政机关根据法律赋予的各项职能向社会提供公共服务，

---

① 章志远：《行政公益诉讼热的冷思考》，载《法学评论》2007年第1期，第21页。
② 参见潘申明《比较法视野下的民事公益诉讼》，法律出版社2011年版，第63页。
③ 参见贺海仁《公益诉讼制度的新发展》，中国社会科学出版社2008年版，第101页。
④ 参见樊崇义《检察制度原理》，法律出版社2009年版，第54页。

其职能本来就包含了负责公益产品的供给，其作为公益代表人"具有建设性、先在性和效力先定性"；而检察机关以法律监督机关的身份担任公益代表人，"具有惩罚性、事后性和恢复性"。[①] 可见，二者的出发点不同，在保护公共利益方面的基础也不相同，并非替代关系。有观点认为，公益代表人的定位"不能从诉讼法上定义检察机关的法律地位"，这有失妥当。[②] 笔者在前述观点中已阐明公益代表人并非专属检察机关的称谓，而是参与公益诉讼的理据，也正是这个身份决定了其在公益诉讼中只是原告角色，因此按照诉讼结构的一般原理进行恰当的定位即可。

(二) 多元起诉主体的界分依据

从国外公益诉讼的实践来看，随着侵害公益的案件日益多元化、复杂化，传统的当事人适格理论主张"无利益即无诉权"的观点限制了公益诉讼原告资格，无法适应加强保护公共利益的现实需要。于是各国不再要求原告与案件有"直接利害关系"，从而扩大了公益诉讼的原告范围，行政机关、检察机关、社会团体甚至公民个人都有权发动公益诉讼。多元化的起诉主体使公共利益不至于出现主体缺位的状况，也在主体间营造竞相提起诉讼的氛围从而更加有利于公共利益的保护，但由此也可能出现多个起诉主体对同一被告同时行使公益诉权而形成"平行诉讼"的情形，各国可根据本国具体情况分别采纳"国家积极作为论"或"国家辅助性理论"来对具有起诉资格的主体进行排序，以防止公益诉权被滥用。[③]

我国《民事诉讼法》第五十八条将提起民事公益诉讼的主体限定为"法律规定的机关和有关组织"，《环境保护法》《消费者权益保护法》等单行法则率先在各自的修正案中明确环保组织、消费者组织具有公益诉讼的主体资格。此外，基于公共利益保护的严峻形势，检察机关作为公益代表人的身份也被立法机关认可，检察机关对民事公益诉讼和行政公益诉讼都进行了实践探索。可见，在现行的法律体系下，我国享有公益诉讼起诉资格的主体包括检察机关、行政机关和社会组织，公民个人被排除在外。学界认为这种限制的理论依据是国家代表权论，即公共利益的代表只能是国家，组织的代表权也是国家所委托

---

① 参见王秀哲《检察机关的公诉权与公益诉讼权》，载《法学论坛》2008年第5期，第134页。
② 参见朱全宝《论检察机关提起行政公益诉讼：特征、模式与程序》，载《法学杂志》2015年第4期，第116页。
③ 参见肖建国《民事公益诉讼的基本模式研究——以中、美、德三国为中心的比较法考察》，载《中国法学》2007年第5期，第141-142页。

的,因此必须有法律的规定。① 检察机关提起公益诉讼面临着与其他主体之间的诉权顺位问题,实际上涉及公权力与社会权以及公权力与公权力之间的关系。

国际上在政府治理方面提出的辅助性理论有助于我们思考公权力和社会权力之间的关系。依据辅助性理论的思想,社会成员及其组织体具有自我解决纠纷的能力,只有该侵害或纠纷无法自行克服时,才能寻求更高层级的组织体介入。并且,"高一层级社会团体或者政治组织只能处理那些低一层级的社会团体或者政治组织无法独立处理,而高一层级的机构又能更好完成的事务"②。从公共利益的受众来看,公共利益与每位社会成员都有着直接或间接的联系,他们具有维护公共利益的迫切愿望,在此基础上成立的公益组织以保护环境、维护消费者利益等为目的,其公益性的宗旨和性质与公益诉讼相契合,由其提起公益诉讼实质上是社会关系的一种调整方式,属于实现社会自治的范畴。再加上社会组织的成员相较于普通公民往往更具有专业知识,对环境、食品安全卫生等公共利益的危害有着深刻认识,可弥补市场和政府在保护公共利益上的双重失灵缺陷,为鼓励社会组织积极参与公共治理,应将其设为第一顺位。

当没有社会团体或社会团体无法维护公共利益时,依据辅助性理论,作为公共利益代表人的国家机关理所当然地负有介入职责。但行政机关与检察机关同为国家公权机关,起诉顺位没有明确的话,在它们之间也容易引发起诉权的冲突,使得公益利益无法及时获得保护。因此,二者提起公益诉讼的先后位序需要予以明确设定,对此可从行政机关与检察机关的特性方面予以考虑,而不能以"保护公共利益为由"就想当然地将公益诉讼实施权设置为检察机关优先于行政机关。③

本书认为,行政机关作为公益代表人具有先在性,检察机关作为公益代表人则具有事后性。行政机关直接面对公共事务,能快速发现公共利益受损的情形;而检察机关是法律监督机关,受理的案件往往源于当事人的申诉、控告、信访或者举报。相较而言,行政机关比检察机关更有天然优势,有利于问题的及时解决。再从公共利益受到损害的深层原因方面来看,主要是行政主管部门缺乏有效监管和处置,也就是说,行政救济尚未穷尽,应促使行政机关继续进

---

① 参见[德]巴尔《欧洲比较侵权行为法》,张新宝、焦美华译,法律出版社2001年版,第428页。
② 韩波:《公益诉讼制度的力量组合》,载《当代法学》2013年第1期,第32页。
③ 参见黄忠顺、李琛《公益诉讼实施权配置论》,载《探求》2013年第4期,第25-33页。

行执法，以实现对公共利益的保护。按司法克制主义的观念，司法权也不是万能的，国家机关各有分工，立法机关、行政机关、司法机关应各司其职，公益诉讼制度本身也只是司法对行政执法的补充。检察机关作为司法机关，应保持克制，不能超越本身的职能行使行政权。依此原理，行政机关也应被置于在先的顺位。

二、诉前程序的功能

首先，诉前程序有助于司法资源的合理配置。各国公益诉讼制度在实施过程中，无法避免一些主体的滥诉行为，特别是某些起诉主体提起公益诉讼的动机比较复杂，进行新闻炒作、为私人牟利等意愿掺杂在内，不仅会影响行政机关对涉及公共利益方面的事务进行执法的有效性，也会加重法院负担，浪费本已有限的司法资源。[①] 如果是行政公益诉讼，还要特别注意不能以司法代替行政，司法权不得破坏行政权的正当运行。因此，为有效配置司法资源、合理发挥司法的政策引导和威慑功能，在公益诉讼制度中设立前置程序已是共识。

其次，诉前程序有助于检察机关更好地发挥检察职能。在诉前程序的基础法理中，可知理顺不同公益诉权主体的起诉顺位是诉前程序的一个重要功能。正如一些学者所言，将行政机关与社会组织的起诉权优先于检察机关行使，这也是"一种策略性考虑"，可督促或支持相关适格主体积极行使诉权，发挥社会组织或有关机关的专业优势，既有利于平衡公益诉讼的资源，也可避免检察机关过多参与民事公益诉讼而影响其他检察职能的发挥。[②]

最后，诉前程序有助于更快地保护公共利益。行政公益诉讼诉前程序，可督促行政机关积极履职，及时纠正违法行政行为对公共利益带来的损害，体现了救济的效率；而民事公益诉讼的诉前程序，通过检察建议就能使违法行为人停止侵害，并积极参与对公益损害的补救，使得公共利益尽快恢复至受到侵害前的原状，公益诉讼制度的目的便可提前实现。诉前程序也有助于检察机关扬长避短，集中司法资源提升办案质效。从纠纷解决角度来看，诉前程序节约了诉讼所需要投入的人、财、物、时间等各种诉讼成本，程序效率价值突出。

---

① 我国没有将公民个人列为公益诉讼主体，主要是考虑到自然人在举证能力上处于劣势，同时也为了防止以个人私利或带有违背社会公序良俗的目的，利用公共利益滥诉情况的出现。

② 参见张卫平《民事诉讼法》，法律出版社 2019 年版，第 372 页。

三、诉前程序的制度规定

从国际上看,大多数国家都对公益诉讼前置程序做了相关规定,例如,美国联邦环境法律中的公民诉讼条款就规定了公民起诉前必须经过通知程序,否则法院将会拒绝对其进行司法审查。[①] 德国《反不正当竞争法》、日本《消费者合同法》、韩国《消费者基本法》中均有类似的诉前程序。

在我国,此前有学者担心诉前程序的规定会步劳动仲裁的后尘,演变成徒增程序而不利于弱势一方当事人权益保护的规定,因而对设置这样的程序持反对意见。[②] 但基于辅助性原理和司法权的谦抑性,现行的公益诉讼结构还是采纳了诉前程序,只是《民事诉讼法》《行政诉讼法》规定较为宽泛。根据规定,我国的诉前程序是指检察机关在提起公益诉讼前,必须经过督促法定机关或有关组织起诉、督促行政机关纠正违法行为或依法履职的前置程序。

诉前程序在检察机关提起的各类公益诉讼中都是强制适用的程序。例如,在涉及环境污染、消费者合法权益受损等民事公益诉讼案件中,检察机关只有在没有适格主体或者适格主体不提起诉讼的情况下,才可以向法院提起公益诉讼。即检察机关作为"公益诉讼人",起诉是受到限制的,并不能直接起诉,只有在查明"没有适格主体或适格主体不起诉"时,才要担负起公益诉讼的重任。这样的制度安排蕴含着社会组织、行政机关的公益诉权在先,检察机关的公益诉权是后位补充的观念。试点期间,《人民检察院提起公益诉讼试点工作实施办法》第十四条明确了检察机关作为民事公益诉讼起诉主体的第三顺位。[③] 诉前程序入法后,"两高"颁布的《检察公益诉讼案件司法解释》也规定了检察机关提起民事公益诉讼之前应经过公告程序。《办案规则》将行政机关公益诉权的优先性进一步体现到生态环境损害赔偿程序与民事公益诉讼的衔

---

① 美国《清洁水法》第 505(b)条规定:在存在本法 505(a)(2)所涉及的政府不作为违法之情形时,原告自将被控违法行为通知给联邦环保局局长之日起 60 日内,不得提起环境公民诉讼。
② 参见贺海仁《公益诉讼制度的新发展》,中国社会科学出版社 2008 年版,第 17 页。
③ 《人民检察院提起公益诉讼试点工作实施办法》第十四条规定:"经过诉前程序,法律规定的机关和有关组织没有提起民事公益诉讼,或者没有适格主体提起诉讼,社会公共利益仍处于受侵害状态的,人民检察院可以提起民事公益诉讼。"

接上,① 尊重行政机关的起诉权。对于生态环境和资源保护、国有资产保护、国有土地使用权出让等领域的行政公益诉讼案件,检察机关应当先督促负有监督管理职责的行政机关自行改正,只有行政机关拒不接受检察建议,放任违法行为继续损害国家和社会公共利益时,检察机关才能启动诉讼。

关于诉前程序具体的运行规则,由于民事公益诉讼和行政公益诉讼的起诉主体、诉讼对象不一,因此二者的程序规定并不一致。具体而言,对于民事公益诉讼来说,检察机关在提起公益诉讼之前,要发出公告,告知适格主体(包括生态环境损害赔偿权利人)就公益损害的事实及时起诉或启动生态环境损害赔偿程序,检察机关将予以支持,公告期为30天。如果涉及英烈民事公益诉讼,检察机关可不经公告而直接征求英烈近家属意见;若是英烈近亲属难以确定或是难以直接联系时,也可公告征询英烈近亲属意见。对于行政公益诉讼来说,由于起诉权由检察机关所独占,不存在跟其他起诉主体的诉权冲突的问题,更没有支持起诉的对象,因此,诉前程序在设置上目标明确,就是督促行政机关限期整改。行政机关应当在收到检察建议书后2个月内改正违法行为或者依法履职,并将办理情况及时书面回复检察机关。出现国家利益或者社会公共利益损害继续扩大等紧急情形的,行政机关应当在15日内书面回复。在实践中,为了最大限度地提升办案效果,检察机关加强了与相关行政机关的沟通协调,最高检也在办案规则中明确了诉前磋商的形式,② 以妥善解决问题。

四、诉前程序的主要问题及应对策略

(一)诉前程序的履行问题

前已述及,检察机关必须督促法定机关或有关组织行使公益诉权。这至少会引发如下问题:既然是检察机关应尽的职责,那完成职责的衡量标准是什

---

① 《人民检察院公益诉讼办案规则》第九十六条规定:"有下列情形之一,社会公共利益仍然处于受损害状态的,人民检察院应当提起民事公益诉讼:(一)生态环境损害赔偿权利人未启动生态环境损害赔偿程序,或者经过磋商未达成一致,赔偿权利人又不提起诉讼的;(二)没有适格主体,或者公告期满后适格主体不提起诉讼的;(三)英雄烈士等没有近亲属,或者近亲属不提起诉讼的。"

② 《人民检察院公益诉讼办案规则》第七十条规定:"人民检察院决定立案的,应当在七日内将《立案决定书》送达行政机关,并可以就其是否存在违法行使职权或者不作为、国家利益或者社会公共利益受到侵害的后果、整改方案等事项进行磋商。磋商可以采取召开磋商座谈会、向行政机关发送事实确认书等方式进行,并形成会议记录或者纪要等书面材料。"

么？是择一督促即可，还是必须对所有适格主体都进行督促？从现行规定来看，检察机关在作为民事公益诉讼的角色时应保持克制立场，最好发动法定机关或有关组织来进行诉讼，因此，检察机关公益诉讼办案规则要求检察机关在没有适格主体或者适格主体不提起诉讼的情况下才能提起诉讼。而要达到这一条件，意味着检察机关应对辖区内外的适格主体进行大量排查，直至促成适格主体起诉，或者查明根本就没有符合条件的适格主体，或者了解到适格主体都不愿意起诉。按照"两高"的《检察公益诉讼案件司法解释》的规定，民事公益诉讼的诉前程序为发布公告，《办案规则》则进一步规定公告应发布在具有全国影响力的媒体上。

从法理上看，公告制度就是理性选择。公告制度的理论依据是程序参与原则，通过适当的方式接受告知是正当程序的基本要求，一纸公告，保障了适格主体的知情权，给适格主体提供了诉讼机会，具有程序保障功能。但是在实践中，一方面，由于符合法律规定的适格主体有时候并不明确，因此公告的对象就缺乏针对性，也就无法起到督促作用；另一方面，即使适格主体是明确的，公告对他们也只是起到告知作用，没有进一步的法律约束力，在此情形下，发布公告其实并不能起到督促作用，因而被学者批评为流于形式，沦为推进程序的技术性手段。[①]

对此，本书认为，公告程序应对标诉前程序的制度目的进行优化。在民事公益诉权方面，检察公益诉讼处于非优先性，尽量让其他适格主体来起诉是应有之义，因此检察机关需要通过诉前程序来督促法定机关和有关组织来发动诉讼。但不同领域社会组织的数量存在差异，有的类型较多，如各种环保组织；有的类型就较为单一，如省级消费者组织。对于适格主体较多的公益诉讼案件，应通过全国性媒体广而告之，以公告形式督促适格原告积极提起公益诉讼；对于适格主体较少的案件，适合以检察建议的形式，点对点地督促其行使诉权。简而言之，检察机关应通过区分案件的督促对象来决定是适用公告还是制发检察建议，从而更有效地实现诉前程序的功能。

（二）督促起诉的效力问题

检察机关作为第三序位的起诉主体，不得越位直接起诉，但检察机关又掌握了公益诉讼案件的相关信息，有义务发动顺序在前的起诉主体提起公益诉

---

① 参见肖建国、蔡梦非《环境公益诉讼诉前程序模式设计与路径选择》，载《人民司法》2017年第13期，第16页。

讼，对此，现行法规规定检察机关负有督促相关主体起诉的职责，但对督促对象的规定不确定是否恰当。在解释论上，检察机关的"督促起诉"与检察机关法律监督权联系紧密，具有较强的强制力，属于强势的检察建议，[①] 而诉权本质上又是民事主体"可以为诉的权利"[②]，其可以行使，也可以不行使。在此意义上，检察机关督促起诉就涉及诉权主体的处分权范畴。

对于法定机关来说，法律已经明确规定在其行政管理领域，提起公益诉讼是其维护公共利益的法定职责，故检察机关作为法律监督机关来督促行政机关履行义务并无不当。但检察机关对有关组织进行督促起诉则带有公权力对社会组织的强制意味，应慎重考量。从有关组织来看，法律对其公益性外观设定了较高条件，其必须是以维护公共利益为宗旨，但开展公益活动的方式和途径是有多种选择的，并非必须诉讼。更关键的是，有关的社会组织作为市民社会的重要组成，是横亘于国家与市场之间的自治力量，以自我规制、自我约束和自我治理为特点，在现代国家治理体系中，与国家机关之间是合作治理的关系，国家机关只能引导其参与治理，而不能强制。所以，检察机关对法定机关应当是督促起诉，而对有关团体应是"引导"而慎用"督促"，必要的时候，由检察机关对有关组织进行"支持起诉"。因此，在单行法已经明确规定了负有公益诉讼职能的机关时，该机关就应履行提起公益诉讼的法定职责。此时，检察机关对法定机关的督促起诉应具有约束力，当该机关不按照检察建议提起公益诉讼时，应对其追究失职之责。而检察机关对有关组织关于提起公益诉讼的检察建议则没有刚性约束力，因为有关组织不是国家机关，即使其不起诉也不需要负法律责任。

（三）督促履职的判定标准

基于司法克制主义的立场，检察机关要先判明行政机关存在违法行政行为或者不作为的情形，并据此督促其依法履职，若行政机关拒不采纳检察建议、仍不依法履职，检察机关才能提起行政公益诉讼。在此过程中，该如何判定行政机关依法履行了其全部监管职责，有待讨论。

根据"法无授权不可为，法有授权必须为"的公法原则，行政机关的职责应当成文化、明确化、实定化，其履职情况也要以相应法律法规为判断基准，检察机关应明确告知行政机关被控违法行为所违反的具体法律规定或事项

---

① 参见刘加良《解释论视野中的民事督促起诉》，载《法学评论》2013年第4期，第94页。
② 江伟、肖建国：《民事诉讼法》，中国人民大学出版社2023年版，第45页。

及法律责任。遗憾的是，由于行政事务广泛而庞杂，现行法律体系无法将行政职责事无巨细地予以全部规定。规则的不确定，导致各地把握标准不一，同类案件有的从诉前程序导入了诉讼程序，有的则用诉前程序排除了诉讼程序。对此，有人建议"全国人大进行相关立法，并协调国务院各部委对各领域的监督管理职责予以清单化"①。行政公益诉讼制度所依托的行政法律制度体系十分繁复，确实需要立法机关适时进行法律清理，从立法层面明确各种行政管理职责，以便检察机关准确把握行政机关的职权种类，以及职权的法定履行方式、手段，进而及时辨明行政机关是否已经充分履职。这对行政机关也是有益的，使其对哪些行为可能被提起行政公益诉讼"具有可预见性，以免陷入被任意打击的陷阱"②。

（四）督促起诉、督促履职的后续效果

检察机关督促法定机关提起民事公益诉讼或者督促行政机关履职都是以检察建议的形式进行的，就被督促的行政机关认为没必要提起诉讼或者自身不存在违法行为而拒绝检察建议这种情况来说，目前法律并没有对这一拒绝行为的责任和后果进行规定。检察建议虽说是一种司法建议，但这种形式上的软约束实质上正在酝酿着刚性效果。

在环境和资源保护、国有土地使用权出让等公益案件中，被督促单位的有关人员若对积极履职、采取保护公共利益的有效措施等检察建议置之不理，很可能被怀疑涉嫌利益交换、有违法乱纪行为，相关行为若被查实将承担党纪政纪甚至刑罚责任。例如，某地在办理一起水塘污染公益诉讼案件时，在检察机关发出督促履职的检察建议后，环保部门的有关人员置之不理，后来检察机关推动查处刑事犯罪线索，并最终确定其滥用职权罪。这种后置性的手段将形成倒逼机制，形成一种潜在的强制力量，迫使被督促单位接受检察建议，积极实施其应为的行为。事实上也正是如此，大多数行政机关慑于检察机关的地位和权威，会就检察机关提出的检察建议进行整改，这就使大量的案件被诉前程序消化掉，最终需要起诉到法院的案件大大减少。虽然提起诉讼的公益案件数量不多，但督促起诉、督促履职的积极效果需要被正视，我们在观念上则需要重视检察建议在维护公共利益方面的保障功能。

---

① 高宗祥：《行政公益诉讼制度施行疑难探讨》，载《人民检察》2016年第10期，第8页。
② 姜涛：《检察机关提起行政公益诉讼制度：一个中国问题的思考》，载《政法论坛》2015年第6期，第25页。

(五) 诉前程序与公益诉讼程序的衔接问题

只要通过诉前程序实现了维护公共利益的初衷，诉讼就不是诉前程序的必然结果。只有在该案件符合"公共利益仍处于受侵害状态"的实质要件时，检察机关才可起诉。但在诉前程序与诉讼程序的衔接过程中，如何确定公共利益是否仍在受损呢？基于公益诉讼与公益案件的受害者和广大社会成员的利益密切相关，检察机关应充分听取这些群体和社会公众的看法和意愿，加强与相关法定主体的沟通协调，以明确发动公益诉讼的必要性和可行性。在程序上，为避免诉前程序因长久的犹豫、拖沓而停滞不前，使公共利益因无法得到及时保护而造成严重后果，《办案规则》明确规定由检察官、检察长、检察委员会在各自职权范围内对办案事项做出规定。如果涉及法律适用、办案程序、司法政策等问题，可依规向上级检察机关请示。

另外，行政公益诉讼在诉前程序与诉讼程序衔接方面，检察建议的内容与诉讼请求的内容是否要具有同一性，也值得讨论。例如，检察机关在诉前程序中发出的检察建议遗漏了要求行政机关对违法行为做出行政处罚的事项，在提起行政公益诉讼时又诉请法院确认行政机关怠于履行职责的行为违法并判决其依法履行职责。由于检察建议要求行政机关履职的内容并未包含行政处罚事项，检察机关的诉讼请求与诉前程序中检察建议的内容不一致，故不应在判决中认定行政机关未做出行政处罚的行为违法。

尽管检察机关对行政机关违法作为或不作为进行监督，是其作为法律守护者的客观义务所在，但诉前程序是给行政机关进行自我纠错的机会，行政机关在处理日常行政事务过程中可能未发觉或未意识到行为违法，因此享有被告知其行为违法的权利。加之检察机关督促履职是一种协作性的监督，在发出检察建议时，应该明确指出行政机关违法行使职权或不作为的违法事项，以使行政机关过则改之。如果对于检察建议并未言明的事项直接在行政诉讼中提出相关请求，检察机关的谦抑性便被虚置，也不利于充分发挥行政机关的自主性和能动性。因此，在提起行政公益诉讼时，本书认同"检察机关提出的诉讼请求应与检察建议的主要内容基本一致"的观点。[①]

[①] 参见徐全兵《检察机关提起公益诉讼有关问题》，载《国家检察官学院学报》2016年第3期，第169页。

五、诉前程序的功能拓展

生态环境损害赔偿磋商是赔偿权利人（政府）与赔偿义务人就生态环境损害的修复或赔偿问题进行磋商解决的方式。作为一种新型环境治理方案，生态环境损害赔偿磋商制度积极回应我国环境治理体系和治理能力现代化的要求，是实现党的二十大报告提出的"人与自然和谐共生"的"中国式现代化"环境法律制度的重要组成部分。根据《办案规则》第九十一条，对于符合启动生态环境损害赔偿程序条件的案件，检察机关进行民事公益诉讼诉前程序时，应告知赔偿权利人启动生态环境损害赔偿程序。在实践中，生态环境损害情况较为复杂，涉及环境损害的事实问题、法律问题、环境修复的技术问题等多个层面，磋商过程考验政府部门的辨法析理能力，而生态环境部门政策法规工作人员较少，同时应对多个问题将影响磋商进度。检察机关作为法律监督机关，在法律的理解和适用方面具有专业性。如果检察机关能够参加磋商，对生态环境损害赔偿磋商程序的合法性，损害事实的认定，责任人的责任范围、责任形式、责任期限等问题提供法律意见，则更容易被当事人理解和信服，可提高磋商的效率。

（一）案例引入

检察机关密切关注生态环境损害的救济，作为第三方与生态环境部门积极探索生态环境损害赔偿制度的适用，王某萍、王某根非法处置危险废物生态环境损害赔偿案就是近年来的典型案例。[①] 该案是某市生态环境部门与生态环境损害赔偿义务人就生态环境损害赔偿达成的第一例损害赔偿协议，且是某市首例经司法确认生态环境损害赔偿协议有效的案件。

1. 案件的起因

2020年7月，某市生态环境局会同公安机关调查发现，王某萍和王某根在村里开设废金属油桶加工场，但既无营业执照，也未取得环保审批、验收手续及危险废物经营许可证，在此情况下非法从事废金属铁桶（装废机油、废润滑油）的拆解业务。现场发现停放的车辆装有约80个未切割铁桶和胶桶，室内仓库内放有已切割铁桶约1500个，未切割铁桶约160个，未切割胶桶约180个，其中17个铁桶中装有废矿物油、木糠的废油渣。另外，场内东南角

---

① 参见（2021）粤01民特847号。

草坪内有4个废油渣渗坑，渗坑内物质与场内废油渣一致，渗坑内没有防渗漏措施。废油渣及渗坑内物质经属性鉴别，确认为具有有毒物质的危险废物。王某萍和王某根的作业地点位于水库边，对当地生态环境造成了较大的损害。

2. **生态环境损害赔偿磋商**

在刑事程序进行的同时，检察机关推动行政机关启动生态环境损害赔偿工作。王某萍和王某根二人对自己行为的刑事违法性有较深的认识，但对生态损害赔偿责任感到困惑和不解。检察机关根据《民法典》第一百八十七条的规定，指出赔偿义务人的违法行为其实面临着多重法律责任，而不同的法律责任各自独立、互不影响，承担了刑事责任也不会吸收或免除民事责任。检察机关进而结合《民法典》侵权责任编的规定，对二人就所涉生态环境损害赔偿责任和修复责任进行了分析。经过生态环境部门和检察机关的细致沟通，王某萍和王某根同意进行磋商。

2021年2月，某市生态环境局向王某萍和王某根发出《生态环境损害赔偿磋商告知书》，并商请检察机关参与。检察机关派出公益诉讼部门办案人员参与磋商，并以"公共利益代表人"的身份介入。磋商会议上，检察机关在充分了解案件情况、全面听取各方意见后，就相关法律适用、赔偿义务人责任等方面提出了专业意见，有效消除了赔偿义务人的疑虑，推动案件顺利达成生态环境损害赔偿协议，努力以最小成本实现了各方利益最大诉求。

3. **磋商结果**

赔偿义务人对生态环境损害的事实表示完全认可，并表达出主动修复的意愿。在检察机关的大力支持下，某市生态环境局综合考量生态环境污染程度和当事人赔偿能力，与王某萍和王某根达成了生态环境损害赔偿协议。协议主要约定由责任人通过某市财政非税收入系统缴纳应直接赔付的229402.5元，同时在1个月内委托有资质的单位清运、处置危险废物及修复受损土壤，并全额支付费用；处置、修复完成后，由某市生态环境局负责组织专家论证修复效果，出具专家意见，费用由责任人承担。2021年5月19日，某市中级人民法院立案受理申请人某市生态环境局与王某萍、王某根关于司法确认调解协议的申请。2021年6月，法院将生态环境损害赔偿协议内容向社会发布公告，公告期内未收到异议。2021年7月，某市中级人民法院裁定某市生态环境局与王某萍、王某根于2021年4月30日达成的生态环境损害赔偿协议有效。

（二）检察机关参与生态环境损害赔偿磋商的理论分析

各地检察机关在生态环境损害赔偿磋商中的角色和职能差异，从理论上看主要是对磋商制度的基本性质有不同的认识。学界目前关于生态环境损害赔偿磋商的性质主要形成了三种观点：一是民事磋商说①，该说认为磋商中行政机关并非通过行政命令的方式来治理损害，而是作为赔偿权利人和赔偿义务人对环境损害赔偿责任相关问题进行平等协商，当事人属于民事法律关系，可将磋商归入私法救济路径。二是行政磋商说②，该说认为磋商是现代国家契约行政模式的体现。磋商过程中行政机关居于主导地位，赔偿协议体现的主要也是行政机关的意志，磋商实质上是行政机关履行环境监管职责的延伸。三是双重构造说③，该说认为行政机关既是公权力主体，又是追究侵权人赔偿责任的民事主体，相应地，磋商存在着行政法律关系和民事法律关系双阶构造。

根据民事磋商说，赔偿权利人与赔偿义务人的磋商活动属于民事活动，应恪守意思自治的基本精神，检察机关作为公权力机关更应谨慎介入民事生活。所以有人认为，如允许检察机关加入并支持行政机关磋商，将使得双方的力量对比失衡。④反之，根据行政磋商说，行政机关进行磋商属于履行行政职责，检察机关作为法律监督机关就有权督促行政机关依法行政，以避免环境利益被行政机关不当处分，这样，其作为法律监督者参加磋商程序就有了正当性。但是，行政磋商说也有局限性，因为该说过于强调行政机关环境保护公法职责的实现，行政干预的色彩浓厚，无法充分体现磋商过程的整体面貌。所以，民事磋商说、行政磋商说各有不足，应超越单一的公法或私法理论寻求新的阐释，而双重构造说值得重视。

根据双重构造说，磋商程序分为两个阶段：第一阶段是磋商启动。行政机关通过对生态环境损害事件的调查、损害结果的鉴定评估，决定是否开展索赔工作。这一过程是行政机关履行行政监管职责的具体表现，具有明确的行政属性。检察机关在此阶段介入，有助于督促行政机关依法履职。第二阶段是磋商的协商并达成赔偿协议继而履行协议的过程。这一过程中，双方的地位、协商的内容、协议的救济方式等具有明显的私法色彩，检察机关介入虽有打破双方

---

① 参见罗丽、王浴勋《生态环境损害赔偿磋商与诉讼衔接关键问题研究》，载《武汉理工大学学报（社会科学版）》2017年第3期，第123页。
② 参见刘学在、刘鋆《论生态损害赔偿磋商协议的法律性质及其争议解决路径》，载《南京工业大学学报（社会科学版）》2020年第2期，第2-7页。
③ 参见刘莉、胡攀《生态环境损害赔偿磋商制度的双阶构造解释论》，载《甘肃政法学院学报》2019年第1期，第38-39页。
④ 参见王莉、许微《生态环境损害赔偿磋商制度法律属性的再认识》，载《河南财经政法大学学报》2023年第1期，第3页。

平等地位之虞，但是生态环境损害赔偿并非私人利益之争，而是涉及重大的公共利益，因而可参照《民事诉讼法》的支持起诉原则进行阐释。民事诉讼中，对于涉及国家和社会公共利益的重大民事案件，在当事人不敢、不能、不便起诉时，检察机关等可以支持受害者起诉，其理论依据在于弱势受害者与对方当事人在实质上是不对等的，通过检察机关等支持起诉才可恢复诉讼的平衡状态，从而保护国家利益和社会公共利益。与之相似，行政机关提出生态环境损害赔偿是为了保护和实现环境公共利益；而检察机关作为公共利益代表人，同样负有维护国家和社会公共利益的职责，检察机关支持行政机关的磋商活动，是为了保护生态环境，有助于实现中央提出的"赔偿到位、修复有效"的生态环境损害赔偿目标。

因此，检察机关在生态环境损害赔偿磋商中，既可以作为法律监督者督促行政机关依法履职，也可为实现环境公共利益而以公共利益代表人身份支持行政机关开展磋商工作。王某萍、王某根非法处置危险废物生态环境损害赔偿案中，检察机关在磋商程序启动之初就商请检察机关参与，有助于行政机关更好地依法履职。检察机关在磋商过程中的法律支持、磋商协议达成后执行环节的参与等，有效保障了环境公共利益，可从双重构造说得到理论阐释。

（三）检察机关参与生态环境损害赔偿磋商的角色比较

生态环境损害中环境的不确定性、赔偿的复杂性等问题较为突出，而生态环境损害赔偿又与公众的环境利益密切相关，因此，在赔偿权利人与赔偿义务人进行磋商的过程中，应给予公众表达意见的机会。中央在生态环境损害赔偿制度改革中，一再要求各地积极创新公众参与方式，但对第三方主体范围没有明确的限定。其中，专家和利益相关者参加磋商，有助于提升赔偿协议的科学性和合理性，各地改革实践对这二者的参与都比较认同；对于检察机关参与磋商，各地在其参与方式和角色定位方面的看法差异较大，这也是选取本案例进行研究的原因。

在王某萍、王某根非法处置危险废物生态环境损害赔偿案中，为了促成磋商程序成功启动，某市生态环境部门采取邀请的方式，与检察机关一起对赔偿义务人王某萍和王某根进行释法说理，使他们明白承担了刑事责任也不能免除生态环境损害赔偿责任，从而同意进行磋商。在磋商过程中，检察机关就非法处置危险废物行为与生态环境损害结果之间因果关系的认定、赔偿义务人的赔偿责任以及责任的承担方式等关键问题发表了法律意见，对继续推进磋商程序起了积极作用。可见，检察机关参与进来的方式是由赔偿权利人单方邀请，在磋商中检察机关的职能是提供专业法律意见。

从目前各地关于生态环境损害赔偿磋商的规范性文件来看，本案中某市检察机关的做法与安徽是一致的。安徽规定由赔偿权利人单方商请同级检察机关加入磋商程序，检察机关对磋商提供法律支持，① 而其他地方则有不同规定。例如，山东规定赔偿权利人启动磋商工作时应通知检察机关，② 对于检察机关是否必须参与无进一步规定；江苏则规定由生态环境损害赔偿磋商小组商请同级检察院派员参加，③ 但对于检察官参加进来是作为磋商的支持者还是法律的监督者则没有进一步规定。安徽、山东、江苏都是采取单方邀请检察机关参加协商的方式，而贵州对于检察机关加入磋商则有较高的要求：④ 一是将赔偿权利人与赔偿义务人发生争议作为介入的前提条件；二是赔偿权利人与赔偿义务人共同委托第三方组织磋商；三是在满足前两项情形时，赔偿权利人与赔偿义务人须共同邀请同级检察机关参与。

综上，在各地实践中，山东和江苏未明确检察机关在磋商中的角色定位，安徽将检察机关作为磋商活动的支持人，贵州则重在加强对磋商活动的检察监督。本案将检察机关作为磋商支持人的做法是有特色的，对于探索部门联动机制、实现生态环境的多元共治具有示范作用。

（四）生态环境损害赔偿磋商中检察机关与行政机关的衔接机制

环境问题是个复杂系统，"牵一发而动全身"，生态环境损害赔偿磋商涉及事实问题、法律问题、环境修复的技术问题等多个层面，行政机关和检察机关发挥各自的优势，形成合力，顺利完成生态环境损害赔偿的磋商，便能够尽快修复环境。参考王某萍、王某根非法处置危险废物生态环境损害赔偿案的办

---

① 《安徽省生态环境损害赔偿实施办法（试行）》第三十一条第五款规定："赔偿权利人指定的部门或机构可以商请同级检察机关参与磋商会议，为磋商提供法律支持。赔偿权利人与赔偿义务人无法磋商或者磋商未达成一致意见提起生态环境损害赔偿诉讼的，检察机关可以依法支持起诉。"

② 《山东省生态环境损害赔偿磋商工作办法》第五条规定："工作部门启动生态环境损害赔偿磋商工作，应当书面通知生态环境损害事件发生地设区的市人民法院、人民检察院、设区的市、县（市、区）人民政府。"

③ 《江苏省生态环境损害赔偿磋商办法（试行）》第七条第二款规定："生态环境损害赔偿磋商小组，由赔偿权利人指定的部门或机构、政府法制部门、鉴定评估机构专家等有关人员组成。商请同级人民法院、检察院派员参加。"

④ 《贵州省生态环境损害赔偿案件办理规程（试行）》第十六条第二款规定："赔偿权利人与赔偿义务人对生态环境损害事实、调查结论和损害鉴定等有争议的，赔偿权利人和赔偿义务人应当委托组织调解的第三方召开磋商会议，并邀请同级检察机关参与磋商。"

理经过，并结合其他案件经验，我们可从以下三方面建立检察机关和行政机关关于生态环境损害赔偿的工作衔接机制。

第一，建立案件线索移送衔接机制。生态环境部门按照相关规定开展生态环境损害赔偿线索筛查，属于本部门需要开展生态环境损害赔偿工作的，按照规定的程序和要求，组织开展索赔追偿。生态环境部门因确有困难无法开展索赔追偿的，可作为检察公益诉讼案件线索移送检察机关，并配合开展生态环境公益诉讼工作。检察机关在履职过程中发现属于生态环境部门办理的生态环境损害线索的，可将线索及时移送生态环境部门索赔追偿。

第二，建立案件磋商衔接机制。由生态环境部门启动索赔的案件，应依法发出磋商告知书，同时抄送检察机关。赔偿义务人同意磋商的，生态环境部门则组织磋商，检察机关可派员参与磋商，提供法律意见建议。生态环境部门与赔偿义务人经磋商达成一致，双方签订生态环境损害赔偿协议，应同时抄送检察机关，并可向法院申请司法确认。检察机关应对磋商过程及赔偿等情况进行法律监督。

第三，建立生态环境修复衔接机制。生态环境部门与赔偿义务人经磋商签订生态环境损害赔偿协议的，赔偿义务人应按照协议约定自行或委托有修复能力的第三方机构开展受损生态环境修复。修复完成后由生态环境部门组织对修复效果进行评估，未达到预定修复效果的，应当要求赔偿义务人继续修复；已达到预定修复效果的，结案处理。检察机关可对修复的过程和效果进行监督。

（五）生态环境损害赔偿诉讼与民事检察公益诉讼的诉讼位序

在环境损害赔偿制度中，磋商前置是必经程序。王某萍、王某根非法处置危险废物生态环境损害赔偿案是磋商成功的案例，检察机关和生态环境部门在该案办理过程中有效衔接，较快修复了生态环境，实现了磋商制度的目的。实践中还有不少磋商失败的案件，[①] 根据中央改革方案的要求，这些案件须启动生态环境损害赔偿诉讼继续索赔。但是，改革方案并未对磋商与环境民事公益诉讼的关系做出规定。当生态环境污染事件发生后，如果检察机关并不知晓行政机关已开展生态环境损害赔偿磋商工作，提起了环境民事公益诉讼，则行政

---

① 《生态环境部办公厅关于印发生态环境损害赔偿磋商十大典型案例的通知》中指出："截至 2020 年 1 月，各地共办理赔偿案件 945 件，已结案 586 件，其中以磋商方式结案占比超过三分之二。"也就是说，还有将近 1/3 的案件磋商失败。

机关此后因磋商失败提起生态环境损害赔偿诉讼，就会出现同一生态环境损害问题面临着两个诉求一致的诉讼的情形，这时就必须考虑二者的顺位问题。

从学理上来说，在国家职权配置上，行政机关与司法机关的职责分工就有先后之分，公共利益受损时行政机关应率先积极应对，司法机关作为社会正义的最后一道防线应谦抑克制。① 而且生态环境损害所面临的专业性、科技性问题较为突出，行政机关在应对这方面问题时所拥有的专业技术、人员和手段比检察机关显然更有优势。事实上，行政机关基于环境监管职责也最熟悉当地环境状况，能更全面、高效地收集相关信息，更能实现尽早修复环境的目标。再加上生态环境损害鉴定评估所适用的标准也大多由行政机关制定，行政机关更能对这些技术性规范的实体内容做出科学判断。② 因此，由行政机关主导的生态环境损害赔偿诉讼应优先于由检察机关主导的民事环境公益诉讼，最高法的司法解释据此做了制度设计。③

生态环境损害磋商制度和环境民事公益诉讼制度虽然是不同的诉讼类型，但二者在修复生态环境、保护环境公共利益方面具有共通性，都体现了由环境责任人来承担修复或赔偿环境损害的观念，二者的制度目的、适用范围高度契合。④ 行政机关与检察机关应以上述认识为依据，做好案件诉讼的衔接工作。当生态环境损害赔偿磋商失败之后，生态环境部门提起诉讼的，可商请检察机关支持起诉，检察机关可采取提交书面法律意见或者派员出庭等方式支持起诉。生态环境部门因确有困难不能提起诉讼，符合民事公益诉讼条件的，可将案件移送检察机关，由检察机关依法提起民事公益诉讼。生态环境部门提起生态环境损害赔偿诉讼后，检察机关若发现有证据证明同一损害生态环境行为存在前案办理时未发现的损害，则可将新发现的损害事实及证据移送生态环境部

---

① 参见林莉红《论检察机关提起民事公益诉讼的制度空间》，载《行政法学研究》2018 年第 6 期，第 56 - 58 页。

② 参见彭中遥《论生态环境损害赔偿诉讼与环境公益诉讼之衔接》，载《重庆大学学报（社会科学版）》2021 年第 3 期，第 175 - 176 页。

③ 《最高人民法院关于审理生态环境损害赔偿案件的若干规定（试行）》第十七条规定："人民法院受理因同一损害生态环境行为提起的生态环境损害赔偿诉讼案件和民事公益诉讼案件，应先中止民事公益诉讼案件的审理，待生态环境损害赔偿诉讼案件审理完毕后，就民事公益诉讼案件未被涵盖的诉讼请求依法作出裁判。"

④ 生态环境损害赔偿范围包括清污、修复生态环境费用、生态环境服务功能损失、生态环境损害调查、鉴定评估等费用以及其他合理费用，这些损失和费用也为环境民事公益诉讼的诉讼请求所覆盖。《最高人民法院关于审理环境民事公益诉讼案件适用法律若干问题的解释》第十八条规定："对污染环境、破坏生态，已经损害社会公共利益或者具有损害社会公共利益重大风险的行为，原告可以请求被告承担停止侵害、排除妨碍、消除危险、修复生态环境、赔偿损失、赔礼道歉等民事责任。"

门，并可依生态环境部门请求提供法律意见建议，符合条件的，也可依法自行提起民事公益诉讼。

第三章　检察公益诉讼的诉讼请求

检察公益诉讼与私益诉讼在制度目的上有显著的区别，其提起诉讼的目的并非要求实现自己的权利，而是为了保护社会公共利益，诉讼目的上的公益性，决定了检察公益诉讼具体诉讼请求的设定。为了实现公益诉讼制度的目的，检察机关可以根据公共利益受到侵害的情况，分别提出制止性诉讼请求、补偿性诉讼请求、惩罚性诉讼请求、预防性诉讼请求。

制止性诉讼请求，是公益诉讼中常见的请求形态，是包含禁令在内的不作为之诉，即对侵害公共利益的不法行为予以叫停，从而制止侵害行为继续发生。但基于侵权结果的严重性，仅仅叫停侵害行为不足以弥补公益损害，于是以填平损害为指向的补偿性诉讼请求被引入公益诉讼，适格的公益诉讼主体可向违法行为人主张相应的损害赔偿。随着社会的发展，大规模生成模式下又产生了小额分散性侵害行为，以弥补为主要功能的补偿性赔偿也无法真正提升侵权成本，难以实现根绝违法的效果，于是，基于制裁与抑制侵权行为的需要，惩罚性赔偿请求也被引入公益诉讼。① 预防性诉讼请求则反映了公益诉讼的最新发展，即基于现代社会是风险社会的属性判断，认为传统的事后司法救济模式无法真正达到公共利益保护的目标，因而需要从预防性司法救济的角度，发挥公益诉讼制度的预防作用，以实现预防性公益诉讼的永久禁止性功能。② 检察机关在公益诉讼实践中，首先面临着诉讼请求的具体设定这一亟待解决的难题，本章将着重厘清惩罚性赔偿的诉讼请求能否在公益诉讼中适用的问题，并探讨预防性诉讼请求的相关问题。

---

① 参见李征、邓娟《消费民事公益诉讼中适用惩罚性赔偿的域外研究及其启示》，载《法治论坛》2020 年第 3 期，第 181 - 182 页。

② 参见王慧《论预防性环境民事公益诉讼永久禁止功能的实现》，载《政法论丛》2022 年第 1 期，第 98 - 100 页。

一、消费民事公益诉讼诉讼请求的梳理

消费民事公益诉讼是对经营者侵害不特定消费者合法权益等损害社会公共利益的行为发起的公益诉讼。在日常生活中,有毒食品、有害药品等造成的损害事件时有发生,但作为个体的消费者或因损害较小而缺乏起诉动力,或因实施诉讼的现实困难而放弃索赔,导致违法经营者逍遥法外。消费民事公益诉讼作为消费维权的重要补充,将为消费者的集合性权益提供保护,可以达到净化市场环境的效果。但民事公益诉讼不同于私益诉讼,在诉讼请求方面当以维护社会公共利益为中心,进而对其诉讼请求的设定有必要进行深入探讨。

(一) 消费民事公益诉讼的制度规定

2012年修正后的《民事诉讼法》首次规定了公益诉讼制度,将侵害众多消费者合法权益的行为纳入诉讼范围。立法机关之后继续进行制度建构,形成了消费民事公益诉讼法律体系。例如,2013年修正后的《消费者权益保护法》对消费民事公益诉讼的起诉主体、2017年再次修正后的《民事诉讼法》对检察机关提起消费公益诉讼的程序等问题进行了细化规定。最高法于2016年出台的《最高人民法院关于审理消费民事公益诉讼案件适用法律若干问题的解释》(简称《审理消费民事公益诉讼案件司法解释》)(2020年修正)对包括请求权类型在内的具体诉讼问题做了规定。根据该司法解释第十三条的规定,原告在消费民事公益诉讼案件中,可请求被告承担停止侵害、排除妨碍、消除危险、赔礼道歉等民事责任。如果经营者利用格式条款或者通知、声明、店堂告示等,排除或者限制消费者权利、减轻或者免除经营者责任、加重消费者责任,原告认为对消费者不公平、不合理的,可以主张无效。

(二) 消费民事公益诉讼的请求类型

诉讼请求,是原告向被告提出的实体权益的主张。此处的实体权益可以是请求对方履行一定的义务,也可以是对某种法律关系的确认。通过检索媒体报道的相关案例,我们可发现,消费民事公益诉讼的诉讼请求主要有以下五种类型。

第一,不作为的诉讼请求。不作为之诉,又被称为禁止之诉,意在制止经营者继续实施不正当行为。例如,2014年12月,浙江省消费者权益保护委员会(简称"消保委")向上海铁路运输法院提交消费维权民事公益诉讼起诉

状,就实名购买火车票遗失后强制补票问题,请求法院判令上海铁路局立即停止其"强制实名制购票乘车后遗失车票的消费者另行购票的行为"①。不作为之诉指向对未来损害之预防,在消费民事公益诉讼中较为常见。

第二,作为的诉讼请求。作为之诉,意在请求判令经营者实施一定的行为。例如,2015年7月,上海市消保委就手机预装应用软件安装情况不告知、无法卸载等损害消费者权益问题,将天津三×通信技术有限公司、广东欧×移动通信有限公司起诉至上海市第一中级人民法院,请求法院判令"被告在其所销售智能手机外包装或说明书中明示手机内预装软件的名称、类型、功能、所占内存",同时,"被告为其所销售智能手机内预装应用软件提供可直接卸载的途径"②。作为之诉,除了要求经营者采取措施积极消除侵权状态外,也可以要求经营者赔礼道歉,以承担人格性的补偿责任。

第三,确认无效的诉讼请求。在消费领域,经营者常用不公平格式条款来侵害消费者利益,破坏正常的市场秩序,而消费民事公益诉讼正好用来清理消费合同中的不公平条款。例如,2016年9月,江苏省消费者协会就南京水×集团有限公司供用水格式合同(户表用户)约定违约金过高问题提起消费民事公益诉讼,请求法院判决确认《南京水×集团有限公司供用水合同》(户表用户)第七条第二款第一项条款无效。③ 这一诉求目的在于确认消费者和经营者间不存在这一法律关系,判决结果具有形成效力,将扩张至所有消费者,属于形成之诉。

第四,确认违法的诉讼请求。请求确认经营者的行为违法,属于积极的确认之诉,并无履行义务的内容。例如,2016年7月,中国消费者协会就雷×重工股份有限公司等被告违法、违规生产销售三轮摩托车案向北京市第四中级人民法院提起消费民事公益诉讼,其中一项诉讼请求是请求法院确认雷×重工违法、违规生产和销售的行为,对众多不特定消费者构成了《消费者权益保护法》第五十五条的"欺诈行为"。④ 该诉求虽然在《审理消费民事公益诉讼

---

① 屈凌燕:《法院裁定不予受理浙江消保委诉上海铁路局"公益诉讼第一案"》,见央广网: https://news.cnr.cn/native/gd/20150130/t20150130_517588646.shtml,最后访问时间:2023年7月11日。
② 《上海消保委起诉手机预装软件无法卸载获中消协支持》,见中国经济网:http://district.ce.cn/newarea/roll/201507/02/t20150702_5829566.shtml,最后访问时间:2023年7月11日。
③ 参见陈卓《水费逾期每天罚0.5%,江苏消协起诉南京水务"霸王条款"》,见澎湃新闻网: https://www.thepaper.cn/newsDetail_forward_1549164,最后访问时间:2023年7月11日。
④ 参见《中消协公益诉讼告雷沃重工欺诈 诉称其违规生产》,见人民网:https://finance.people.com.cn/n1/2016/0727/c1004-28588594.html,最后访问时间:2023年7月11日。

案件司法解释》中没有列举，但涉案三轮摩托车正在市场中流通，被不特定的消费者购置使用将不可避免，通过公益诉讼确认被告行为违法，将有利于消费者在后续的私益诉讼中得到赔偿。

第五，损害赔偿的诉讼请求。在消费民事公益诉讼中请求损害赔偿，是为了对过去的损失进行填补，通常需要考虑起诉主体是否具有利害关系，目前争议较大。《审理消费民事公益诉讼案件司法解释》目前没有规定赔偿损失的责任，但实践中已有数起案例。例如，2017年3月，广东省消费者委员会（简称"消委会"）对检察机关立案调查的李某文等食品犯罪案向深圳市中级人民法院提起消费民事公益诉讼，请求判令此案中涉嫌生产、销售不符合安全标准食品以及生产、销售有毒、有害食品的犯罪嫌疑人20人承担赔偿金1006.2万元。① 2017年10月，广东省消委会就彭某胜等人生产、销售假冒伪劣食盐产品，向广州市中级人民法院提起四宗消费民事公益诉讼，请求判令被告承担赔偿金共计1480243.4元。②

(三) 公益诉讼惩罚性赔偿问题的提出

惩罚性赔偿，是指为惩罚侵权人的恶性侵权行为，而强制其向被侵权人承担超过实际损失的损害赔偿责任方式。近年来，在以食品药品安全为重点的消费民事公益诉讼领域，司法实务界不断推进惩罚性赔偿的探索实践，全国各地已经陆续出现消费者协会或检察机关提起消费民事公益诉讼并主张惩罚性赔偿的案例，绝大多数获得了法院判决的支持。③ 最高检于2018年下发《关于加大食药领域公益诉讼案件办理力度的通知》，其中明确指出："对于食药领域的民事公益诉讼案件，可以探索提出惩罚性赔偿的诉讼请求，增加违法行为人的违法成本，从根本上遏制食药领域侵害社会公共利益的违法行为。"此后，2019年印发的《中共中央、国务院关于深化改革加强食品安全工作的意见》以及最高检、中央网络安全和信息化委员会办公室等于2020年共同印发的

---

① 参见王纳、孟广军《让病死猪流入餐桌 20人面临千万索赔》，见人民网：https://health.people.com.cn/n1/2017/0317/c14739-29151058.html，最后访问时间：2023年7月11日。

② 参见赵亚芸《广东省消委会提起四宗新公益诉讼：剑指假盐 索赔超百万》，见央广网：https://m.cnr.cn/news/20171029/t20171029_524004192.html，最后访问时间：2023年7月11日。

③ 虽然2017年2月广东省消费者权益保护委员会向深圳市中级人民法院就李某销售病死猪肉的行为提起公益诉讼主张惩罚性赔偿未获一审法院支持，但是并未阻碍适格主体继续推进实践探索的脚步。广州市人民检察院就刘某贩卖假盐案件单独提起民事公益诉讼，并主张适用惩罚性赔偿且胜诉，成为全国首例惩罚性赔偿的检察民事公益诉讼。

《关于在检察公益诉讼中加强协作配合依法保障食品药品安全的意见》都明确提出"在食品药品安全民事公益诉讼中探索提出惩罚性赔偿诉讼请求"。然而，较为滞后的立法现状与积极的司法实践并不匹配。

现行立法虽然在消费领域确立了惩罚性赔偿责任，但是法律规定的权利主体仅为消费者个体，范围也局限于消费者启动的私益保护之诉，能否延展适用于消费民事公益诉讼存在较大争议。而且，《审理消费民事公益诉讼案件司法解释》规定，法律规定的机关或有关组织可以提起停止侵害、排除妨碍、消除危险等诉讼请求，对包括惩罚性赔偿在内的损害赔偿请求权是否可以适用并无明确列举。因此，消费公益诉讼中对惩罚性赔偿的引入与具体适用问题，值得进一步思考与研究。

二、惩罚性赔偿在我国消费诉讼领域的演进

我国民事法律中的损害赔偿制度以补偿性为原则，范围以实际受损为限，这在主张矫正正义的传统社会中运行顺畅。但是，经济飞速发展推动社会化生产不断扩大，普遍性大规模侵害消费者权益的事件时有发生。基于诉讼能力的缺失与诉讼成本的阻碍，消费者为自身损失主张赔偿的比例远远小于实际受到损害的比例，适用补偿性赔偿难以有效保护消费者权益，而且对惩戒违法行为并预防其再度发生而言亦收效甚微。于是，我国立法从实用主义角度出发，借鉴国外成功经验，于1993年制定《消费者权益保护法》时，首次确立了消费领域的惩罚性赔偿制度，消费者可以就欺诈型经营行为主张价款或服务费用的一倍赔偿。[①] 这是我国民事立法的一大突破，对民法理论的发展和消费者权益保护有着重大、积极的意义。立法者试图通过该制度的阻吓与预防功能，打击不法经营者，督促经营者诚信经营，并鼓励消费者运用法律武器同违法行为做斗争，维护自身权利。该制度甫一问世，就赢得了全社会的广泛关注。

消费者权益借此获得了加强保护，经营者也由此而生畏惧之心，不诚信的商家行为在一定程度上得到了遏制。但是，随着社会主义市场经济的高速发展，食品安全、消费欺诈等群体性事件频繁出现，造成了较为严重的社会问题，迫切需要大力度的法律惩戒与防控。上述法律确立的惩罚性赔偿制度在适

---

① 1993年制定的《消费者权益保护法》第四十九条规定："经营者提供商品或服务有欺诈行为的，应当按照消费者的要求增加赔偿其受到的损失，增加赔偿的金额为消费者购买商品的价款或接受服务的费用的一倍。"

用情形与额度方面的限制与社会需求的惩戒力度逐渐不相适应，呈现出滞后性。于是，全国人大常委会在 2013 年对该法进行修正，调整了两方面内容：一是与《中华人民共和国侵权责任法》（简称《侵权责任法》）接轨，将缺陷产品或服务致害的情形，列入惩罚性赔偿的适用范围；二是提升了惩罚额度，对欺诈型经营行为规定 3 倍赔偿制度，并设定 500 元的赔偿下限，彰显了立法者加大惩罚力度的决心。① 更为严厉的惩罚体现在食品消费领域。着眼于近年来层出不穷的食品问题事件，结合社会民众对该领域的高度关注与绝对安全需求，我国法律专门加强了对该领域消费者的权益保护，以更高强度的惩罚性赔偿为食品安全保驾护航。2009 年的《食品安全法》确立了 10 倍价款赔偿的原则，又于 2015 年修订时增加了 3 倍损失赔偿的制度，并将赔偿底线提升至 1000 元。

由惩罚性赔偿制度在我国消费领域的发展历程可知，我国立法早有借鉴并引入该制度的举措，并通过对惩罚力度的提升与惩罚范围的完善，不断强化制度的惩戒性功能，以达到制裁并防控违法经营行为的效果。只是，现行法律仅在消费私益诉讼领域明确许可适用惩罚性赔偿制度，要求消费者自行主张权利，获赔款项亦直接归属起诉者。这主要基于传统诉讼制度原告系讼争标的直接利害关系人的考虑，目的在于激励消费者为保护与救济自身权利，主动要求违法行为人承担法律责任。这种限制对于治理小范围的单一偶发性违法行为确实能够发挥作用，但是在小额大规模侵权的语境下就会丧失功效。如果个案损失较小，对比诉讼支出的高昂成本，消费者很可能产生起诉惰性，这对于通过持续实施分散性违法行为牟取巨额利益的经营者来说无疑是个"福音"。因此，有必要进一步拓展我国惩罚性赔偿的适用范围，保证在消费者无力或不愿诉讼的情况下，也能够实现对违法行为人的精准惩罚。

---

① 《消费者权益保护法》（2013 年修正）第五十五条规定："经营者提供商品或者服务有欺诈行为的，应当按照消费者的要求增加赔偿其受到的损失，增加赔偿的金额为消费者购买商品的价款或者接受服务的费用的三倍；增加赔偿的金额不足五百元的，为五百元。法律另有规定的，依照其规定。经营者明知商品或者服务存在缺陷，仍然向消费者提供，造成消费者或者其他受害人死亡或者健康严重损害的，受害人有权要求经营者依照本法第四十九条、第五十一条等法律规定赔偿损失，并有权要求所受损失二倍以下的惩罚性赔偿。"

三、消费民事公益诉讼引入惩罚性赔偿的正当性

(一) 否定惩罚性赔偿观点的类型化分析

惩罚性赔偿制度在我国消费私益诉讼中获得了充分的理论支持,为何在消费公益诉讼领域却存在较大争议呢?在梳理否定性观点后不难发现,主要有以下三方面原因。

第一,以传统私益诉权观念来阐释公益诉讼制度。学界有观点认为,基于"公益诉讼原告对自身利益的超越"这一基本特点,公益诉讼的诉讼请求类型有别于传统的私益诉讼,且由于"公益诉讼本身针对的是不特定主体所拥有的社会公共利益",故损害赔偿的法律责任在公益诉讼中是无法实现的,[1] 更遑论惩罚性赔偿。这种将私益诉讼与公益诉讼根本剥离的理解,源于直接利害关系人学说的传统诉权理念。基于这一原理审视公益诉讼,很容易得出公益诉讼的原告并非利害关系主体,其权益并未因侵害而受损,故不得提出损害赔偿请求的结论。例如,有学者虽然认为允许公益诉讼起诉人提出惩罚性赔偿请求存在现实必要性,但又提出"民事实体法规定的惩罚性赔偿请求权专属于受害消费者,检察机关及省级以上消费者协会缺乏向被告主张惩罚性赔偿的请求权基础"[2]。实践中也有法院以此为由否定了检察机关的诉讼请求。[3]

本书认为,公益诉讼的诉权基础与私益诉讼存在根本性区别,二者之间不能等同也不应混淆。公益诉讼是在突破传统利害关系人理念的前提下发展的诉讼制度,理论基础来源于诉讼担当学说,主张将当事人诉权与实体请求权进行

---

[1] 参见张卫平《民事公益诉讼原则的制度化及实施研究》,载《清华法学》2013年第4期,第18-19页。

[2] 黄忠顺、刘宏林:《论检察机关提起惩罚性赔偿消费公益诉讼的谦抑性——基于990份惩罚性赔偿检察消费公益诉讼一审判决的分析》,载《河北法学》2021年第9期,第92页。

[3] 例如,在广东省汕头市人民检察院针对违法使用工业松香加工销售禽畜食品行为依法提起的民事公益诉讼一案中,检察机关查明,2016年1月至2017年9月,李某在明知工业松香不能用于食品加工且没有获得任何经营许可的情况下,雇佣工人在鹅场宰杀生鹅、生鸭过程中主要使用工业松香对禽畜进行脱毛处理,并对外销售,销售金额为30多万元,遂诉请李某承担有毒、有害食品销售金额10倍的惩罚性赔偿金300余万元,并在市级以上新闻媒体向公众赔礼道歉。但一审法院判决认为,检察机关无权在民事公益诉讼中主张惩罚性赔偿诉求。参见章宁旦、赖润敏、赵一瑾《商贩用工业松香加工食品获刑又赔偿——广东检察十倍惩罚性赔偿金公益诉讼获省高院支持》,载《法治日报》2021年11月3日,第6版。

分离。从而，非利害关系人得以出于保护公共利益的实际需要与诉讼程序的技术性安排，获得民事公益诉讼的起诉资格。因此，虽然有关组织或机关并非受害消费者，但其根据法律授权仍然可以启动消费公益诉讼程序，并围绕公共利益的救济需求提出相关诉讼请求。在消费领域，公共利益与私人利益呈现出边界日渐模糊且不断融合的趋势，公共利益逐渐成为若干不特定个体利益的有机集合体，并最终回归与落脚于个体利益。消费者权益的实现有赖于对公共利益的保障，公共利益的最大化也须以保护消费者权益为己任。所以，消费民事公益诉讼中诉讼请求的设计需要实现"集合效应"，既要满足救济消费者权益的个体需求，也要立足于公共利益实现社会整体需求。即使原告并非基于利害关系启动诉讼程序，但是并不代表其不能出于保护消费者权益与实现公共利益的价值目标提出与私益诉讼共通的诉讼请求，单纯以诉讼类型区别对待诉讼请求、将包括惩罚性赔偿在内的损害赔偿请求权排除于公益诉讼之外的观点缺乏正当性基础。

第二，忽视惩罚性赔偿"公私法兼容"的制度属性，而将公法性质予以绝对化。有观点主张惩罚性赔偿带有类似公法制度的惩戒色彩，异于传统"损益相补"的损害赔偿原则，有悖于"衡平"理念，为民法所不能容纳。[①]这种看法存在着将惩罚性赔偿公法化的绝对化倾向，容易导致制度适用的边界困扰。公私法的划分始于罗马法，曾在相当长时期内成为后世各国沿用的法律区分标准。公法通过惩戒不法行为来维护国家与社会公共利益，私法则借由调整私主体之间的关系来保护私人利益，二者功能相异、泾渭分明。但随着社会生活关系的复杂化发展，公法私法化和私法公法化成了新的法律现象，出现了公私法性质相互渗透与交融的社会法制度。

社会法以社会本位为价值取向，旨在维护社会公共利益，兼具奖励与制裁的功能，既拥有主张平等自由与市场自治的私法属性，也包含利用国家宏观调控权来弥补市场失灵的要求。这样"公私兼容"的特征，与惩罚性赔偿制度的性质正相契合。根植于民事活动的惩罚性赔偿责任，针对的是特定民事违法行为，调整的是平等主体之间的民事法律关系，带有浓厚的私法色彩。而其不可忽视的惩戒与制裁功能，与"损益相抵"的民事损害赔偿原则大相径庭，其中蕴含着国家与社会对特定民事违法行为进行惩治的决心及强烈的否定性评价，可满足维护社会公共利益与社会秩序的需求，体现出一定的公法性质。因

---

① 参见宋义欣《惩罚性赔偿不宜纳入民法典的思考》，载《黑龙江省政法管理干部学院学报》2017年第2期，第62-63页。

此，惩罚性赔偿制度兼具公法与私法的性质，属于社会法体系，单纯将其归类为公法或私法制度，都未能周延制度内涵，有失偏颇。

第三，过度强化配套程序未予完善的制度建设阻力。程序障碍或许是现行立法将惩罚性赔偿请求权剥离出消费民事公益诉讼的直接原因。实务界有观点认为，由于消费民事公益诉讼损害赔偿诉讼的举证过于复杂，损害赔偿数额计算、损害赔偿金的分配和领取等程序问题均得不到完满解决，故法院在对消费民事公益诉讼案件做出判决时，应慎重使用（包括惩罚性赔偿在内的）赔偿作为承担民事责任的方式。[1] 不可否认，相关配套程序的缺失确实给惩罚性赔偿制度的实际适用带来了难处，但因噎废食并不足取。

此外，还有学者认为适用惩罚性赔偿缺乏法律依据，还会造成重复性惩罚，惩罚性赔偿不宜纳入民事公益诉讼之中。侵害公共利益的违法行为，可能同时触碰了民事责任、行政责任和刑事责任，而被追究民事惩罚性赔偿金、行政罚款、刑事罚金，三者性质不同，不能进行相互抵扣。[2] 也因此，检察机关提起民事公益诉讼时，其请求的惩罚性赔偿不具有民事补偿性，而具有刑事惩罚性，应受到一事不再罚原则的限制，与罚金不能并列适用。[3] 如果并列适用，那就是对违法行为人进行了重复惩罚，有违法律精神。

本书赞同惩罚性赔偿金、行政罚款、刑事罚金三者都具有惩罚与威慑的功能，都属于性质相同的惩罚性金钱罚的观点，[4] 如果同时适用，则进行相互抵扣即可，并不存在所谓的惩罚不足的问题。作为一项创新型制度，惩罚性赔偿存在一个逐步发展成熟的过程。基于适用障碍而排除其适用可能，否定制度本身的合理性，并非理性立法者与司法者的应有之举。而且，配套程序不完善最有可能出现赔偿金分配不当的情形，致使受害者受偿不足或有误；然而，回避适用惩罚性赔偿制度则必然导致侵害者逃脱应有法律制裁的后果，从而无法消除违法行为中的机会主义因素，难以通过震慑作用来保障公共利益。为达到惩治与预防违法经营行为的目的，消费民事公益诉讼不应过度强调相关制度配套供给不足的外部压力，而是需要在不断完善制度体系建设的基础上，促进增强

---

[1] 参见杜万华《最高人民法院消费民事公益诉讼司法解释理解与适用》，人民法院出版社2016年版，第247页。
[2] 参见唐守东《食品安全民事公益诉讼惩罚性赔偿制度的实践检视与完善路径》，载《湖南行政学院学报》2021年第3期，第84页。
[3] 参见王承堂《论惩罚性赔偿与罚金的司法适用关系》，载《法学》2021年第9期，第162页。
[4] 参见杨会新《公益诉讼惩罚性赔偿问题研究》，载《比较法研究》2021年第4期，第119 – 122页。

惩罚性赔偿的实践效果。

(二) 引入惩罚性赔偿制度的正当性论证

第一，诉讼制度的目标需求决定适用的必要性。消费民事公益诉讼的目标有二，一是救济消费者合法权益，二是惩戒违法经营行为，二者相互倚重，不可偏废。而惩罚性赔偿正是以其突出的双向性功能满足了诉讼制度的二元目标需求。通过施以庞大经济支出的强制负担，不仅可以实际补偿受害消费者的损失，向不特定消费者提供集体救济，扭转侵权获利与消费受损之间的利益不平等状态；还可以令侵权经营者感受切肤之痛，使其本人及潜在违法者心生畏惧，从根本上降低类似行为的发生概率，进而促进稳定市场环境与社会秩序的构建。这种双向功能与消费民事公益诉讼的诉讼目标互相契合，是其他任何形式的赔偿方式都无法取代的。而且，就现有实例来看，消费民事公益诉讼中较大比例线索源于刑事案件，违法经营行为早在刑案办理过程中就已被禁止，再于公益诉讼中过多强调禁令诉权并无意义。更重要的是充分救济受损消费领域的公共利益，严厉制裁违法行为，并通过对违法经营行为的否定性评价促进建设社会诚信体系。于此，引入并适用惩罚性损害赔偿责任制度显得尤为必要。缺乏惩罚性赔偿请求权的消费民事公益诉讼，无异于无牙之虎，威慑力大打折扣。

此外，从惩戒违法经营行为的功能角度而言，惩罚性赔偿在消费民事公益诉讼中得以运用正是对消费领域相关立法更好的贯彻与执行。我国消费领域立法已经授权消费者可以基于自身受损情况向经营者主张惩罚性赔偿，在消费者的权利能够悉数得到主张的情况下，经营者必须承担的违法成本是以惩罚性赔偿的方式成倍计算的，如果仅仅由于消费者诉讼意愿缺失便使得经营者逃脱严惩，则必然有违立法初衷。因此，消费民事公益诉讼在承担起消费者集体救济任务的同时，也应当通过惩罚性赔偿的适用避免对经营者的惩戒落空。

第二，现行立法相应授权提供适用的应然性。消费者权益保护属于社会长期且普遍关注的热点问题，立法者将其作为民事公益诉讼的重要领域之一，圈定了我国民事公益诉讼的"试点"边界。做出这样的选择，表现出立法对于这一领域的高度期待，寄望于借力消费领域公益诉讼的探索实践，总结出成功且有益的经验，以在我国公益诉讼的演进之路上得以借鉴并推广。因此，扮演着"开拓者"角色的消费民事公益诉讼，应当秉持求新的意识与魄力，仅仅着眼于实现停止侵害或赔礼道歉等诉求，格局有限且意义不大，无法充分展现公益诉讼的制度价值。《最高人民法院关于审理食品药品纠纷案件适用法律若干问题的规定》(简称《审理食品药品纠纷案件司法解释》)第十五条重申了消费者请求惩罚性赔偿的权利,并在第十七条第二款明确规定法律规定的机关和有关组织依法提起公益诉讼的,参照适用本规定。从立法文意解释,我们可以得出检察机关、消费者协会在食品药品类消费民事公益诉讼中有权向侵权者主张惩罚性赔偿的结论。

我们需要关注的是对最高法《审理消费民事公益诉讼案件司法解释》第十三条[①]中"等"字的准确理解与把握。司法解释对民事责任进行列举之后,加了"等"字,这里的"等"是"等外等",是为消费民事公益诉讼的请求权类型扩张预留空间,并没有排除经营者损害赔偿的民事责任。也就是说,上述条款规定并不意味着绝对排除惩罚性赔偿请求权在消费民事公益诉讼中的适用,立法机关同样期待着消费民事公益诉讼请求权类型的不断丰富与完善。在国际上,大陆法系国家近年来也开始施行赔偿型消费公益诉讼。例如,法国消费者团体为保护集合性的消费者权益,可提起损害赔偿之诉,法院的赔偿金额以往通常为象征性的 1 法郎,但近年来也有法院判决给付较高赔偿数额的案例。至于赔偿数额的认定,因为是集合性利益受损,所以就不能简单地以各消费者所受实际损害来计算。计算虽然较为复杂,但并非没有办法,可借鉴《中华人民共和国反不正当竞争法》第十七条"实际损失难以计算的,按照侵权人因侵权所获得的利益确定"的规定,以侵权人因侵权所获利益数额作为损害赔偿额。考虑到行政执法中违法成本低、侵害公益行为屡禁不止的现实,为加强公益诉讼的威慑力,除了损害赔偿之诉,在时机成熟的时候,还可构建不法收益收缴之诉,即允许原告请求判令被告上缴其非法经营行为所获得的非法利润,借此根除违法经营者的经济动机,防止其再犯。

第三,司法环境逐步完善保障适用的可行性。我国消费公益诉讼的司法实践对惩罚性赔偿的吸收与适用经历了从无到有的过程。初始阶段,消费民事公益诉讼均以禁令性请求权为要。以 2012 年至 2016 年消费者协会提起的公益诉讼为例,诉讼请求大多为停止侵害、排除妨碍、消费危险、确认格式条款无效、提供警示说明等类型,并无包括惩罚性赔偿在内的损害赔偿的相关主张。但是,自 2017 年 3 月广东省消委会向深圳市中级人民法院就销售病死猪肉的行为提起公益诉讼并主张适用惩罚性赔偿后,这一请求权在消费公益诉讼中的

---

① 《最高人民法院关于审理消费民事公益诉讼案件适用法律若干问题的解释》第十三条第一款规定:"原告在消费民事公益诉讼案件中,请求被告承担停止侵害、排除妨碍、消除危险、赔礼道歉等民事责任的,人民法院可予支持。"

引入呈现出日渐增长的态势。广东省消委会针对生产销售假盐案件接连向广州市中级人民法院提出四起包含惩罚性赔偿诉求的民事公益诉讼，湖北、广东、吉林、上海等地检察机关亦陆续就销售有毒有害食品的行为提起单独民事或刑事附带民事公益诉讼，并大力主张惩罚性赔偿。对此，审判机关的审判思路也存在着不断革新的过程。对于惩罚性赔偿的初次尝试，深圳市中级人民法院并不认同，但是法院系统没有故步自封，其思考角度在不断调整，审判思路在不断更新，对惩罚性赔偿实践探索的支持力度也在不断加大。在随后的多个案件中，法院支持了起诉者的相关主张。

这些大胆的实践尝试，从根本上加大了对侵权行为的打击力度，契合社会民众惩戒违法经营行为的意愿与呼声，获得了广泛的支持与赞赏。2018年5月9日，中国消费者协会在北京召开惩罚性赔偿公益诉讼专家论证会，围绕惩罚性赔偿在公益诉讼中适用的主体资格与法律依据问题进行探讨，大多数与会专家高度评价了实务界大胆探索形成的宝贵经验，对检察机关与消费者协会组织在消费公益诉讼中要求适用惩罚性赔偿的主张表示充分肯定和大力支持。① 支持消费民事公益诉讼中适用惩罚性赔偿的舆论氛围和社会环境已然形成。

四、消费民事公益诉讼惩罚性赔偿的具体设置

（一）适用条件

考虑到行为人主观恶性程度与严重损害后果，我国消费民事私益诉讼对惩罚性赔偿的条件做出了相应限制，具体适用于欺诈经营行为与经营者提供缺陷产品或服务造成严重后果两种情形。出于惩治目标的共通性，消费民事公益诉讼中适用惩罚性赔偿也可以参照上述标准。值得思考的是，为确保诉讼必要性以节约司法资源，应如何选择适宜主张惩罚性赔偿的消费民事公益诉讼案件类型，有针对性地进行诉讼。

损害消费者权益的行为依据个体受损数额的不同，可区分为数额较大与数额较小两种类型。对于前者，消费者可以明确认知自身权益受到较大损害，诉讼意愿较为强烈，会更为主动地启动诉讼程序主张惩罚性赔偿来维护自身权利。但是，在经营者以持续性的小成本违法行为从不特定消费者处获取巨额利

---

① 参见刘文晖《惩罚性赔偿能否成为公益诉讼利剑》，载《检察日报》2018年5月23日，第5版。

润的普遍性侵害行为中，由于个体损害数额小，消费者往往不知情或即使知情也基于诉讼能力不强、取证意识薄弱或诉讼成本高昂等因素怠于主张权利，客观上难免增加经营者逃避责任承担的概率。即使个别消费者成功维权获赔，也不妨碍违法经营者仍然能够因绝大多数消费者放弃维权而保有巨额违法收益。因此，消费民事公益诉讼应当着重以个体损害数额微小而侵害对象众多且不特定的违法行为为诉讼对象，关注大规模、广泛性的侵害行为，并通过主张惩罚性赔偿，克服消费者自诉惰性的负面后果，从而避免偷逃惩罚成为经营者牟取暴利的大概率事件。从司法实践的情况来看，成功主张惩罚性赔偿的实例均为此类案件，如某地的假盐案、病死牛肉案等，都属于受害面广而个案损失数额较小的情形。此外，这类案件中消费者的诉讼意愿不强，而且公益诉讼获赔后消费者主张分配赔偿金的意愿同样不强，在目前配套程序尚未完善的状况下，如果能够暂时回避赔偿金分配的难题，就确实适合成为消费公益诉讼的阶段性选择。

（二）赔偿金标准的设定

目前消费领域立法关于惩罚性赔偿金的标准存在两种计算方式，以消费者支付价款或所受损失为基数计算不同倍数。根据我国《食品安全法》第一百四十八条第二款的规定，"生产不符合食品安全标准的食品或者经营明知是不符合食品安全标准的食品，消费者除要求赔偿损失外，还可以向生产者或者经营者要求支付价款十倍或者损失三倍的赔偿金；增加赔偿的金额不足一千元的，为一千元。但是，食品的标签、说明书存在不影响食品安全且不会对消费者造成误导的瑕疵的除外"。可见，惩罚性赔偿的计算以消费者的支出或损失为基础，适用于消费者确定且价款或损失易于明确的情形。

在受损数额较大的案件中，消费者往往能够举证证明其支出或损失，以此为基础计算赔偿金。但在小额分散性侵害行为中，受害消费者人数众多且分散，难以集中统计。即使存在相对明确的消费者，但由于个体消费金额小，损失数额小，所以消费者保存消费凭据的可能性同样较小，其支出或损失均无法悉数计算。在不能全部统计的情况下，以可能收集到的部分消费者支出或损失来计算赔偿金数额，实难与侵权者获利相对应。此时，继续照搬立法规定的两种计算模式缺乏实际可行性，无法实现以严厉的经济制裁提升侵权成本的效果，因而有必要另行选择赔偿金计算标准。实践中，检察机关往往会查明不法行为者的违法销售额，并把其作为基数。即以最终流入市场的销售金额作为惩罚性赔偿金的基数，还没有流入市场的部分则不计算在内；对于销售金额难以确定的，就以进货额来认定。这与德国的做法不谋而合。在德国，就是"通过剥夺经营者的高额不法收入从而起到遏制其再犯的目的，而且不法利润总额相对来讲更容易计算，操作起来也更加方便"[1]。

总之，在消费侵害行为中，消费者的损失与经营者的获利往往显现为对等态势。如果消费者损失无法明确，从经营者获利的角度切入同样可以把住违法惩戒的命脉。虽然经营者在单个消费者身上可能获利较少，但经年累月，加之人数众多，违法获利必然逐步形成较大规模。以其为赔偿标准计算基础，明确侵权成本提升的基准，能够真正对违法者造成根本性打击。

需要注意的是，如果对所有的不法行为者都一视同仁处以顶格的处罚，则那些来自普通家庭的不法行为者受到的将是致命的打击，恐将不利于社会和谐稳定发展。在此意义上，过高的惩罚性赔偿金额，超过了被告的承受范围，反而达不到预期的威慑效果。因此，本书认为惩罚性赔偿也应合理设定上限。即在不超过法定上限情况下，法官可以根据违法经营形态、违法行为持续的时间、违法行为造成的后果、是否受相关处罚后继续实施违法行为、主动采取补救措施的有无及效果、违法行为获利情况、对消费者个人承担惩罚性赔偿责任情况、刑事罚金或行政罚款情况、被告的财力状况等对惩罚性赔偿金额进行自由裁量。

（三）赔偿金的归属与使用

目前，惩罚性赔偿金的管理模式大概有三种：上缴国库，由检察院或法院托管，设立消费公益基金。在消费者不确定、诉讼时效不完全相同的情况下，直接上缴国库可能更符合实际情况，因为这种做法在一定程度上可以缓解消费者主体缺失、赔偿金归属无门的窘境。但是，上缴国库的做法可能使得受到损害的不特定消费者难以获得救济，从而不符合民事消费公益诉讼的初衷。国库收纳的是国家财产，国家财产作为全民所有的财产需要上缴国库，对于所有权不归属国家的财产则不属于国库收纳范围。在消费民事公益诉讼中受到侵害的是不特定的消费者，如果把收缴的惩罚性赔偿金都上缴国库，那么，对这些受到损害的消费者是不公平的。而且，不可回避的是，倘若后续出现消费者主张权利的情形，赔偿金如何退还就成了实际难题。惩罚性赔偿并非公法责任，赔偿金亦非国家财产，而是违法经营者向消费者支付的损害赔偿款，所有权隶属

---

[1] 郭雪慧：《食品药品安全民事公益诉讼惩罚性赔偿制度研究》，载《浙江大学学报（人文社会科学版）》2023年第8期，第91页。

于受到侵害的不特定消费者，无须上缴国库。在消费者难以确定的情况下，简单运用上缴国库的处理方式，与赔偿金性质并不匹配，无法实现对消费者的弥补与安抚。至于司法机关托管的形式，虽然有利于赔偿金的发放，但司法机关的诉讼动机和中立性都会受到较大的质疑。

本书认为，相比较而言，设立基金一方面可以实现惩罚与威慑的功能，同时可以专项用于消费者保护工作，与公益诉讼制度最为契合。对于被告再无财产承担补偿性赔偿责任的，消费者可申请从基金中支取补偿性赔偿金。作为对以社会公共服务为目的的事业提供帮助的公益性组织，消费者基金会就是为保护消费领域社会公共利益而生的专项基金会。消费民事公益诉讼胜诉后，获取的惩罚性赔偿金宜直接划入该基金会账户，每笔单独记账，后续存在具体消费者主张权利的，可以在提供证据证明实际受害的情况下直接获得赔偿，从而实现消费者的"零成本"维权。如果没有具体消费者或者消费者主张权利后赔偿金存余的，则可以将存余部分用于消费领域的公共利益保护或者今后类似案件的诉讼成本支出。

五、检察公益诉讼预防性诉讼请求的促进

（一）预防性诉讼的理念与制度规定

从理论上讲，公益诉讼应当兼具预防性功能和补救性功能。但公共利益损害补救的成本往往高于预防的成本，而且有些公共利益损害的后果具有不可逆转的特点，难以补救，也就是说，事前预防的效益会远远大于事后补救的效益。因此，公益诉讼应当注意充分发挥其预防性功能，将公共利益损害风险的防控置于首位。① 在此意义上，学者认为事前预防已成为现代环境保护及环境立法中核心的实质理念。在法律规则方面，我国《最高人民法院关于审理环境民事公益诉讼案件适用法律若干问题的解释》（简称《审理环境民事公益诉讼案件司法解释》）第一条在环境公益诉讼中率先引入预防性诉讼条款，允许对于具有重大环境风险的生态环境违法行为提起诉讼，并在第十八条明确规定

---

① 参见李华琪《论中国预防性环境公益诉讼的逻辑进路与制度展开》，载《中国人口·资源与环境》2022年第2期，第97页。

了原告可以提出"停止侵害、排除妨碍、消除危险"等诉讼请求。①

（二）预防性公益诉讼的实践：以环境公益诉讼为例

在诸多环境公益诉讼中，生物多样性保护公益诉讼更应当适用预防性诉讼。因为生物物种一旦濒危或灭绝，事后补救需要耗费巨资，甚至无法挽回损失，所以事前的预防性诉讼显得尤为重要。目前我国生物多样性的司法保护主要依托于环境公益诉讼，这就意味着生物多样性保护公益诉讼也应坚持以预防为主的原则。从实践来看，最近十多年来，"两高"多批次地发布了关于生物多样性保护公益诉讼的指导性案例和典型案例，对生物多样性保护公益诉讼实践进行指导。"两高"发布的有关生物多样性保护公益诉讼的指导性案例和典型案例，所涉的生态要素多、保护范围广。例如，最高法发布的公益诉讼指导性案例，有的涉及森林生态环境的保护（如第 172 号"秦某学滥伐林木刑事附带民事公益诉讼案"），有的涉及水生动物苗种的保护（如第 175 号"江苏省泰州市人民检察院诉王某朋等 59 人生态破坏民事公益诉讼案"），有的涉及绿孔雀等动物栖息地的保护（如第 173 号"某环境研究所诉某水电开发公司环境民事公益诉讼案"）。又如，2021 年 10 月最高检发布的一批生物多样性保护公益诉讼典型案例，有的涉及古树的保护（如"四川省剑阁县人民检察院督促保护古柏行政公益诉讼案"），有的涉及长江特殊鱼类种群的保护（如"江苏省泰州市人民检察院诉王某等人损害长江生态资源民事公益诉讼案"），有的涉及珍稀物种生存环境的保护（如"广西防城港市检察机关督促保护红树林生存环境行政公益诉讼案"）。

从诉讼功能的角度来看，"两高"发布的有关生物多样性保护公益诉讼的指导性案例和典型案例可分为两大类：事前预防性诉讼和事后救济性诉讼。前者坚持保护优先、预防为主的原则，旨在把对生物多样性的损害因素消灭在源头或控制在合理范围内；后者旨在要求责任方承担损害赔偿责任，对生物多样性的损害进行金钱赔偿或者原状恢复。表 3-1 列举了一些生物多样性保护公

---

① 《最高人民法院关于审理环境民事公益诉讼案件适用法律若干问题的解释》第一条规定："法律规定的机关和有关组织依据民事诉讼法第五十五条、环境保护法第五十八条等法律的规定，对已经损害社会公共利益或者具有损害社会公共利益重大风险的污染环境、破坏生态的行为提起诉讼，符合民事诉讼法第一百一十九条第二项、第三项、第四项规定的，人民法院应予受理。"《最高人民法院关于审理环境民事公益诉讼案件适用法律若干问题的解释》第十八条规定："对污染环境、破坏生态，已经损害社会公共利益或者具有损害社会公共利益重大风险的行为，原告可以请求被告承担停止侵害、排除妨碍、消除危险、修复生态环境、赔偿损失、赔礼道歉等民事责任。"

益诉讼案例加以说明。

表 3-1 生物多样性保护公益诉讼案例

案例名称	基本案情	裁判结果	诉讼类型
最高法指导性案例第 175 号"江苏省泰州市人民检察院诉王某朋等 59 人生态破坏民事公益诉讼案"	2018 年上半年,董某山等人单独或共同在长江干流水域使用禁用渔具非法捕捞长江鳗鱼苗并出售谋利;王某朋等人建立收购鳗鱼苗的合伙组织,非法收购鳗鱼苗 116999 条	王某朋等非法收购者连带赔偿人民币 8589168 元;其他捕捞者根据非法捕捞的鳗鱼苗数量,承担相应赔偿责任	救济性诉讼
最高法典型案例"贵阳市乌当区人民检察院诉贵阳市某自然资源局怠于履行行政管理职责行政公益诉讼案"	乌当区东风镇高穴村的古树未得到有效保护,长势衰弱,部分树皮缺失,树干暴露,且电线缠绕其上,存在火灾隐患。检察机关建议贵阳市某自然资源局履行监管职责,但未收到回复,遂提起诉讼	判决贵阳市某自然资源局依法履行法定职责,对东风镇高穴村的古树采取相应的保护措施	预防性诉讼
最高检指导性案例第 30 号"郧阳区林业局行政公益诉讼案"	金某国等人在郧阳区境内非法占用国家和省级生态公益林地,开采建筑石料。郧阳区林业局在对其做出行政处罚决定后,未依法执行到位,致使被毁公益林地未得到及时修复,检察机关遂提起诉讼	责令郧阳区林业局继续履行被毁林地生态修复工作的监督、管理法定职责	救济性诉讼
最高检典型案例"吉林省松原市乾安县人民检察院督促整治黄花刺茄保护生物多样性行政公益诉讼案"	2020 年,乾安县渭字村西南草原出现成片及零散生长的外来物种黄花刺茄,会严重抑制其他植物生长,对草原生态安全、生物多样性造成威胁	由乾安县农业农村局、林业和草原局等主管部门履行毒害草原防治管理职责	预防性诉讼

但就当下的实际诉讼活动来看,环境公益诉讼呈现出明显的事后救济特

征，大部分案件"都是在损害发生后才被提起环境公益诉讼的"①。具体到生物多样性保护的生态环境公益诉讼，情形也是如此，人们较为关注生物多样性损害的事后救济，而对生物多样性损害风险的事前预防则重视不够，所以，目前无论是生物多样性保护的民事公益诉讼，还是生物多样性保护的行政公益诉讼，都是以事后救济性诉讼为多见。例如，最高法于2022年12月发布了15个生物多样性司法保护的典型案例，其中有5例为公益诉讼案件，这5例中只有1例可以称得上预防性诉讼案件，其他4例都明显属于救济性诉讼案件。这4例案件的当事人均已对生物多样性造成实际损害，如"上海市人民检察院第三分院诉蒋某成等6人生态破坏民事公益诉讼案"中的6人非法捕捞长江刀鱼及凤尾鱼共计1470.9千克，造成渔业资源直接损失101673.7元；"山东省青岛市人民检察院诉青岛市崂山区某艺术鉴赏中心生态破坏民事公益诉讼案"中的当事人先后购入大王蛇3条、穿山甲1只、熊掌4只，并将其中部分动物做成菜品销售。仅就这一批典型案例来看，当前生物多样性保护公益诉讼实践仍是以事后救济性诉讼占主导地位，致使诉讼的价值基本上等同于生态修复和损害赔偿。总之，目前生物多样性保护公益诉讼大多数出现在生物多样性损害发生之后，以救济型为主，而未能充分发挥公益诉讼的预防性保护功能，不利于生物多样性损害风险的防控。

（三）预防性诉讼请求的制度支持

首先，完善相关立法。目前有些法律法规的规定不利于预防性生物多样性保护公益诉讼的广泛开展，应当加以优化。例如，关于检察机关提起公益诉讼的情形，目前法律只明确规定检察机关在国家利益或社会公共利益已受到损害的情况下可以提起行政公益诉讼，这明显是着眼于公共利益的事后救济，未曾预设提起预防性行政公益诉讼的空间。为了使预防性诉讼的内容能更多地进入生物多样性保护行政公益诉讼领域，以避免或减少生物多样性可能遭受的损害，我国未来在有关检察机关行政公益诉讼的立法上应关注公益风险的事前预防，明确规定检察机关在公益损害可能发生或即将发生之时可以提起诉讼，从而发挥公益诉讼的预防性功能。

又如，最高法《审理环境民事公益诉讼案件司法解释》规定，法定的机关和有关组织对具有损害社会公共利益重大风险的污染环境、破坏生态的行为

---

① 吴凯杰：《论预防性检察环境公益诉讼的性质定位》，载《中国地质大学学报（社会科学版）》2021年第1期，第31-35页。

可以提起公益诉讼。这一规定虽然涉及预防性诉讼，但其中所谓"重大风险"只是一个原则性规定。对于"重大风险"包括的具体情形，没有明确界定，以致实践中对"重大风险"的认定成为一大难点。① 比如在"某环境研究所诉某水电开发公司环境民事公益诉讼案"的庭审中，原告和被告曾围绕水电站建设项目是否对绿孔雀等珍稀物种的生存环境造成重大风险，展开过激烈辩论，难于定夺。可见，未来的立法及修改还有必要对"重大风险"的内涵和外延做出明确界定，并构建出明晰的有关"重大风险"认定的标准、规则，从而保障预防性诉讼顺利开展，并推动其快速发展。

其次，发挥指导性案例、典型案例在预防性公益诉讼中的指引作用。预防性环境公益诉讼不像一般环境公益诉讼那样针对的是已造成环境实际损害的行为，而针对的是具有环境损害风险的行为，面对的是行为后果的可能性，不确定因素较多，而现行法律法规又无法对此类行为一一做出明晰的规定，以致司法实践中法院在处理涉及此类行为的案件时往往缺乏明确的法律依据，进而造成案件受理困难。正如论者所说："法院在处理预防性环境民事公益诉讼案件时，缺乏需遵循的程序基准，很难像传统诉讼中的法官那样依据既有的法律做出判决。因此，导致预防性环境民事公益诉讼数量极少，有的地区甚至是'零受案率'，与生态环境损害预防的现实需求相去甚远。"② 要想扭转这一局面，使预防性公益诉讼得到较大发展，在现阶段相关法律尚不完备的情况下，可以发挥指导性案例、典型案例的示范、指引作用。如前所述，指导性案例、典型案例能够对现有相关法律进行诠释、延展和补充，在法律规定模糊与空白之处为同类案件的裁判提供有效的指引。预防性生物多样性保护公益诉讼如果能充分发挥指导性案例、典型案例的这种功能，则可以解决诉讼实践中所遇到的法律规定模糊问题或法律漏洞问题，获得法律规则、法律适用上的参照和指引，克服现有法律供给不足及司法程序不健全所带来的立案、举证、裁判等方面的困扰。

最后，拓宽信息渠道，扩大诉讼案件的线索来源。预防性公益诉讼是对尚未造成公益损害结果但具有公益损害风险的行为进行事前干预，此类风险行为具有隐蔽性、复杂性，故获取案件线索的难度较大。在此情势下，有必要广泛

---

① 参见张洋、毋爱斌《论预防性环境民事公益诉讼中"重大风险"的司法认定》，载《中国环境管理》2020 年第 2 期，第 139－140 页。

② 吴满昌、王立：《生物多样性的司法保护路径研究——以预防性环境公益诉讼为视角》，载《学术探索》2021 年第 5 期，第 109 页。

发动公众关注和参与其事，鼓励广大公民、法人、一般社会组织通过来电、来信、来访、网络举报等方式，向具有公益诉讼原告资格的机关或组织提供有关公共利益受损风险的信息，以扩大预防性公益诉讼案件的线索来源。为了激励社会公众积极提供相关信息，还可建立特定的奖励机制，对提供有价值的信息的个人、组织实施精神奖励或物质奖励。

第四章　检察公益诉讼的证明责任

一、论题的界定

检察机关提起公益诉讼后，其证明责任的分配是否区别于通常的诉讼程序，存在不同的认识。根据最高人民检察院民事行政检察厅编撰出版的《检察机关提起公益诉讼实践与探索》一书介绍的情况，在检察机关进行公益诉讼试点前，对实施试点工作具体规定征求意见过程中，各方对于民事公益诉讼举证责任的规定没有争议，但对行政公益诉讼中检察机关是否要区别于普通行政诉讼原告，进而由检察机关承担证明责任则存在不同的意见，争议较大。[①]

随着检察公益诉讼制度入法而全面实施之后，公益诉讼的受案数量继续攀升，全国检察机关每年办理的案件量达到十万余件，[②] 其中行政公益诉讼案件占了相当大的比例，但行政公益诉讼的具体程序如何进行却是各方当事人和法院所面临的现实问题。现行《行政诉讼法》关于公益诉讼的规定较为笼统，只是在"诉讼参加人"这一章第二十五条第四款确认了检察机关提起行政公益诉讼的主体资格、案件领域及行政行为被诉的具体条件。[③] 之后最高法出台的《最高人民法院关于适用〈中华人民共和国行政诉讼法〉的解释》（简称

[①] 参见最高人民检察院民事行政检察厅《检察机关提起公益诉讼实践与探索》，中国检察出版社2017年版，第87页。

[②] 2015年7月起，最高人民检察院在13个省区市860个检察院开展为期2年的试点，共办理公益诉讼案件9053件。2017年7月，检察公益诉讼制度正式实施，2017年7月至2018年3月"两会"期间，检察机关又办理公益诉讼案件10925件。此后，检察公益诉讼工作常态化，2018年全年共立案办理民事公益诉讼4393件、行政公益诉讼108767件；2019年全年共办理民事公益诉讼7125件、行政公益诉讼119787件，同比分别上升62.2%和10.1%。至2022年，全国检察机关办理的公益诉讼案件已达19.5万件。以上数据来源于《最高人民检察院工作报告》（2018年、2019年、2020年、2023年）。

[③] 《行政诉讼法》第二十五条第四款规定："人民检察院在履行职责中发现生态环境和资源保护、食品药品安全、国有财产保护、国有土地使用权出让等领域负有监督管理职责的行政机关违法行使职权或者不作为，致使国家利益或者社会公共利益受到侵害的，应当向行政机关提出检察建议，督促其依法履行职责。行政机关不依法履行职责的，人民检察院依法向人民法院提起诉讼。"

《行诉法解释》）也未对行政公益诉讼的有关问题做出规定，① 最终是由"两高"发布的《检察公益诉讼案件司法解释》为统一办理公益诉讼案件提供了操作依据，但该解释关于证明责任分配的规定仍然较为简单。

在实践中，检察机关为了把行政公益诉讼案件做实，实际上都承担了较重的证明责任，这样的做法在特定时期内为突出行政公益诉讼制度的实施效应可以理解，但作为长期的常态化要求则引起了实务人员的担忧。② 那么，在办理行政公益诉讼案件过程中，是继续适用"被告承担举证责任"的证明特色，还是按照通常的举证规则由提出主张之人来承担举证责任呢？对于行政公益诉讼所涉要件事实，应如何设置职权调查的职责？既然在这些问题上，行政公益诉讼相较于民事公益诉讼争议较为激烈，本章便对行政公益诉讼的证明责任进行研究。

二、证明责任的基本理论

（一）证明责任的双重含义

理论上对证明责任进行界定有三种观点：行为责任说、危险负担说、双重含义说。③ 法院裁判的核心内容是认定事实并适用法律，法律包括实体法与程序法，相应地，应认定的事实也就有实体法上的事实和程序法上的事实之分。这些事实是否存在需要通过证据来认定。而证据原则上应由当事人收集和提出，仅在例外情况下才由法院依职权进行调查。所以，法院主要是依据当事人提供的证据来认定事实，在法官无法依据证据获得心证时，也应做出一方当事人败诉的裁判。所以，对于当事人而言，在诉讼中提出证据，应确定两项内容：一是应由哪一方当事人提出证据以证明该案件事实；二是在不能证明该事项时，应由哪一方当事人承担败诉的后果。前者通常被称为主观证明责任，而

---

① 时任最高人民法院副院长江必新对《行诉法解释》进行说明时指出：有关行政公益诉讼的问题，最高法决定制定专项司法解释，所以《行诉法解释》中就未做规定。参见最高人民法院行政审判庭《最高人民法院行政诉讼法司法解释理解与适用》（上），人民法院出版社2018年版，第17页。

② 有实务人员撰文提出："检察机关负担大量的举证责任，从一方面来看，可以保证以确凿、充分的证据支持自己的诉讼请求，在试点阶段谨慎、妥当地处理好每一起行政公益诉讼案件；但从另一方面来看，如此之重的举证负担又是检察机关所无法承受的。"参见王玎《检察机关提起行政公益诉讼的举证责任》，载《上海政法学院学报（法治论丛）》2017年第4期，第141页。

③ 参见江伟、肖建国《民事诉讼法》，中国人民大学出版社2023年版，第237页。

后者则被称为客观证明责任。行为责任说与主观上的证明责任相类似，而危险负担说则与客观上的证明责任相一致。

双重含义说认为，证明责任包括主观证明责任和客观证明责任。主观证明责任着眼于"何人应该举证"，不涉及诉讼结果的问题；客观证明责任则着眼于"何事应该被举证"，并根据证明责任的负担来确定案件的胜败。① 在诉讼理论中，证明责任诞生之初只有向法院提出证据的行为责任这一含义。至19世纪下半叶，两大法系诉讼法学者对其做了具体的分类。最初是德国法学家尤利乌斯·格尔查（Julius Glaser）于1883年在其撰写的《刑事诉讼导论》中首次将证明责任区分为主观的证明责任与客观的证明责任。德国著名诉讼法学家莱奥·罗森贝克（Leo Rosenberg）在其名著《证明责任论》中明确提出将证明责任作为裁判指引，法官适用客观证明责任的前提就是当事人所主张的事实处于真伪不明的状态。② 德国法学家汉斯·普维庭（Hanns Prütting）对其适用做了精彩分析，即原告与被告的主张相互对立、围绕事实主张所能适用的证明方法都已穷尽，但法官最终还是无法对待证事实形成心证，就是所谓的"真伪不明"。③

在英美法系中，证明责任（burden of proof 或 onus of proof）、举证责任（burden of production）、说服责任（burden of persuasion）三个概念缠绕在一起，其中，举证责任又被称为证据推进责任（burden of going forward with evidence）。美国学者塞耶（Thayer）于1890年在其论文中对burden of proof的双重含义进行了解读，认为证明责任包括形式上的和实质上的双重含义。美国法学家摩根（Morgan）对塞耶的理论做了细致解释，指出：举证责任是指在证据的质与量方面，法官必须决定哪一方当事人应负担因未提供充分证据而足以使陪审团为特定事实发现的危险；说服责任是指在举证程序终结时，法官必

---

① 参见骆永家《民事举证责任论》，台湾商务印书馆2009年版，第45页。

② 罗森贝克提出："证明责任规范的本质和价值就在于，在重要的事实主张的真实性不能被确认的情况下，指引法官做出何种内容的裁判。也就是说，谁对不能予以确认的事实主张承担证明责任，谁将承受对其不利的裁判。"参见［德］莱奥·罗森贝克《证明责任论（第五版）》，庄敬华译，中国法制出版社2018年版，第3页。

③ 普维庭在其专著中将事实真伪构成要件描述为以下五个条件：（1）原告已经提出有说服力的主张；（2）被告也已提出实质性的对立主张；（3）对争议事实主张需要证明（自认的事实、众所周知的事实、没有争议的事实不在此限）；（4）所有程序上许可的证明手段已经穷尽，法官仍不能获得心证；（5）口头辩论程序已经结束，上述第（3）或第（4）项状况仍然没有改变。参见［德］汉斯·普维庭《德国现代证明责任论》，吴越译，法律出版社2006年版，第21-24页。

须决定哪一方当事人应负担未说服陪审团做出认定的危险。①

我国司法实践主要是按照双重含义说来理解证明责任的。② 根据双重含义说，由于法院认定案件事实有"先调查、后判断"的逻辑步骤，一旦当事人停止举证，则法院对待证事实的调查便转入运用证明标准判断待证事实是否成立的阶段。也就是说，主观证明责任不会对当事人直接产生不利后果。相较而言，客观证明责任原则是在实体要件事实处于真伪不明状态时指引法院进行裁判的准则，为法院做出裁判提供了正当根据，更具有实质意义。可见，证明责任规则是法官进行裁判时的规范，是以审判为中心的，在审判程序之前的诉讼活动中或是执行阶段中并不存在证明责任问题。

（二）法律要件说下证明责任的分配

证明责任分配理论的发展是以罗马法确立的两项原则为起点的：一是由原告负举证责任，二是"提出主张的人有证明义务，否定的人没有证明义务"。这是罗马法学家从"一切推定为否定之人的利益"格言中引申出来的。③ 罗马法早期的这两条原则对后世产生了深远影响。

经过罗马法注释时期、德国普通法时期，证明责任分配理论逐步衍生出"法规分类说""待证事实分类说""法律要件分类说"等不同的学派。其中，法律要件分类说在现代证明责任分配原则中居统治地位，其代表人物是德国的罗森贝克和莱昂哈特（Leonhard），而罗森贝克的学说属于通说。罗森贝克将实体法规范分为"权利发生规范"和"权利对立规范"两类，主张权利存在的人，应就权利发生的法律要件事实负证明责任；否认权利存在的人，应就权利妨害法律要件、权利消灭法律要件或权利受制法律要件事实负证明责任。④ 可见，要件事实是联结法规范的要件与法律效果的桥梁，是法官判断当事人法律权利是否发生以及法律关系的产生、变更、消灭的重要依据，所以，当事人要实现诉讼目标，就必须在审理过程中提出要件事实的主张并予以证明，否则

---

① 参见张卫平《民事证据法》，法律出版社 2017 年版，第 271-272 页。
② 例如，由最高人民法院法官执笔的法律释义书籍就认为，证明责任是指"由法律预先规定，在案件事实难以确定的情况下，由一方当事人提供证据予以证明，如果其提供的证据无法证明相应事实情况，则承担败诉风险及不利法律后果的责任分配机制。完整意义上的举证责任包括说服责任和推进责任"。参见江必新《中华人民共和国行政诉讼法理解适用与实务指南》，中国法制出版社 2015 年版，第 159 页。
③ 参见骆永家《民事举证责任论》，台湾商务印书馆 2009 年版，第 69-70 页。
④ 参见姜世明《新民事证据法论（修订 3 版）》，新学林出版社 2009 年版，第 186-187 页。

就会承担不利风险。

此外，德国法学界又提出了一些新学说。主要有"危险领域说""盖然性说""损害归属说""利益较量说"等。

上述各种证明责任分配的学说，各有所长，也各有所不足。相较而言，法律要件分类说可操作性强，符合法的安定性和统一性的价值要求，尽管受到了一些挑战，但仍然在德国、日本处于通说地位，此说也对我国近年来证明责任的实践产生了较大影响。《最高人民法院关于适用〈中华人民共和国民事诉讼法〉的解释》（简称《民诉法解释》）第九十一条关于证明责任分配的规定就充分体现了法律要件分类说的精神。① 行政案件的审理，同样也需要根据法规范的要件事实查明的程度进行相应法律效果评价，所以，该说同样适用于行政诉讼领域，办理行政公益诉讼案件也应以要件事实理论为指导。

（三）我国《行政诉讼法》关于证明责任的分配原则

从两大法系的诉讼实践来看，在英美法系国家，行政诉讼和民事诉讼并无严格的区分，二者关系较为密切，不仅适用同样的诉讼规则，也适用同样的证明责任分配规则；在大陆法系国家，行政诉讼、民事诉讼虽然分立，但行政诉讼却没有建立独立的证据规则，在审理行政案件时适用的是民事诉讼的证明规则。我国首部《行政诉讼法》自1990年10月1日起施行，在此之前，我国行政诉讼遵循的是民事诉讼的规则，而《民事诉讼法》在那段时期对于举证责任的认识，是从提供证据的角度，仅将其作为主观证明责任。② 与之相应，行政诉讼在早期也是实行"谁主张、谁举证"的证明规则。

但是，随着研究日益深化，立法机关也认识到应建立符合行政诉讼特色的证明规则，由于行政机关对行政相对人做出具体行政行为时应以事实为根据，而且其能直接面对证据并较为便利地收集到相应的证据，所以实行证明责任倒置对于行政诉讼来说就是理所当然的，这已成为现代行政诉讼的一项基本原则。我国于1989年出台《行政诉讼法》之时，就已经考虑到行政诉讼的上述

---

① 《最高人民法院关于适用〈中华人民共和国民事诉讼法〉的解释》第九十一条规定："人民法院应当依照下列原则确定举证证明责任的承担，但法律另有规定的除外：（一）主张法律关系存在的当事人，应当对产生该法律关系的基本事实承担举证证明责任；（二）主张法律关系变更、消灭或者权利受到妨害的当事人，应当对该法律关系变更、消灭或者权利受到妨害的基本事实承担举证证明责任。"

② 参见常怡《民事诉讼法学研究》，法律出版社2010年版，第243页。

性质和特点,将行政诉讼制度中的证明责任分配给了行政主体。① 不过,也有学者认为,行政诉讼法确定由被告对被诉的具体行政行为负证明责任,并没有脱离举证责任的一般要求,反而是"谁主张、谁举证"的体现。② 因为对被告具体行政行为的合法性进行审查是行政诉讼的核心,而要完成合法性审查,势必需要调查清楚行政主体是根据哪些事实和依据做出了具体行政行为。由于行政主体处于管理者的强势地位,无须行政相对人的同意即可根据单方判断做出具体行政行为,而具体行政行为无疑体现了被告的主张。行政相对人不服所诉具体行政行为,实质上就是对被告的主张不服,在此意义上,行政诉讼证明责任分配便与民事诉讼一样,都是"谁主张、谁举证"。这样的分析实质上是将"主张"予以抽象化,也把主张与诉的关系以及主张与双方当事人的诉讼地位脱离开来,值得商榷。

首部《行政诉讼法》生效之后,在很长一段时期内,行政案件的审理也还是可以参照适用民事诉讼有关规定的,③ 但是在证明责任的分配上,始终坚持行政诉讼的特色。2014 年修正的《行政诉讼法》第三十四条、第三十七条沿用了举证责任倒置原则。④ 此外,新的《行政诉讼法》对行政诉讼的证明责任进行了丰富和发展,针对不同类型的行政诉讼,确立了不同的举证规则。如在起诉被告不履行法定职责时,原告应当提供其向被告提出申请的证据;在行政赔偿、行政补偿的案件中,原告应对行政行为所造成的损害提供证据。此外,原告有权提供证据证明行政主体的行政行为违法,即使原告提供的证据不成立,也不能免除被告的举证责任。

(四) 我国《行政诉讼法》证明责任分配的考虑因素

证明责任的分配,其核心问题就是按照什么标准来分配证明责任、如何分配证明责任,而这又关系到对于案件不利诉讼后果的承担,因此,证明责任分

---

① 参见 1989 年版《行政诉讼法》第三十二条:"被告对作出的具体行政行为负有举证责任,应当提供作出该具体行政行为的证据和所依据的规范性文件。"
② 参见何家弘、刘品新《证据法学》,法律出版社 2013 年版,第 304 页。
③ 最高人民法院 2000 年 3 月 10 日起施行的《最高人民法院关于执行〈中华人民共和国行政诉讼法〉若干问题的解释》第九十七条规定:"人民法院审理行政案件,除依照行政诉讼法和本解释外,可以参照民事诉讼的有关规定。"该解释直至 2018 年 2 月 8 日为新的司法解释所替代才失效。
④ 《行政诉讼法》(2014 年修正)第三十四条规定:"被告对作出的行政行为负有举证责任,应当提供作出该行政行为的证据和所依据的规范性文件。被告不提供或者无正当理由逾期提供证据,视为没有相应证据。但是,被诉行政行为涉及第三人合法权益,第三人提供证据的除外。"第三十七条规定:"原告可以提供证明行政行为违法的证据。原告提供的证据不成立的,不免除被告的举证责任。"

配成了证明责任理论中的核心问题。可用于确定证明责任应如何分配的因素包括：诉讼的便利性、双方当事人的举证能力、是谁打破了现存的法律状态、案件是否属于制定法或者一般诉讼规则的例外情形等。① 前已述及，行政诉讼实行的是证明责任倒置原则，即始终由被告行政机关来承担举证责任。这主要是基于以下三方面的考虑：

第一，《行政诉讼法》的性质。我国《行政诉讼法》具有司法审查的性质，人民法院对被诉行政行为的合法性审查就是这一性质的具体体现。被告做出的行政行为是行使国家权力的结果，其行为必须以事实为根据、以法律为准绳，同时还要遵循"先取证、后裁决"的原则。这一原则也就意味着行政机关只有在掌握了确实充分的证据材料，查明了行政案件的事实情况之后，才能做出行政行为。否则，其做出的行政行为就属违法，其也将在诉讼中承担败诉的法律后果。另外，行政法对于行政机关等而言就是一部限权法，从促使行政机关依法行政、防止其滥用职权的目的出发，也应确定由被告对具体行政行为的合法性承担证明责任。

第二，当事人的举证能力。考虑到行政行为的复杂性，在证明责任的分配上，我们应立足于待证事实本身的属性，从举证的难易度、概然性、当事人与证据的距离等方面进行考虑，体现诉讼公平原则，避免造成诉讼地位的失衡。在通常情况下，行政机关在做出行政行为时，已掌握和控制了有关案件事实的全部证据。而行政相对人在行政管理中处于被管理的弱势地位，难以了解行政管理的具体依据和有关的专业知识；同时，因经济、管理制度上的种种障碍，也难以全面收集证据，缺乏保存证据的能力。相较而言，行政机关在行政管理活动中具有主导性，在收集和保存证据方面具有优势，相对于行政相对人来说有更优越的举证条件，此举也更能保障行政相对人的合法权益。

第三，法治政府的建设。依法行政既是国家行政管理的一项基本原则，也是建设法治政府的需要。对于公权力而言，法无授权不可为，即行政机关的每一项职权都要有法律依据，行政权力的运行必须正确、合法。否则，行政机关就是在凭臆测办事，就属于专断，甚至有滥用职权的恶意，并将构成违法或者导致行政行为无效。因此，被诉具体行政行为合法性的证明责任由被告承担，将会使行政机关审慎行使职权，减少行政机关违法行政的行为，从而加快法治政府的建设进程。

行政公益诉讼在分配证明责任时，上述因素同样是重要的考虑因素。同

---

① 参见何家弘、刘品新《证据法学》，法律出版社2013年版，第303页。

时，由于行政公益诉讼还具有维护国家利益、社会公共利益的制度目的，在程序构造上区别于普通行政诉讼，因此，还要结合行政公益诉讼程序构造的特殊性来思考其证明责任分配的原则。

三、行政公益诉讼证明责任分配原则的争论及分析思路

（一）最高人民检察院的观点

关于行政公益诉讼中检察机关是否承担证明责任的问题，有人提出按照权责相对应原则，由检察机关承担更多的举证责任。因为在行政法律关系中，行政相对人处于弱势地位，所以通常规定行政诉讼中由被告行政机关承担证明责任；而在行政公益诉讼中，检察机关作为法律监督机关，相较于行政机关"拥有更多的调查取证权，应承担更多的举证责任"[1]。但最高人民检察院并未采纳这一观点。

最高人民检察院的观点是："作为被告的行政机关在作出该行政行为时，必须持有充分的事实根据和法律依据，如果该行政机关在诉讼中不能举出上述事实及依据，说明它所作的该行政行为非法。检察机关提起行政公益诉讼，是基于履行法律监督职责而提出的追究违法行使职权或者不作为的行政机关责任的一种诉讼类型。"[2] 而且，从取证能力来看，检察机关作为公益诉讼起诉人，相对于行政相对人来说，具有较强的调查取证能力，在调查行政行为违法性和行为危害后果方面具有优势。不过需要注意的是，检察机关毕竟不是行政行为的相对人，没有切身经历行政行为的全过程，很难掌握行政机关违法行使职权或不作为的全部情况。因此，检察机关提起行政公益诉讼也应遵循行政诉讼法确定的举证责任倒置原则，由行政机关对其行政行为合法性承担举证责任。

（二）学界的主要观点

关于检察机关提起行政公益诉讼的证明责任问题，目前学术界说法不一，概括起来，主要有以下两种观点：

---

[1] 最高人民检察院民事行政检察厅：《检察机关提起公益诉讼实践与探索》，中国检察出版社2017年版，第87页。
[2] 最高人民检察院民事行政检察厅：《检察机关提起公益诉讼实践与探索》，中国检察出版社2017年版，第87-88页。

第一，行政公益诉讼证明责任与通常行政诉讼相同论。此类观点是建立在行政公益诉讼仍属于行政诉讼法律框架的认识基础上的。所谓的行政公益诉讼，只是众多行政诉讼类型的一种而已，其实质"仍然是特定主体针对行政机关的不作为或乱作为而进行的一种司法救济和法律监督"①。因此，应当与通常意义上的行政诉讼实行相同的证明责任。当然，这种责任倒置的证明责任分配原则并不否定检察机关在诉讼中应就其主张提供相应的证据支持。② 检察机关可以就行政机关滥用职权的事实、行政行为的违法性及公益损害后果承担举证责任，但这不是应尽的法律义务。③

第二，行政公益诉讼证明责任与通常行政诉讼区别论。此类观点认为行政公益诉讼的原告特殊，是由检察机关作为起诉人进行"官告官"，同为国家机关，检察机关在人员、资金、技术等资源方面与行政机关相比差距并不是很大，不像普通行政诉讼中行政相对人那么弱势，从而区别于通常行政诉讼的"民告官"，也就无须按照通常行政诉讼规则对证明责任进行特别的分配。而且，行政公益诉讼实质上是挑战行政机关既定的管理秩序，而行政行为具有公定力，检察机关要有充分的证据才能提出异议，在此意义上，由检察机关承担证明责任，"有利于防止检察机关滥用行政公益诉讼权"④。

（三）从行政公益诉讼的程序构造来澄清不同认识

上述关于检察机关提起行政公益诉讼如何分配证明责任、是否适用现行《行政诉讼法》关于证明责任的分配规则和规定的争论，显然意识到了检察机关作为公益诉讼起诉人时所享有的资源与行政相对人的资源的差异，从举证能力方面做了深入比较后得出了不同结论。这些讨论颇有价值，但要澄清相关争议，我们认为，还应该结合行政公益诉讼的程序构造来展开讨论。

行政公益诉讼的程序构造是由《行政诉讼法》第二十五条第四款所规定的。该款首先明确了检察机关是启动行政公益诉讼的唯一主体，也享有是否提起行政公益诉讼的决定权。检察机关发现了行政违法，须启动诉前程序，当诉

---

① 姜涛：《检察机关提起行政公益诉讼制度：一个中国问题的思考》，载《政法论坛》2015年第6期，第26页。
② 参见马明生《检察机关提起行政公益诉讼制度研究》，载《中国政法大学学报》2010年第6期，第99页。
③ 参见季美君《检察机关提起行政公益诉讼的路径》，载《中国法律评论》2015年第3期，第219页。
④ 傅国云：《行政公益诉讼制度的构建》，载《中国检察官》2016年第3期，第66页。

前程序结束后行政机关仍然拒绝自我纠正时，检察机关才可提起行政公益诉讼。也就是说，完整的行政公益诉讼程序体现为"诉前程序＋检察机关提起诉讼"的双阶构造。在这个程序构造中，检察机关在诉前程序中是通过检察建议的形式来督促行政机关依法履职的。检察建议是在检察实践中总结出来的一种柔性的监督方式，建议内容能否实现取决于被督促的行政机关是否接受建议进而积极落实。如果行政机关拒不配合检察建议，检察机关并无强制行政机关实现检察建议内容的权力，也就是说，看起来检察建议是缺乏强制力的。

但是，从检察机关在诉前程序无法实现监督目的时，还可启动行政公益诉讼使得行政机关面临后续诉讼的风险这一结果来看，诉前程序的检察建议又具有强制的意味。有学者将此称为体现了"命令－服从"的关系，即"检察建议实质上是检察机关向行政机关发布的履职命令，行政机关接到该命令后应据此履行为其设定的义务"[1]。在此意义上，检察建议又有了命令的性质，为了保障命令的审慎和正确性，检察机关须根据《行政诉讼法》第二十五条第四款的要求，查明负有监督管理职责的相关行政机关确实是实施了违法行使职权的行为或是不作为，以及这些违法行政行为导致国家利益或社会公共利益受到侵害的事实，在此过程中检察机关应收集相关证据加以证实。诉前程序的这一特征使得这些材料构成了检察机关后续诉讼的重要证据，从而在诉前程序与后续诉讼证明责任之间建立了关联。

另外，检察机关在这一程序构造中是否区别于普通的行政诉讼原告，与检察机关在诉讼中的角色定位有关，定位不同，相应的权利义务就不同，适用的程序规则自然就有区别。如果在行政公益诉讼中将检察机关作为普通原告，与行政相对人的地位并无差别，则其具有原告的诉讼权利义务；如果在行政公益诉讼中将检察机关视为宪法规定的法律监督者，公益诉讼是其完成维护公益目的的一种方式，同时又实现了对行政机关的监督，则其就不属于通常意义上的原告。

本书认为，检察机关提起公益诉讼是履行宪法授予的法律监督职能，我国《宪法》第一百三十四条规定检察机关是国家的法律监督机关，提起公益诉讼是检察监督的一种方式或手段，《人民检察院组织法》《检察官法》也将提起公益诉讼作为检察机关的法定职责，因而检察机关具有行政公益诉讼的原告资格是由宪法定位、国家机关组织职责、行政公益诉讼的功能等多方面因素共同

---

[1] 章剑生：《论行政公益诉讼的证明责任及其分配》，载《浙江社会科学》2020 年第 1 期，第 53 页。

决定的。在此意义上，检察机关行政公益诉讼与通常行政相对人为维护自己合法权益而提起的行政诉讼显然有本质区别。因此，在行政公益诉讼中，我们也就不能把检察机关作为通常行政诉讼中的原告予以对待，只能适用现行《行政诉讼法》中契合公益诉讼性质的诉讼规则，而不能全部适用。

　　实践中，法院是在依法审理的原则下，鉴于立法上关于诉讼程序的内容没有变化，新的案件类型及新的诉讼主体也就参照既有法律框架对待，实际上也就没有给予检察机关的特殊对待。学界也有人提出，"公益诉讼人"的称谓形式上并不符合诉讼主体名称表述的惯例，内容亦未能直接表明检察机关在行政公益诉讼程序构造中的角色及其诉讼地位。① 最终，"两高"联合发布的《检察公益诉讼案件司法解释》以"公益诉讼起诉人"的称谓取代了"公益诉讼人"的称谓。② 据官方解读，在现行法框架内，检察机关提起公益诉讼所对应的诉讼地位是原告，也就是意味着"公益诉讼起诉人"要参照适用行政诉讼法中关于原告的诉讼权利和诉讼义务的规定。人民法院在审理案件过程中也要根据《行政诉讼法》的证明责任规定进行裁判。此外，因为《检察公益诉讼案件司法解释》第六条规定检察机关享有调查收集证据权，③ 而行政相对人作为原告时显然并不具有这样的权利，所以检察机关在行政公益诉讼中就要根据待证事实来进行证明责任的分配。对于行政行为合法性要件，我们在行政法治原则下仍应该坚持由被告来证明行政行为的合法性；对于其他要件，则可根据相关事实主张的内容来确定证明责任的分配，如检察机关要对国家和社会公共利益受到侵害承担初步的证明责任。④

---

　　① 参见王万华《完善检察机关提起行政公益诉讼制度的若干问题》，载《法学杂志》2018年第1期，第101－102页。

　　② 《最高人民法院、最高人民检察院关于检察公益诉讼案件适用法律若干问题的解释》第四条规定："人民检察院以公益诉讼起诉人身份提起公益诉讼，依照民事诉讼法、行政诉讼法享有相应的诉讼权利，履行相应的诉讼义务，但法律、司法解释另有规定的除外。"

　　③ 《最高人民法院、最高人民检察院关于检察公益诉讼案件适用法律若干问题的解释》第六条规定："人民检察院办理公益诉讼案件，可以向有关行政机关以及其他组织、公民调查收集证据材料；有关行政机关以及其他组织、公民应当配合；需要采取证据保全措施的，依照民事诉讼法、行政诉讼法相关规定办理。"

　　④ 参见湛中乐、尹婷《环境行政公益诉讼的发展路径》，载《国家检察官学院学报》2017年第2期，第58页。

四、行政公益诉讼证明责任的实践情况

(一) 检察机关承担证明责任的概况

行政公益诉讼中,检察机关承担证明责任的具体情况并无直接的数据统计,但我们可从检察机关办理行政公益诉讼案件的整体效果方面进行了解。前已述及,据最高人民检察院发布的统计报告,全国检察机关2018—2022年共立案办理民事、行政公益诉讼案件75.6万件,其中行政公益诉讼案件占了绝大多数,它们大部分是通过诉前程序解决的;最终被检察机关提起公益诉讼的只有4万余件,而且检察机关的胜诉率相当高,99.8%获裁判支持。[①] 可见,行政公益诉讼取得了良好的监督效果,诉前程序与后续诉讼呈现出制度的整体效应,有效节约了司法资源。这样的效果,离不开检察机关在行政公益诉讼实践中对举证责任的积极完成。这是"由于检察机关本身掌握了公共利益受到侵害的证据,而且也有一定调查核实权力和证明能力,因此,检察机关在公益诉讼中,通常会积极承担推进说明的证明责任"[②]。检察机关除了对"已履行诉前程序提出检察建议且行政机关拒不纠正违法行为或者不履行法定职责的事实"承担举证责任以外,还需要就检察机关为适格原告、行政机关为适格被告、案件属于行政公益诉讼受案范围等起诉符合法定条件的程序性事项以及国家和公共利益受到侵害的事实承担举证责任。

为了将检察机关在行政公益诉讼中的举证情况清楚地展示出来,我们在中国裁判文书网随机检索检察机关提起行政公益诉讼案件的判决书,对其中一些行政公益诉讼案件的举证情况进行了整理(见表4-1)。

[①] 参见张军《最高人民检察院工作报告——二〇二三年三月七日在第十四届全国人民代表大会第一次会议上》,载《人民日报》2023年3月18日,第4版。

[②] 刘艺:《检察公益诉讼的司法实践与理论探索》,载《国家检察官学院学报》2017年第2期,第14-15页。

表4-1 行政公益诉讼中双方当事人的举证简况

序号	案件名称	检察机关的证明事项	被告的证明事项
1	某县人民检察院诉被告某县某乡人民政府环境保护行政管理（环保）案①	1. 证明污水处理设施处理项目的情况及项目已经通过验收，某乡政府负有监管职责但未履行到位；检察院通过调查发现设施未正常运行，发出的检察建议合法。 2. 证明公益诉讼起诉人在起诉之前向被告发出了检察建议，被告乡政府也做出了回复，在限期内虽然采取了一定的措施，但并未整改完毕，回访过后问题仍然存在。 3. 证明公诉人提起公益诉讼前，已经发出诉前检察建议，并请示得到批复，程序合法。 4. 证明被告对案涉的污水站的环境问题具有法定的监管职责，但未全面履行	1. 证明被告的主体资格不适格，被告是乡级人民政府，对污水处理不具有法定的职责。 2. 证明被告方的污水处理设施出现问题后，已积极向上级部门争取资金改扩建，其第三方拟定的实施方案已经审定，预算已经通过评审中心评审，已经由某市公共资源交易中心组织进行了招投标，且已经和承建方签订合同，因此，被告方是在国家的支持下积极使设备正常运行，并不存在未监管的情况
2	某县人民检察院诉被告某县水利局要求被告继续履行水资源费的征收职责案②	1. 证明某县人民检察院于2017年11月17日向某县水利局发出通辉检行公建〔2017〕13号检察建议书。 2. 证明2011年7月29日某县水利局向某县沣××供水公司做出征收水资源费51万元的缴纳水资源费通知书。 3. 证明某县沣××供水公司拒不缴纳水资源费是因为其无能力缴纳。 4. 证明某县沣××供水公司应缴纳2010年度水资源费51万元、罚款51万元，合计应缴纳102万元	1. 证明2010年1月至2014年6月沣××供水公司共欠缴水资源费2891700元，被告对其采取了一些行政措施。 2. 证明被告收到检察建议后，积极做出了回应并通过某县政府协调某县住房和城乡建设局、某县财政局及沣××供水公司，实际收缴水资源费280万元，余款9.17万元正在积极收缴中

① （2020）黔0522行初223号。
② （2019）吉0523行初7号。

续表 4-1

序号	案件名称	检察机关的证明事项	被告的证明事项
3	某县人民检察院诉被告某县财政局怠于履行法定职责案①	1. 证明其提起公益诉讼有法可依,主体适格。生猪标准化规模养殖场建设项目中央补助资金为基本支出资金,属于被告职责范围,被告主体适格。 2. 证明被告在职责范围内应切实履行监督职责,将中央专项补助资金发放到实处,但该资金现在仍旧未追回。 3. 证明其进行立案监督并向被告发出检察建议,但被告最终没有真正落实检察建议,生猪标准化规模养殖场建设项目中央补助资金50万元未追回,国家利益仍在受损害	1. 证明检察建议书未对追款所需的相关案情事实做出应有的表述或列为附件,且存在责任主体界定不明等系列问题,其无法凭此落实追回资金工作。 2. 证明该局已经做出整改并汇报,检察院对该整改汇报未提出异议。 3. 证明其为落实检察建议,在多次沟通无果后主动以工作函等形式呈报检察院,表明其不存在怠于追回资金的行为。 4. 证明"某县三圳××养猪场"主体身份真实存在;监管审核流程并无差错,其拨付专项补助资金并不存在失职、渎职行为。 5. 证明专项补助资金并非化公为私流入个人口袋
4	某县人民检察院诉被告某县林业局不履行法定职责案②	1. 提交程序方面的证据:证明检察机关是根据法定程序提起的公益诉讼。 2. 出示的实体证据:证明被告没有履行法定的监管职责及证明被告对被破坏的林地具有法定的恢复义务	证明某县骅×实业有限公司已经对被破坏的林地进行了恢复,已恢复32亩③

---

① (2018)粤1481行初174号。
② (2018)吉0521行初4号。
③ 1亩=666.7平方米。

续表 4-1

序号	案件名称	检察机关的证明事项	被告的证明事项
5	某市某区人民检察院诉被告某市国土资源和规划委员会不履行职责案①	1. 起诉资格的证明：案件线索移送书、公益诉讼立案决定书、组织机构代码证。 2. 案件情况的证明：土地承包合同、调查报告、评估报告、现场照片、调查笔录、检察建议书、处理情况的函、处罚决定书等证据	履职的证明： 1. 多次向违法行为人发出"三书"（责令停止土地违法行为通知书、责令改正违法行为通知书、土地违法行为调查通知书）予以制止，责令其停止、改正违法行为。 2. 先后 5 次对其进行立案查处，已累计做出 5 次行政处罚决定（具体为：云国土行处〔2007〕898 号、云国土行处〔2010〕160 号、云国土行处〔2011〕371 号、云国土行处〔2015〕1379 号、云国土行处〔2016〕1000-1 号）。 3. 2016 年 11 月 29 日向土地权属单位大×经济联合社发函。 4. 2017 年 1 月 18 日对大×经济联合社非法出租土地使用权的违法行为做出了云国土行处〔2016〕1000-2 号行政处罚决定

---

① （2017）粤 7101 行初 252 号。

续表 4-1

序号	案件名称	检察机关的证明事项	被告的证明事项
6	某自治区某旗人民检察院诉某自治区某旗生态保护局未履行草原监管行政职责案①	1. 证明被告系依法设立的政府机构，对本行政区域内的草原具有具体监督管理工作职责。 2. 证明9家采矿企业在未办理草原征占用审批手续，也未向草原监督管理部门缴纳草原植被恢复费的情况下违法采石、采砂的事实和草原监督管理部门未依法履行草原监管职责，及时制止违法行为的事实。 3. 证明公益诉讼人依法先行向被告生态保护局提出了检察建议，督促其依法履行职责。发出检察建议后，以不同形式跟踪监督履行职责。 4. 证明检察机关发出检察建议之后，被告仍未能有效纠正违法行为。9家企业生活区、物资堆放区没有进行完全的清理，对200余亩采坑没有进行植被恢复作业，草原生态仍处于受侵害状态。 5. 证明涉案九家采石、采砂场采坑区域表层土壤和植被完全消失，生物多样性完全丧失。采坑周边辐射区域天然草原发生退化，植物群落发生逆行演替，对原生植被带来毁灭性的破坏，恢复期限按照现状无法确定	1. 证明检察建议书下达之后，被告于2015年10月29日分别向8个采石采砂场下达了《责令整改通知书》，责令企业停工，要求对采坑进行复垦并恢复植被。 2. 证明2016年3月被告督促企业制定了《生态治理方案》。 3. 证明被告在提起公益诉讼之前对6个采石采砂场下达了《行政处罚决定书》，6个采石采砂场已足额交纳了罚款，在提起公益诉讼后，被告又对某旗某石料场、某采石场下达了《行政处罚决定书》，目前某石料场足额交纳了罚款，某采石场则至今未交纳罚款。 4. 证明被告责令企业做出了对堆料场、堆土场、生活区及周边环境整治完成时限的承诺书。 5. 证明2016年以来，被告为某旗某镇某石料场办理了相关审核审批手续，并收缴该场部分植被恢复费××××××元

---

① （2016）内2523行初1号。

续表 4-1

序号	案件名称	检察机关的证明事项	被告的证明事项
7	某市人民检察院与某市国土资源局不履行法定职责案①	1. 证明某市人民检察院依法做出检察建议并送达给被告的事实。 2. 证明源×公司并未依据出让文件足额缴纳土地出让金；对该宗拍卖土地进行实际使用，且未经审批即在该地块上搭建厂房。 3. 证明被告具有管理土地出让及对违法占地行为进行查处的法定职责。 4. 证明截至起诉前，某市国土资源局仍怠于履行法定监管职责	证明 2014 工业挂 -11 号地块国有土地使用权竞卖人拖欠出让金一事，被告经多次催告无果，已通知源×公司取消其竞得资格并没收已缴纳的竞买保证金，履行了法定职责

---

① （2016）闽 0181 行初 5 号。

续表 4-1

序号	案件名称	检察机关的证明事项	被告的证明事项
8	某市某区人民检察院诉被告某市某区农林水务局确认行政行为违法一案①	1. 证明被告的主体身份情况。 2. 证明涉案受损林地的权属、地理位置、地类、林种、面积及毁坏程度等。 3. 被告就某居委会非法占用林地一事于2016年7月18日向该居委发出责令改正违法行为，同日向市公安局森林分局移送涉罪案件，森林分局于2016年9月19日做出刑事立案决定。 4. 汕头市人民检察院就被告怠于履职的事实发出检察建议，并将本案线索移送公益诉讼起诉人；被告接到检察建议后至公益诉讼起诉人提起诉讼前，向某街道及某社区居委发出复绿督办通知；市林科所监理人员于2016年11月17日查看造林复绿现场，发现被毁林地上种植的树苗大部分已死亡，便又向某居委会提出补种要求和对带状林地留出4米左右宽度的空间增种2排800多株树的建议，并将上述情况告知被告工作人员，于2016年12月9日出具情况说明，证明该造林复绿项目仍处于抚育补种阶段，尚未完成生态公益林建设	1. 证明被告发现某居委会非法占用林地，当即积极履行监管职责。 2. 证明被告及时汇报和请示上级某市林业局并依据市局复函及时聘请鉴定人员将涉嫌违法占用林地案件依法移送某市公安局森林分局处理。 3. 证明被告收到检察建议后，继续积极履行监管职责。 4. 证明某居委会委托有资质的单位设计、造林、监理。监理阶段报告为已达到作业设计要求。 5. 证明某居委会自身和所属某街道依法负有保护管理生态林的职责，以及被告在财政方面已给予某居委会和该街道充分的保障。 6. 证明某居委会已按被告要求用巨石封山路保护植林。 7. 证明被告执法力量和条件薄弱。 8. 证明被告多次到受损林地现场检查整改造林复绿工作，并提出检查意见，多次履行监管职责并制定详细的复绿监管工作措施，确保复绿成效。 9. 证明公益诉讼人某区人民检察院对非法占用本案林地涉嫌非法占用农用地罪的杨某波、杨某壮认定犯罪情节轻微，免除刑罚，决定不起诉

---

① （2016）粤0515行初5号。

（二）检察机关证明事项的类型

从上述实践案例来看，检察机关对于行政公益诉讼非常慎重，为查明案件事实调查了大量的证据，在诉讼中对于待证事实承担了较多的证明责任。但一些证明事项，特别是检察机关作为适格原告的证明材料，被规定由检察机关（作为发动公益诉讼的公权机关）来承担证明责任是不恰当的。早在公益诉讼试点期间，最高人民检察院为了提高实践操作的准确性，通过《人民检察院提起公益诉讼试点工作实施办法》设定了检察机关的证据义务和证明责任。① 各试点地区在实践中，要求检察机关对符合诉讼主体资格的事实承担证明责任，即检察机关须证明其作为公益诉讼起诉人是经过合法授权的。例如，最高人民检察院公布的典型案例"某县人民检察院诉某县环境保护局环保行政公益诉讼"一案中，检察机关提交的第一组证据就是最高人民检察院关于《关于提请批准××县人民检察院拟对××县环境保护局提起行政公益诉讼一案的请示》的批复及相关规范性文件，拟证明某县人民检察院提起行政公益诉讼具备主体资格的事实。② 又如，"某县人民检察院诉某县环境保护局行政不作为"一案中，检察机关提供的符合诉讼主体资格的证据更为细致，包括：①某县人民检察院组织机构代码证；②某省人大常委会文件；③《全国人民代表大会常务委员会关于授权最高人民检察院在部分地区开展公益诉讼试点工作的决定》；④最高人民检察院《检察机关提起公益诉讼改革试点方案》；⑤《××省人民检察院开展提起公益诉讼试点的实施方案》；⑥最高人民检察院对《关于提请批准××县人民检察院拟对××县环境保护局提起行政公益诉讼的请示》的批复。③ 若干地方的基层人民检察院在表 4-1 中的案件，也显示了试点期间检察机关要向法院提交组织机构代码证，但提交这些证明材料折射出将检察机关视同普通原告的观念，忽视了行政公益诉讼的特殊性。

在《行政诉讼法》做出修改，并且增加了第二十五条第四款后，检察机关已是法定的行政公益诉讼起诉主体，不必再单独提供检察机关作为行政公益

---

① 《人民检察院提起公益诉讼试点工作实施办法》第四十四条规定："人民检察院提起行政公益诉讼应当提交下列材料：（一）行政公益诉讼起诉书；（二）国家和社会公共利益受到侵害的初步证明材料。"第四十五条规定："人民检察院提起行政公益诉讼，对下列事项承担举证责任：（一）证明起诉符合法定条件；（二）人民检察院履行诉前程序提出检察建议且行政机关拒不纠正违法行为或者不履行法定职责的事实；（三）其他应当由人民检察院承担举证责任的事项。"

② （2015）明行初字第 22 号。

③ （2015）福环行初字第 2 号。

诉讼适格原告的证明，而只需要列明法律依据。最高人民法院也明确指出在立案受理阶段，对于提交了"两高"《检察公益诉讼案件司法解释》中规定的起诉材料，特别是证明人民检察院已经履行诉前程序的材料的，应当及时登记立案，无须要求提交组织机构代码证、法定代表人身份证明书、授权委托书等身份证明材料。① 根据目前的规定和实践做法，我们根据行政公益诉讼待证事项的性质，从类型化的视角将检察机关所证明的内容分为程序性事项和实体性事项。②

程序性事项即证明检察机关的起诉符合法定条件所应涵盖的下列事项：①该案件是检察机关在履行职责过程中所发现的；②该行政违法事项属于法定的案件领域，即属于生态环境和资源保护、食品药品安全、国有财产保护、国有土地使用权出让等领域；③检察机关已经履行诉前程序；④受理案件的法院对该案具有管辖权。

实体性事项包括：①被诉行政机关具有相应的主体资格，并且具有法定的监督管理职责；②负有监督管理职责的行政机关违法行使职权或不作为；③行政机关收到检察建议后不依法履行法定职责；④国家利益或者社会公共利益受到侵害；⑤其他根据具体诉讼请求需要检察机关承担证明责任的事项。

（三）行政公益诉讼证明责任在实践中的问题

第一，检察机关在办案过程中对法律要件的认识存在偏差。上述实体法事项和程序法事项都对应着相应的法律要件，这些事项只有得到证成，才能使得法律要件所指向的法律效果得以发生。但在实践中，办案人员对于需要对哪些要件事实承担证明责任从而展开全面细致的调查，哪些是办案过程中涉及的但却与法律要件无关从而无须调查的事项，并没有进行清楚的区分，存在着遗漏调查和过度调查并存的情况，从而影响了办案质效。

例如，诉讼中必须证明"国家利益或者社会公共利益受到侵害"这一实体要件。但是，该侵害达到什么样的程度和后果才能启动公益诉讼，立法并无要求，所以，从法律规定的本意来看，只要证明违法行政行为造成了"国家利益或者社会公共利益受到侵害"即可。例如，在"某县人民检察院诉某县

---

① 参见江必新《认真贯彻落实民事诉讼法、行政诉讼法规定　全面推进检察公益诉讼审判工作——〈最高人民法院、最高人民检察院关于检察公益诉讼案件适用法律若干问题的解释〉的理解与适用》，载《人民法院报》2018年3月5日，第3版。
② 参见周虹、王栋《检察机关提起行政公益诉讼制度构建中的问题》，载《中国检察官》2018年第2期，第73页。

住房和城乡建设局（简称'某县住建局'）怠于履行法定职责"一案中①，某县鑫×房地产开发有限公司兴建香×××商住居民住宅小区时，本应按照相关法律法规按时缴交相应的城市基础设施配套费，但至 2018 年 3 月，该公司仍有 210 多万元城市基础设施配套费未缴交。被告某县住建局作为该县征收城市基础设施配套费的主管部门，未能切实按照《中华人民共和国城乡规划法》和《关于调低城市基础设施配套费标准的通知》（粤价〔2003〕160 号）的要求，认真抓好相关工作的落实，存在未能全面依法正确履职的情形，导致该公司有较大数额的城市基础设施配套费未能按时缴交，损害了国家利益。检察机关只要调查清楚这个事实即可，至于行政机关没有及时征缴相关费用从而对国家和社会造成了何种严重后果，就不是必须查明的事实。也就是说，在办案过程中，检察机关须精准理解法律所要求的要件事实。

第二，对如何适用法律要件理论来分配证明责任未形成统一认识。实体法对于行政违法行为的要件做了规定，在诉讼中，只有对应实体法的构成要件主张相应的要件事实，并全面、准确地提出证据予以证实，才能使法官在裁判案件时得出正确的认识。但有些要件事实应由哪一方来承担证明责任则存在争议。例如，关于被告行政机关履职情况，特别是履职是否恰当的事实，法院也将证明责任加诸检察机关。例如，在"某市某区人民检察院诉被告某市某区环境保护局不履行法定职责"一案中②，该案被告向财政申请代为处置的资金，需要进行招标投标，但由于第一次招标投标没有达到法律规定的要求，需要进行第二次招标投标，经过了 5 个月，才最终确定中标的单位。对此，检察机关与被告对于危险废物应由谁处置及处置是否符合相关规定的问题，存在较大的争议。检察机关认为，被告并未依法及时处置危险废物，从而存在拖延时间的问题；法院认为，这一争点的证明责任在检察机关，而检察机关并未提供相关证据予以证明，因此法院没有采纳其意见。

而在"某自治县人民检察院诉某自治县财政局、某自治县畜牧兽医水产局不履行其他行政行为法定职责、畜牧行政确认纠纷"一案中③，检察机关认为，两被告在组织实施生猪标准化规模化养殖场改扩建项目申领中央补助资金过程中不认真履行职责，对申报的信息资料不认真审查，帮助不符合申报条件的养殖户编造虚假申报材料、虚报生猪出栏量、虚假项目建设方案，造成中央

---

① （2019）粤 14 行终 90 号。
② （2017）粤 7101 行初 250 号。
③ （2017）粤 02 行终 175 号。

专项补助资金285万元被骗取。检察机关督促两被告应依法履行职责，对骗取了中央专项资金的牧草园农场等做出行政处罚，并追回被骗取的中央专项补助资金。法院将两被告在有能力、有条件履行的情况下却"不作为"的证明责任交由两被告承担，在两被告没有提供证据证明其已履行相应职责的情况下，法院认定被告构成了"行政不作为"，从而判决确认其行为违法，要求其继续履行法定职责。从证明责任法理来看，对否定性事实由提出主张这一方来承担确实存在着无法举证的问题，也因此成为证明责任的例外。所以，在后一起案件中，法院关于证明责任的分担才是合适的。实践中关于行政机关不依法履行职责或者不作为的要件事实的证明责任，并没有从证据法理方面得到正确理解，存在一定的认识误区。

第三，部分实体性事项较难证明。相比证明起诉符合法定条件以及已履行诉前程序提出检察建议且行政机关拒不纠正违法行为或者不履行法定职责的事实，证实国家和社会公共利益受到侵害的状态是检察机关承担举证责任的最重要和最困难的内容。因为如果检察机关要对国家和社会公共利益受到侵害的状态承担举证责任，就意味着检察机关要证明相应行为与国家和社会公共利益受到侵害的事实之间具有因果关系以及国家和社会公共利益受到侵害的程度，这对于不具有鉴定能力的检察机关来说是十分困难的，涉及办案部门的人力、财力，给办案经费有限、办案期限紧张的检察机关带来了严峻挑战。

对于上述实践问题，下文将从法律要件理论方面对各诉讼主体的证明责任进行分析。

五、公益诉讼起诉人的证明责任

行政诉讼虽然施行举证责任倒置模式，但只是针对行政行为合法性的证明责任而言的，诉讼中其他案件事实的证明，仍然遵循"谁主张、谁举证"的规则。检察机关是根据《行政诉讼法》等法律规范提起行政公益诉讼的，自然也应遵循行政诉讼法的这一要求。

（一）行政诉讼法关于原告证明责任的规定

在行政诉讼中，主要由被告承担证明责任，但这并不意味着原告不负任何形式的证明责任。根据不同的行政案件类型，原告需要承担举证责任的情形如下文所述。

1. 被告不履行法定职责案

不履行法定职责类行政案件的范围很广。《行政诉讼法》第十二条具体列举了行政机关在行政许可、行政确权等方面不履职的十余种情形。① 在这些案件中，行政相对人按照法律规定的条件和形式提交了申请材料，申请事项却未能获得行政机关的核准或者是连行政机关的答复都未曾收到。行政相对人对此提出行政违法的指控时，首先需要证明其已通过行政程序提出过申请。而行政机关则需要证明行政相对人的申请不符合法律要求。原告的这种举证责任，属于推进举证责任，因为只有原告提供其曾经向被告提出申请的证据材料，才能启动诉讼程序。②

原告在此类案件中所负担的举证责任也有例外，主要包括以下两种情形：

第一，所涉事项属于行政机关应主动履职的法定情形。行政权的本质在于执行，行政机关的法定职责往往不是被动履行的。应当主动履行法定职责的情形，不存在原告申请的问题，自然也就不需要原告对此提供证据。例如，在治安案件现场，警察任由违法事件发生而置之不理，那么受到伤害的公民尽管没有向警察提出申请，警察也应依据相关法律的规定履行相应职责。在此情形下，公安机关被诉不履行法定职责时，原告无须举证证明曾向公安机关提出求助申请。

第二，原告因正当理由不能提供证据的。这里的正当理由范围比较宽，标准也并非很严格。在实践中，如果行政机关因没有完备的登记制度或人为制造受理难题而导致行政相对人无法正常向其提出申请，则此种情形下要求相对人提供曾提出申请的证据材料显然是不可能的，故原告只要能说明正当理由就

---

① 《行政诉讼法》第十二条规定："人民法院受理公民、法人或者其他组织提起的下列诉讼：（一）对行政拘留、暂扣或者吊销许可证和执照、责令停产停业、没收违法所得、没收非法财物、罚款、警告等行政处罚不服的；（二）对限制人身自由或者对财产的查封、扣押、冻结等行政强制措施和行政强制执行不服的；（三）申请行政许可，行政机关拒绝或者在法定期限内不予答复，或者对行政机关作出的有关行政许可的其他决定不服的；（四）对行政机关作出的关于确认土地、矿藏、水流、森林、山岭、草原、荒地、滩涂、海域等自然资源的所有权或者使用权的决定不服的；（五）对征收、征用决定及其补偿决定不服的；（六）申请行政机关履行保护人身权、财产权等合法权益的法定职责，行政机关拒绝履行或者不予答复的；（七）认为行政机关侵犯其经营自主权或者农村土地承包经营权、农村土地经营权的；（八）认为行政机关滥用行政权力排除或者限制竞争的；（九）认为行政机关违法集资、摊派费用或者违法要求履行其他义务的；（十）认为行政机关没有依法支付抚恤金、最低生活保障待遇或者社会保险待遇的；（十一）认为行政机关不依法履行、未按照约定履行或者违法变更、解除政府特许经营协议、土地房屋征收补偿协议等协议的；（十二）认为行政机关侵犯其他人身权、财产权等合法权益的。除前款规定外，人民法院受理法律、法规规定可以提起诉讼的其他行政案件。"

② 参见江必新《新行政诉讼法专题讲座》，中国法制出版社2015年版，第163页。

行，这样才能更好地保护行政相对人的合法权益。例如，公民向工商行政机关申请办理工商执照，工商行政机关拒不办理且不说明理由，原告遂将行政机关诉至法院，即使无法证明其曾经提出过申请，但只要原告提出行政机关缺乏规范的行政登记程序，行政机关就负有证明责任。法院要求被告提供当天受理申请的登记册，被告无法提供的，法院即可据此推定原告提出了申请。①

2. 行政赔偿、行政补偿案

在行政赔偿、行政补偿案件中，要让行政机关承担赔偿责任或补偿责任，必须查清楚损害事实。所谓损害事实，除法律明确限定外，既包括人身损害，也包括财产损害；既包括物质损害，也包括精神损害；既包括直接损害，也包括间接损害。一般而言，损害必须满足以下两个要求：其一，作为损害的事实，必须是已经发生或者将来一定会发生的；其二，损害只是针对受到法律保护的权益来说的，对于违法利益或者法律不保护的利益则不存在损害的问题。② 比如违章建筑，不被法律认可，也不受法律保护，就算原告就其损失诉至法院，也不会得到法院的支持。

原告距离损害事实最近，能更准确、更便利地提供经济损失方面的凭证发票、损害评估等证据材料。所以，由原告来主张损害事实并由其提供证据最为可靠。根据《最高人民法院关于行政诉讼证据若干问题的规定》（简称《行政诉讼证据规定》）第五条的规定，行政赔偿诉讼无论是单独提起还是一并提起的，原告都应当对被诉具体行政行为造成损害的事实提供证据。行政补偿案件与此类似。但是，若原告无法举证是由行政机关这一方所造成的，则无须承担举证责任。若行政机关在执法过程中实施了非法措施等行为，导致相关证据灭失，原告就无法在行政诉讼中提供证据，此时就不宜由原告来证明损害事实。例如，行政机关在强制拆迁案件中，应先清点清楚拆迁场所的财产情况，对现场做好公证，或是由专业机构评估财产价值，然后才能进行拆迁。如果行政机关直接跳过这些环节而匆忙强行拆迁，则原告财产将遭到毁损，被毁损的具体财物情况也缺乏证据材料，从而原告也就无法证明损害事实。这些便是被告行为所导致的结果。此时，原告提出行政赔偿、行政补偿的主张即可，而待证的损害事实，则转由被告来对其承担证明责任。

---

① 参见江必新《中华人民共和国行政诉讼法及司法解释条文理解与适用》，人民法院出版社 2015 年版，第 233 页。

② 参见梁凤云《新行政诉讼法讲义》，人民法院出版社 2015 年版，第 230 页。

（二）现行法规范下检察机关的证明责任

按照最高人民法院的司法解释，检察机关在行政诉讼中是"参照原告"适用诉讼规则的，这也就意味着从提起行政公益诉讼开始，检察机关作为起诉人，要像通常的行政诉讼的原告一样，证明该案符合法院的立案要求。即检察机关应对照《行政诉讼法》第四十九条规定的起诉条件，证明相对应的待证事实都成立，这是对原告证明责任的要求。由于行政公益诉讼的启动条件及诉前程序与一般的行政案件不同，因此，检察机关的具体证明事项与通常行政诉讼起诉事项也有所不同。根据"两高"《检察公益诉讼案件司法解释》第二十二条的规定①，检察机关应当初步证明行政机关存在违法行为或不作为的事实、公共利益受到损害的事实以及二者之间存在因果关系。相关内容具体表现为以下五个方面。

1. 证明该案属于行政公益诉讼的案件范围

为保障公益诉讼积极、稳妥运行，公益诉讼入法时明确了相应的案件类型；同时，在立法语言上体现了开放性，理论和实务界也多将案件类型进行"等外等"的理解。所以，检察机关提起行政公益诉讼时，首先要证明行政机关的违法行为属于法定的案件类型，而且发生在《行政诉讼法》第二十五条第四款规定的法定领域。

2. 证明被告是适格主体

在行政诉讼中，行政机关因违法作为或不作为而成了被告，因此，就要证明行政机关相应的职权行为已经超出了法律规定的行使条件、方式和程序，或是需要证明该事项属于被告监督管理的职责范围。也就是说，检察机关不仅要提出"明确的被告"，而且还必须证明其是"正确的被告"。行政公益诉讼要查明的关键事实是行政机关"是否依法履行法定职责"，而这就要求检察机关明确知晓被告行政机关的法定职责，才能判断该行政机关是否履职，所以，公益诉讼起诉人应当提供相关证据。根据职权法定的行政法原理，行政机关的职责一般由法律规定。此外，同级政府下发的规范性文件中也会对行政机关职责予以详细规定。具体的证明可以通过查询相应的法律、法规、规范性文件、编

---

① 《最高人民法院、最高人民检察院关于检察公益诉讼案件适用法律若干问题的解释》第二十二条规定："人民检察院提起行政公益诉讼应当提交下列材料：（一）行政公益诉讼起诉书，并按照被告人数提出副本；（二）被告违法行使职权或者不作为，致使国家利益或者社会公共利益受到侵害的证明材料；（三）已经履行诉前程序，行政机关仍不依法履行职责或者纠正违法行为的证明材料。"

办文件、权力清单来达成。例如，在前述"某自治县人民检察院诉某自治县财政局、某自治县畜牧兽医水产局（简称'某自治县畜牧局'）不履行其他行政行为法定职责、畜牧行政确认纠纷"一案中，① 某自治县畜牧局认为其是事业单位，不是适格被告。根据某自治县人民检察院在该地编制办调取的《×× ×× 自治县畜牧兽医水产局机构编制方案》，某自治县畜牧局为该地农业局直属副科级事业单位，承担着该地畜牧兽医水产行政管理职能。某自治县畜牧局在组织开展该地生猪标准化规模化养殖专项补贴申报等工作中，是在执行国家有关畜牧兽医水产工作的法律法规和方针政策，行使的是行政职权。因此，某自治县畜牧局虽然是事业单位，但其根据法律、法规的授权行使国家行政职权，是本案的适格被告。

3. 证明检察机关已经履行诉前程序

诉前程序体现了穷尽行政救济和司法克制主义的理念。根据《行政诉讼法》第二十五条第四款的规定，② 检察机关应依法督促行政机关纠正违法行政行为、履行法定职责。检察机关做出的督促履职内容在检察建议中是有具体要求的，行政机关应当在规定期限内回复检察建议办理情况。这一流程中，检察建议书、送达回证等证据可以证明诉前程序履行情况。

4. 关于"行政机关违法行使职权或者不作为"

法律条文用了"或"，即表明这里的两个要件"违法行使职权""不作为"是可区分开来的两种情形。行政机关"违法行使职权"包含行政机关、行使职权、违法这三个要素，检察机关应当围绕这些要素收集和提供证据；行政机关"不作为"包含的要素则是行政机关、作为义务、具有作为的环境条件、不履行作为义务。检察机关应当在检察建议中充分证实行政机关的"不作为"或"不依法履职"，进入诉讼程序后，则由行政机关对此承担证明责任，即行政机关要充分论证其已经"依法履职"，如果不能完成这一证明任务，则应承担败诉的风险。

---

① （2017）粤 02 行终 175 号。
② 《行政诉讼法》第二十五条规定："行政行为的相对人以及其他与行政行为有利害关系的公民、法人或者其他组织，有权提起诉讼。有权提起诉讼的公民死亡，其近亲属可以提起诉讼。有权提起诉讼的法人或者其他组织终止，承受其权利的法人或者其他组织可以提起诉讼。人民检察院在履行职责中发现生态环境和资源保护、食品药品安全、国有财产保护、国有土地使用权出让等领域负有监督管理职责的行政机关违法行使职权或者不作为，致使国家利益或者社会公共利益受到侵害的，应当向行政机关提出检察建议，督促其依法履行职责。行政机关不依法履行职责的，人民检察院依法向人民法院提起诉讼。"

5. 公共利益受到侵害

公共利益受损是行政公益诉讼必须查明的要件事实。那么，相关主体就需要围绕该案件有无公共利益、是什么样的公共利益受到侵害、受到了何种程度的侵害、该侵害状态是否仍然存在等进行证明。有专家指出，应注意把"行政违法行为与仍存在的公益侵害直接关联"，因为有些违法行使职权的行为可能与公共利益侵害无直接关联，所以此类案件也就没有必要进行行政公益诉讼。① 同时，我们还要注意到在某些案件中，行政机关虽已完成了"依法履职"的证明，② 但是若公共利益仍然处于受侵害状态，就应继续进行公益诉讼。因为行政公益诉讼的立足点在于国家或者社会公共利益受到侵害，所以不管行政机关是滥用职权、完全不作为，还是已有所作为但不充分，只要这种侵害的状态存在，即具备提起行政公益诉讼的基础。

六、被告的证明责任

（一）举证范围

在行政诉讼中，被告就行政行为的合法性承担举证责任已为法律所明定，法院对于这一要件事实证明责任的分配是没有裁量余地的。行政公益诉讼的待证事实中，同样具备行政行为合法性这一要件事实，法院需要审查清楚被诉行政行为是否合法，而行政机关在行政公益诉讼中同样需要对该要件事实承担证明责任。在实践中，检察机关为了证明行政行为违法，往往会提供大量自行收集的证据，根据《行政诉讼法》第三十七条的规定，③ 检察机关"可以"提供证明被诉行政行为不合法的证据，而不是"应当"或者"必须"提供证明被诉行政行为不合法的证据。即使公益诉讼起诉人提供的证明被诉行政行为违法的证据不能成立，也不能免除被告对被诉行政行为合法性的证明责任。

检察机关提起行政公益诉讼本质仍然属于行政诉讼的范畴，作为被告的行政机关对被诉具体行政行为仍然需要承担证明和说服的责任。被告的举证范围包括案件事实情况、行政行为的法律规范依据，当然，行政机关对做出的行政

---

① 参见刘本荣《行政公益诉讼的要件分析》，载《北方法学》2020 年第 4 期，第 87 – 88 页。
② 例如，在司法实践中，行政机关经常以已经对侵害公共利益的相关责任人或者责任单位做出罚款、责令恢复原状等处罚为由进行抗辩。
③ 《行政诉讼法》第三十七条规定："原告可以提供证明行政行为违法的证据。原告提供的证据不成立的，不免除被告的举证责任。"

行为负证明责任不等于被告在行政诉讼中对一切事实都负有证明责任。例如，解决行政赔偿问题，就不一定都由被告承担证明责任。目前理论界与实务界肯定规范性文件属于举证范围，但对于规范性文件是否为一种独立的证据类别，是否适用证据规则，存在分歧。《行政诉讼法》第三十三条没有将规范性文件列为法定的证据种类，但《行政诉讼法》第三十四条强调了被告应当提供做出行政行为所依据的规范性文件。法律规范是判断行政行为合法与否的重要依据，被告说明其行政行为性质时必须列出其法律依据，因此规范性文件成为被告证明责任的必备内容，只是在立法技术上并没有在证据类型条款中将其纳入而已，从而也就避过了该类证据是否属于独立证据类型的问题。①

（二）被告违法作为或不作为的证明责任

从行政行为的表现形式来看，其可分为作为和不作为。对于行政作为的行为合法性，行政机关无疑要承担证明责任；对于行政不作为的行为，根据《行政诉讼证据规定》第四条的规定，在起诉被告不作为的案件中，原告承担对其曾提出申请的事实的证明责任。但这一责任仅仅是启动行政诉讼的责任，属于推进责任，不属于说服责任。② 也就是说，不作为的行为与其他行政行为只是在表现形式上有所不同而已，行政不作为案件的审理对象跟作为案件一样，都是关于行政行为是否合法，而非原告申请行为是否合法，所以，行政机关也要对不作为的行为合法性承担证明责任。行政主体做出行政行为之时的法定职责、认定事实、行政执法程序等内容，都构成被告应当举证证明的待证事实。如果被告不提交这些材料，法院将转而进入运用证明标准来判断待证事实是否成立的阶段。在待证事实无法证实的情况下，被告应当承担因此造成的待证事实不成立的不利法律后果。

（三）案件涉及第三人利益时被告的证明责任

从行政诉讼第三人的诉讼地位来看，其相当于民事诉讼中有独立请求权的第三人，应具有提供证据的权利。第三人与被诉行政行为有利害关系，其对案件的事实一般都有不同程度的了解。让其就自己的主张提供证据，能使法院更加全面地听取各方意见，便于查清案情，做出正确裁判。如果排除其举证权

---

① 参见姜明安《行政法与行政诉讼法》，北京大学出版社、高等教育出版社2015年版，第462页。
② 参见蔡小雪、甘文《行政诉讼实务指引》，人民法院出版社2014年版，第142页。

利，则不仅会影响案件正确处理，更可能引起重复诉讼，影响审判效率，加大司法成本。为此，《行政诉讼法》第三十四条规定了当案涉行政行为与第三人有关时，也要给予第三人举证机会，不能只以行政机关举证情况来认定案件事实。需要注意的是，该法规定中的第三人合法权益，应指因被诉行政行为而受到直接影响的第三人合法权益，若被诉行政行为并非直接影响，而是间接影响第三人权益或者第三人权益未受影响，则即便第三人、法院对相关待证事实进行了举证或者调查取证，也不能免除被告的举证责任。[①] 因为行政机关与第三人为不同的诉讼主体，在行政机关举证不能的情况下，无权要求第三人提供证据证明其行政行为合法。

（四）被告取证限制制度和延期举证制度

根据"先取证、后裁决"原则，被告行政机关所举的证据应当在实施行政行为时就被固定，这是行政行为合法的基础性条件。换言之，行政机关在行政诉讼过程中的取证行为是被严格限制的，不得为证明其行为的合法性再向相关主体调查取证。[②]《行政诉讼法》第六十七条规定被告的这一举证期限是收到起诉状副本之日起 15 日。如果被告逾期不举证则会产生证据失权的后果，当然，被告有正当理由时可以申请延期提供证据。

七、完善行政公益诉讼证明责任的整体路径

（一）区分程序性事项和实体性事项

按照法律要件说，相关主体须先对公益诉讼案件所涉的法律规范进行细致检索，正确分析和理解其法律要件，进而对行政公益诉讼中的待证事实进行充分的证据调查，以完成证明任务。为此，须明确行政公益诉讼中的证明责任有程序性事项和实体性事项之分。在程序性事项中，无论是作为类还是不作为类行政公益诉讼案件，检察机关都应当为适格原告，行政机关为适格被告，案件属于行政公益诉讼受案范围，原告应该对已履行诉前程序提出检察建议等符合

---

① 参见江必新《新行政诉讼法专题讲座》，中国法制出版社 2015 年版，第 157 页。
② 《行政诉讼法》第三十五条规定："在诉讼过程中，被告及其诉讼代理人不得自行向原告、第三人和证人收集证据。"第三十六条规定："被告在作出行政行为时已经收集了证据，但因不可抗力等正当事由不能提供的，经人民法院准许，可以延期提供。原告或者第三人提出了其在行政处理程序中没有提出的理由或者证据的，经人民法院准许，被告可以补充证据。"

起诉条件的程序性事项承担证明责任。在实体性事项中，作为类与不作为类行政公益诉讼的证明责任存在区别：在作为类行政公益诉讼中，应当由行政机关承担主要的证明责任，以证明行政机关并未违法行使职权。而在不作为类行政公益诉讼中，检察机关应当就行政机关不履行法定职责，以及公共利益受到的侵害承担证明责任。对于实践中大量存在的不完全作为类行政公益诉讼案件，检察机关应当就以下三方面内容承担证明责任：第一，行政机关已履行行政职责但未能有效维护公共利益；第二，行政机关应当履行但未履行维护公共利益的其他法定职责；第三，国家和社会公共利益受到的侵害。

（二）明确多层次的证明标准体系

《行政诉讼法》第四十九条规定的起诉条件第三项是"有具体的诉讼请求和事实根据"，公益诉讼起诉人对符合"有具体的诉讼请求和事实根据"的法定起诉条件，承担证明责任，应当提供诉讼请求和相应的事实根据，事实根据包括国家利益或社会公共利益受到侵害的事实材料。如果没有损害事实，诉讼的前提条件就不存在。但是，目前事实材料的证明标准方面没有具体规定，有人认为"公益诉讼起诉人对该情况的证明应当是初步的，达到诉讼程序启动的标准即可"[①]。不过，有学者指出，行政公益诉讼举证责任合理分配与检察机关诉前调查权的状况是密不可分的，"在检察机关调查权得不到保障的前提下，对检察机关在行政公益诉讼中课以过高的举证责任是有违公平原则的，当务之急还是应尽快予以明确检察机关的调查权"[②]。

我国三大诉讼法曾采取一元化的证明标准，即行政案件与刑事案件、民事案件的证明程度都需要达到"事实清楚，证据确实、充分"的程度。将所有案件的结论都建立在"客观真实"的基础之上，其出发点无疑是好的，也是任何诉讼制度都希望达到的最高境界，但这也拔高了行政诉讼证明标准，而且不区分行政案件与刑事案件、民事案件对证据和证明的要求，未必科学。目前，我国《行政诉讼法》和《行诉法解释》都没有规定明确的证明标准，主流观点是主张针对行政诉讼的具体情况，设定多元的行政诉讼证明标准。

对于合法性审查，应适用严格的排除合理怀疑的证明标准，此证明标准并

---

① 钱国泉、俞广林、付继博：《检察机关提起行政公益诉讼的举证责任分配》，载《人民检察》2016年第22期，第28-29页。

② 林仪明：《我国行政公益诉讼立法难题与司法应对》，载《东方法学》2018年第2期，第158-159页。

未给行政机关增加负担,而是其依法行政的职责要求所在。尽管检察机关的取证能力较之其他组织及个人明显增强,但其提起行政公益诉讼的主要作用是促使行政行为能够进入司法审查程序,过高的证明标准不利于调动检察机关提起行政公益诉讼的积极性,因此,除程序性证据应适用严格证明标准外,对损害事实的证明适用优势证据的证明标准较为合适。对于涉及限制人身自由、大额罚没等对行政相对人人身、财产权益影响较大的案件,可以比照适用类似于刑事案件的证明标准;对于行政裁决类行政案件和其他行政案件,可以比照适用类似于民事案件的证明标准。[①]

(三) 完善检察机关调查取证制度

行政公益诉讼是"官告官",检察机关是代表国家提起行政公益诉讼,指控行政机关违法履职造成公共利益遭受损害,具有较大的社会影响力,所以对检察机关的案件办理质量和效果应有更高的要求。但实践中还存在行政机关不配合的阻力,且检察机关承担相应的举证责任,不仅需要耗费大量的人力、物力,还需要办案人员具备相关专业知识。就目前检察机关公益诉讼部门的编制配置和工作能力来看,通过体制机制来完善检察机关调查取证权,是行政公益诉讼制度发展的重要保障。

检察机关具有调阅、复制行政执法卷宗材料,询问行政机关相关人员以及行政相对人、利害关系人、证人等调查取证的权力。除此之外,有效开展调查取证工作的刚性保障措施也应适当增加,规定检察机关调查取证的相关法律责任。检察机关在履行公益诉讼职责中,发现行政机关对检察机关调查收集证据材料、派员协助调查等职责范围内的工作无正当理由延迟落实或拒绝,经催告后仍不落实的,应向监察委员会移送案件线索,追究相关人员的法律责任。

(四) 准确理解案件线索

1. 公民控告、举报是否属于线索来源

这个问题涉及对检察职能是否涵盖接受公民控告、举报的理解。我国《人民检察院组织法》规定,检察院依法保障公民提出控告的权利,即检察机关有职责接受公民提出的控告与举报,并且有义务保护进行控告、举报的公民之合法权益。在目前我国检察机关代表公益的身份与形象日益深入人心的大环

---

① 参见姜明安《行政法与行政诉讼法》,北京大学出版社、高等教育出版社 2015 年版,第 476 页。

境下，越来越多的民众期待检察机关在维护公益之路上彰显魄力与胆识，也希望自身与检察机关之间维护与监督公益的信息沟通渠道能够保持畅通。另外，在日常生活中，群众是最有可能也是最早发现公共利益受到侵害的个体，检察机关依法受理公民的控告、举报，有助于及时、广泛地掌握案件线索，有效推进公益诉讼。因此，出于法律规定、工作推进与社会需求等多方面的考虑，不宜将公民的控告、举报排除在公益诉讼线索来源之外。

2. 人大代表建议、意见是否属于线索来源

我国宪法规定，人民代表大会是检察机关的产生机关，也是监督机关。人民代表大会有权监督检察机关各项工作的开展。《中华人民共和国全国人民代表大会和地方各级人民代表大会代表法》明确规定：代表有权向本级人民代表大会提出对各方面工作的建议、批评和意见。检察机关对人大代表通过人民代表大会提出的各种建议和意见，必须予以充分重视，及时研究处理、跟进解决，并将结果以书面形式报告人民代表大会。而且，人大代表来自各行各业，了解社会方方面面的现状与需求，热心于社会公共事务，也时常关注公益保护的问题。他们借助自身的行业优势与广泛的社会影响力，能够最为迅捷地了解到公共利益受损的情况，据此向检察机关提供的信息，能够现实地转化为公益诉讼的线索来源。因此，不论是从法律依据方面来分析，还是从实践效果方面来观察，人大代表提出的建议与意见都应当也有必要成为公益诉讼的线索来源。

3. 媒体曝光是否属于线索来源

随着社会日新月异的发展，新兴媒体与自媒体的普及率越来越高，媒体传播速度越来越快，受众面越来越广，大量社会热点问题通过媒体信息传播在短时间内足以引起全社会的广泛关注。目前，检察机关在处理媒体信息带来的紧急事件过程中，已经逐步形成了快速且主动的应急机制。近年来，最高人民检察院与地方各级人民检察院都会在媒体曝光重特大事故时，及时派员介入，通过多级联动的方式参与事故调查工作。这不仅有助于案件侦破，更好地协助与监督有关部门开展工作，也能在一定程度上对事故的再发生起到遏制作用。

（五）完善专业鉴定、评估、审计制度

鉴定、评估、审计具有极高的科学性、时效性、中立性要求，尤其是在生态环境资源保护类案件中，大多需要专业鉴定机构或专家来鉴定公共利益受到损害的状况。对于生态环境损害类进行鉴定的费用数额较大，检察机关一般难以承担。因此，应由最高人民检察院建立统一的全国性的环境资源鉴定专家

库，并可跨区域委托鉴定，以发挥专家在环境司法保护中的积极作用。对于勘验现场，则需要细化具体操作标准，从而规范该项调查取证工作，确保勘验笔录作为证据的效力。

第五章　检察公益诉讼的类型化检视

检察公益诉讼在法定办案领域上形成了"4+N"格局，助力国家治理体系和治理能力现代化。但公益诉讼检察制度起步时间还比较短，如何落实"积极、稳妥"推进检察公益诉讼的指导原则值得探讨。检察机关应在新的实践中不断探索，顺应人民群众对公益保护的新需求，不断拓展公益诉讼案件范围。

一、检察公益诉讼案件范围的综合考量

2023年9月7日，十四届全国人大常委会公布立法规划，将检察公益诉讼法（公益诉讼法，一并考虑）列入第一类项目，即属于条件比较成熟、任期内拟提请审议的法律草案。自从2014年党的十八届四中全会提出"探索建立检察机关提起公益诉讼制度"后，检察公益诉讼得到了重视。经历局部试点和全面推行后，全国已办理大量公益诉讼案件，受到社会各界广泛关注。作为司法领域的一项新生制度，检察公益诉讼被全国人大常委会列入立法规划，说明该项制度在切实保护公共利益方面发挥了重要作用，亟须立法机关提供进一步的制度支持。检察公益诉讼立法时，建议重点考虑检察公益诉讼的受案范围，这将决定对公共利益进行司法救济的广度和深度，也是检察公益诉讼持续发挥制度效用的前置性问题。

（一）检察公益诉讼案件范围的梳理

2015年7月1日，全国人大常委会审议通过决定，授权最高人民检察院在生态环境和资源保护、国有资产保护、国有土地使用权出让、食品药品安全等领域开展提起公益诉讼试点，但未对民事公益诉讼和行政公益诉讼的案件范围予以区分。中央全面深化改革领导小组第十二次会议审议通过的《检察机关提起公益诉讼改革试点方案》、最高人民检察院颁布的《人民检察院提起公益诉讼试点工作实施办法》及最高人民法院颁布的《人民法院审理人民检察

院提起公益诉讼案件试点工作实施办法》都对检察机关可以提起民事公益诉讼和行政公益诉讼的案件范围做了区分规定。其中，人民检察院提起民事公益诉讼的试点案件范围是"污染环境、破坏生态、在食品药品安全领域侵害众多消费者合法权益等损害社会公共利益的行为"，行政公益诉讼的试点案件范围是"生态环境和资源保护、国有资产保护、国有土地使用权出让等领域负有监督管理职责的行政机关违法行使职权或者不作为，造成国家和社会公共利益受到侵害，公民、法人和其他社会组织由于没有直接利害关系，没有也无法提起诉讼的"。

2017年6月27日，全国人大常委会通过的《全国人民代表大会常务委员会关于修改〈中华人民共和国民事诉讼法〉和〈中华人民共和国行政诉讼法〉的决定》，继续划分出人民检察院可以提起民事、行政公益诉讼的案件范围。其中，民事检察公益诉讼的案件范围为，人民检察院在履行职责中发现破坏生态环境和资源保护、食品药品安全领域侵害众多消费者合法权益等损害社会公共利益的行为；行政公益诉讼的案件范围为，人民检察院在履行职责中发现生态环境和资源保护、食品药品安全、国有财产保护、国有土地使用权出让等领域负有监督管理职责的行政机关违法行使职权或者不作为，致使国家利益或者社会公共利益受到侵害的。随后，民事诉讼法和行政诉讼法对检察公益诉讼案件范围进行了规定。

由此可见，无论是检察公益诉讼试点，还是最终修改法律，都对检察机关可以提起的公益诉讼案件范围进行了明确界定。检察公益诉讼法定办案领域是生态环境和资源保护、食品药品安全、国有财产保护、国有土地使用权出让四大领域。相较而言，民事检察公益诉讼案件范围比行政检察公益诉讼案件范围要小一些。从民事诉讼法中关于公益诉讼的规定可以看出，检察机关与法律规定的机关和有关组织提起民事公益诉讼的范围不尽相同，后者是"对污染环境、侵害众多消费者合法权益等损害社会公共利益的行为"提起民事公益诉讼。再结合《环境保护法》第五十八条"对污染环境、破坏生态，损害社会公共利益的行为"的规定，将"污染环境"与"破坏生态"并列，说明检察机关提起环境民事公益诉讼的案件范围要大于其他公益诉讼主体。对于消费民事公益诉讼的案件范围，《消费者权益保护法》的规定为"侵害众多消费者合法权益的行为"，但检察机关提起消费民事公益诉讼的案件范围限于"食品药品安全领域"，这又比其他公益诉讼主体受到更明显的限缩。

（二）检察公益诉讼案件范围的思考

《民事诉讼法》和《行政诉讼法》在明确列举检察公益诉讼案件类型之后，加了"等"字，实践中，"等"字是兜底还是穷尽之意，存在分歧。一是"限缩论"，主张理解为"等内"，检察公益诉讼只有明确的法律授权才可进行。因为检察机关行使公益诉权也是其行使公权力的体现，而公权力是"法无授权不可为"，应防止检察机关基于公共利益而无限发挥公益诉权。二是"扩张论"，主张理解为"等外"，即虽然应当审慎开展公益诉讼工作，但囿于公共利益的特殊性、广泛性及保护公共利益的迫切需要，应当采取广义办案标准和开放立场对待公益诉讼受案范围。若按"等内"解读，则对于新的案件范围，只有通过修改立法才能获得合法性；若按"等外"解读，则意味着公益诉讼的受案范围可根据实际情况进行扩张。本书认为，检察公益诉讼是典型的客观诉讼，面向的是公共利益保护，这区别于通常民事诉讼所面向的私人权益保护，在行为模式上应采用职权主义模式。按照传统诉讼观念来理解公益诉讼的请求范围，将影响公益诉讼目的的实现。党的十九届四中全会提出了"拓展公益诉讼案件范围"，因此，"扩张论"比"限缩论"更符合检察公益诉讼的制度目的。

目前，立法机关通过单行法专门条款授权形式，不断拓展检察公益诉讼的案件范围。例如，2018年通过的《中华人民共和国英雄烈士保护法》第二十五条、2021年修正的《中华人民共和国安全生产法》（简称《安全生产法》）第七十四条、2021年通过的《中华人民共和国个人信息保护法》第七十条、2022年修订的《中华人民共和国妇女权益保障法》第七十七条、2024年修正的《中华人民共和国未成年人保护法》第一百零六条等，都明确规定了检察机关在这些领域有权提起公益诉讼。检察公益诉讼的案件范围已逐步拓展到包括英烈保护、未成年人保护、安全生产、军人地位和权益保障、个人信息保护、反垄断、反电信网络诈骗、农产品质量安全、妇女权益保障等领域，且正在向无障碍环境建设、文物和文化遗产保护等新领域拓展。

（三）检察公益诉讼案件范围的立法设想

随着我国经济社会的发展，需要通过检察机关介入予以保护的公共利益越来越多。检察公益诉讼立法应统一规定案件范围，从而避免立法碎片化现象。一方面，梳理现行立法和实践中行之有效的案件类型，在条文中将之一一予以规定，通过列举式方法来明确检察公益诉讼的案件范围。除了目前的公益诉讼案件类型外,还建议增加公民受教育权、证券欺诈、特定人事诉讼案件等新类型。另一方面,通过兜底条款给予检察机关根据实践需要积极稳妥开展公益诉讼活动的空间。

"公共利益"是一个具有不确定性的概念,难以准确界定,而司法资源又是有限的,这决定了检察机关提起公益诉讼在特定时期内"有所为"又"有所不为"。因此,允许公益诉讼案件范围随着经济社会发展变化而不断拓展是应有之义,但也要遵循一定的原则以保障制度的整体效益。在拓展案件类型时可将依法开展原则、突出重点原则、因地制宜原则、积极稳妥原则作为指导依据。在案件的判断标准方面,检察公益诉讼案件范围的拓展,可以先聚焦于那些对公共利益损害重大、情形危急的案件,因此,除了"公益性"标准外,还应具备"重大性""典型性"和"必要性"标准。

二、互联网领域检察公益诉讼

近年来,信息网络发展日新月异,深度融入经济社会生活,拓展了国家治理新领域。党的二十大报告明确要求,"健全网络综合治理体系,推动形成良好网络生态"。最高人民检察院于 2021 年 1 月 22 日发布《人民检察院办理网络犯罪案件规定》,对基层检察机关办案加强规范指导,并通报检察机关促进网络空间依法治理的情况。据最高人民检察院通报,我国已有多个省级人大常委会层级的决定或决议,授权检察机关在互联网侵害公益、个人信息保护等相关领域探索公益诉讼实践。[①] 此后,网络治理工作不断深入,最高人民检察院于 2023 年 4 月印发《关于加强新时代检察机关网络法治工作的意见》,立足"四大检察"职能,从网络立法、执法、司法、普法以及法治研究、队伍建设等方面,对检察机关网络法治工作做出全面部署。2023 年 4 月,最高人民检察院印发《深入推进"净网 2023"专项行动工作方案》,强调依法严惩网络违法犯罪,全面提高依法治理、综合治理、源头治理网络空间的能力和水平。2023 年印发的《2023—2027 年检察改革工作规划》和 2024 年年初召开的全国检察长会议也将维护网络安全、推进网络治理作为重要内容部署推进。

在检察机关的工作部署中,检察公益诉讼作为国家治理体系中的重要部

---

① 参见《最高检举行"充分发挥检察职能 推进网络空间治理"新闻发布会》,见中华人民共和国最高人民检察院官网:https://www.spp.gov.cn/spp/jqwlfzcz/xwfbh2020.shtml,最后访问时间:2023 年 5 月 5 日。

分，在促进网络空间依法治理方面发挥了积极作用。据最高人民检察院通报，2023年1—11月，各级检察机关针对侵害众多公民个人信息、相关主体反电信网络诈骗义务未落实、违法行为人发布虚假与不良信息等损害公益的行为，办理公益诉讼案件6700余件。针对网络直播中的食品、药品安全问题，最高人民检察院下发通知，组织开展食品、药品安全领域"网络直播营销"专项监督。上海、江苏、江西等地督促行政机关对App（应用程序）、小程序超范围收集公民个人信息的行为强化监管，广东、浙江等地针对利用互联网发布虚假信息的违法情形办理公益诉讼案件，北京、河北、辽宁等地针对招聘网站违法广告、就业歧视等违法情形开展公益诉讼监督，浙江杭州余杭区人民检察院与杭州互联网法院会签办理互联网检察公益诉讼协作办法。[①]

（一）公益诉讼是国家治理现代化的重要制度

检察机关以国家法律监督机关的身份所实施的公益诉讼，是推进国家治理体系和治理能力现代化中的重要一环，是检察机关积极参与国家治理的体现。检察机关在互联网领域积极开展公益诉讼并取得了实效，对此，我们有必要厘清其适用的法理基础。

公益诉讼2012年入法后，增设检察机关作为公益诉讼主体是对公益诉讼制度的有效补充，体现了国家治理现代化过程中不断完善制度和提升执行能力的过程。2014年开始，检察公益诉讼经历了顶层设计、法律授权、试点先行、立法保障、全面推开五个阶段，通过行政公益诉讼对行政违法行为进行监督，有助于扭转乱作为、不作为的行政乱象，促进依法行政、严格执法；通过民事公益诉讼对受损的国家利益和社会公共利益提起保护请求，探索惩罚性赔偿的主张并将相关款项用于公益事业，有助于切实把公益诉讼这一制度优势转化为治理效能。国家治理现代化是主权国家全域性的要求，不仅适用于有形的物理空间，虚拟的网络空间也不例外。《法治社会建设实施纲要（2020—2025年）》明确提出，"推动社会治理从现实社会向网络空间覆盖，建立健全网络综合治理体系"。在互联网领域实施检察公益诉讼，有助于全面推进网络空间法治化，营造清朗的网络空间。

[①] 参见《最高检举行"依法惩治网络犯罪 助力网络空间综合治理"新闻发布会》，见中华人民共和国最高人民检察院官网：https://www.spp.gov.cn/spp/yfycwlfz/22xwfbh_sp.shtml，最后访问时间：2024年3月5日。

（二）互联网领域实施公益诉讼的形式

检察机关对互联网领域实施公益诉讼，与现实社会的要求一致，即只有在涉及公共利益时才能启动公益诉讼。人们通常认为，公共利益是不特定多数人的利益及社会弱势群体的利益。在互联网领域中，资本和技术的优势特别明显，网络直播、自媒体、知识社区问答等新媒体业态和算法推荐等新技术应用，关键信息基础设施安全保护、数据安全管理和网络安全审查等网络安全管理，电子商务以及大数据等创新成果的使用和保护，都涉及众多网民的利益和互联网行业的公平秩序，公共利益凸显。检察机关应督促负有监管职责的政府部门依法管网，监督网络服务提供者依法办网、网络使用者依法上网。检察机关可根据公共利益受到损害的具体情形，分别实施行政公益诉讼和民事公益诉讼。根据《最高人民法院关于互联网法院审理案件若干问题的规定》，互联网法院在辖区内对检察机关提起的互联网公益诉讼案件进行集中管辖，检察公益诉讼的其他程序规则与线下并无太大差异，仍应根据民事诉讼法、行政诉讼法的规定履行诉前程序等法定环节。

（三）检察公益诉讼在互联网领域的作为

第一，个人信息的网络安全及合理使用。个人信息是指可识别具体个人的信息。《民法典》第一千零三十四条规定了自然人的个人信息受法律保护，自然人的姓名、出生日期、身份证件号码、生物识别信息、住址、电话号码、电子邮箱、健康信息、行踪信息等都被囊括在内。上述信息积累到一定程度即构成"数据人格"。它是个人在社会中标识自己、建立联系的工具，也是社会了解和识别每一个个体并开展活动的依据。在大数据时代，个人信息日益完备并成为重要的资源，有助于节约交易成本，促进社会发展。例如，人们通过"征信红黑名单"的区分，可决定激励还是处罚。对于进入"红名单"的个人及其家属，可在教育、就业、创业、社会保障、城市入户等领域给予重点支持和优先便利；对于进入"黑名单"的个人及其家属，则可实施行政性约束和市场性约束。个人信息产生了社会治理的溢出效应，这意味着个人信息被收集和公开的部分逐渐增多，因此，国家应保障以个人信息安全为重要内容的信息网络安全。若发生大规模侵害个人信息的行为，则检察机关可通过行政公益诉讼来督促行政主管部门积极执法；也可对侵权人提起民事公益诉讼，以制止不法侵害的继续进行，并探索惩罚性赔偿。此外，政府基于社会治理的需要而公布个人信息，应符合比例原则。例如，疫情防控期间，为了排查密切接触确诊患者的人员，有的地方政府过度披露确诊患者的个人信息，影响了个人基本权利，检察机关可对此发出检察建议，规范其行为。

第二，对不特定网络消费者的侵权行为。互联网已融入人们日常生活之中，我国网络购物用户规模已达 9.15 亿人，网络零售额攀升至 15.4 万亿元，连续 11 年位居世界第一。① 在这些交易中，如果不法商人通过互联网向众多不特定消费者销售假冒伪劣商品，损害消费者利益，严重扰乱市场秩序，则检察机关应予以介入。例如，疫情防控期间，医用口罩等一度成为稀缺物资，一些不法之徒企图将不具有防疫功能的普通防尘口罩冒充 N95 医用口罩进行网络销售，致使该产品被不知情的社会公众购买，因而，检察机关可根据民事诉讼法的规定对其提起民事公益诉讼。

第三，网络平台不正当竞争行为。互联网平台企业在经营活动中，应遵循公平竞争的市场法则，强化内部合规管理，不能凭借市场规模、技术、数据、资本等优势，限制和排斥竞争，损害经营者和消费者的利益。最高人民检察院发布的典型案例"某省某县人民检察院督促整治网络餐饮平台不正当竞争行为行政公益诉讼案"② 中，如果餐饮经营者坚持在某乙或其他网络餐饮平台经营，某甲网络餐饮平台将对其做下线处理，或提高服务费收取标准、下调星级指数、通过技术手段限制交易，强制商家在某甲和某乙网络餐饮平台之间进行"二选一"，以此方式排挤竞争对手。在此情形下，检察机关根据行政诉讼法的规定，督促行政机关及时依法查处，并在辖区内开展全面排查整治行动，维护了正常市场秩序。

第四，互联网上侵害革命英烈人格利益的行为。互联网给网民提供了表达自身诉求、发表个人看法的平台，但权利的行使都有边界。英雄烈士的事迹和精神是中华民族的共同记忆和社会主义核心价值观的重要体现，任何人都不得歪曲、丑化、亵渎、否定英雄烈士的事迹和精神。对一些网民在互联网上实施侵害英雄烈士的姓名、肖像、名誉、荣誉的违法行为，根据我国《英雄烈士保护法》的规定，检察机关有权提起民事公益诉讼。

第五，网络环境下未成年人的公共利益。网络给未成年人的学习和生活带来了便利，但网络游戏、网络色情等内容也对未成年人心智产生了负面影响。

---

① 参见《"以数记实" 见证我国网络强国建设成就》，见中国互联网络信息中心官网：https://www.cnnic.net.cn/n4/2024/0508/c208-10983.html，最后访问时间：2024 年 5 月 19 日。
② 《充分发挥检察职能 推进网络空间治理典型案例》，见中华人民共和国最高人民检察院官网：https://www.spp.gov.cn/spp/xwfbh/wsfbh/202101/t20210125_507452.shtml，最后访问时间：2023 年 5 月 5 日。

网络平台、网络游戏开发商、运营商、网吧等一味追逐经济利益，疏于保护、净化网络空间时，检察机关有义务督促行政机关履行监管职责，保护未成年人的身心健康。根据《中华人民共和国未成年人保护法》第一百零六条的规定，如果未成年人合法权益受到侵犯，涉及公共利益的，检察机关可提起公益诉讼。

总之，信息网络极大地改变了人们的生活方式，互联网空间已日趋成为人们活动的"第二社会"，但网络空间不是法外之地，检察机关应积极参与对网络空间的治理，在互联网领域用好公益诉讼，从而对网络空间的公共利益进行有效保护，促进国家治理体系和治理能力现代化。

三、个人信息保护检察公益诉讼

虽然我国个人信息保护力度不断加大，但在现实生活中随意收集、违法获取、过度使用、非法买卖个人信息等问题仍十分突出。侵犯个人信息的违法行为，不仅损害了群众的切身利益，而且危害交易安全、扰乱市场竞争、破坏网络空间秩序，损害国家利益和社会公共利益。因此，最高人民检察院于2020年出台《关于积极稳妥拓展公益诉讼案件范围的指导意见》时明确将个人信息保护纳入了公益诉讼检察工作新领域。随着工作的推进，近年来，检察机关聚焦网络时代公民个人信息保护的更高需求，瞄准电信网络诈骗多发态势，将生物识别、医疗健康、金融账号、行踪轨迹等敏感个人信息保护作为办案重点，取得了显著成效。据统计，2023年，全国检察机关共立案办理个人信息保护和反电信网络诈骗领域公益诉讼案件6600余件。[①] 最高检与公安部门就电信网络诈骗领域开展了密切的协作配合，针对前端制度和管理漏洞充分发挥公益诉讼的独特职能作用，以督促相关行政主管部门依法履职，促进源头治理。

但从司法实践来看，个人信息保护还存在一定困难。一方面，侵犯公民个人信息的手段极其隐蔽，所运用的侵权技术在深度、广度、速度方面都有较大突破，而我国对个人信息的保护和监管手段相对匮乏，难以做到实时监管各大数据平台，防范不法分子对信息的非法运用。因此，通过行政检察公益诉讼督

---

① 参见《最高检举行"高质效办好每一个公益诉讼案件 更高水平守护人民美好生活"新闻发布会》，见中华人民共和国最高人民检察院官网：https://www.spp.gov.cn/spp/gzxbhmygajv/22xwfbh_sp.shtml，最后访问时间：2024年3月5日。

促行政机关积极履行职责，对不法侵害个人信息行为加大打击力度，提高政务信息化建设水平，颇为重要。另一方面，检察机关通过诉前程序等，可以督促行政机关尽快解决有关问题。例如，检察机关在立案后，充分与相关职能部门进行沟通磋商，公开召开听证会，向行政机关发出诉前检察建议以及向相关机构发出社会治理检察建议，积极督促相关职能部门抓紧整改、全面履行行政监管职能。但在调查核实以及确认违法事实方面，检察机关依然面临取证难题。究其原因，主要在于目前我国立法供给不足。"两高"联合出台的《检察公益诉讼案件司法解释》未规定检察院在调查取证方面的权限以及被取证机关、相关人员拒不配合取证的法律责任。此外，我国缺乏个人信息保护联动机制，个人信息保护与互联网空间治理本身就需要联合多个主体、运用多项手段才能实现治理目标，仅依靠检察院"单打独斗"很难发挥公益诉讼保护公共利益、增进公共福祉的效用。

加强个人信息保护，与个人利益密切相关，是人民群众新时代美好生活需要的重要内容；同时涉及国家利益和社会公共利益，是推进国家治理体系和治理能力现代化必须破解的难题之一。因此，基于检察公益诉讼实践面临的问题，本书建议从以下六个路径进行完善：

第一，加快个人信息保护法专项立法进程。除明确具体的保护规则和相应的实体规范外，还应明确相关职能部门履行个人信息保护的具体职责以及失职的法律责任，建立完备的风险防范体系和救助体系，以充分发挥行政机关监管职能。同时，根据行政诉讼法、民事诉讼法的规定，明确检察公益诉讼的定位，安排好检察机关、履行个人信息保护职责的部门和国家网信部门确定的组织提起公益诉讼的诉权顺位问题。

第二，积极推动"两高"修改完善《检察公益诉讼案件司法解释》，明确检察机关在行政公益诉讼中的调查权限以及不配合调查取证的法律责任。

第三，检察机关在发出检察建议前，应当注重审查检察建议的科学性、客观性、可行性，充分听取各方意见，有条件的还应组织召开专家研讨会，向专业人士咨询、寻求建议，借助专业人士的力量科学办案，消除技术调查取证壁垒，减轻调查取证负担，促进决策科学性。在行政机关接受检察建议的要求并履行相应监管职责后，检察院应当持续跟进，跟踪监督职能部门后续的履职情况，切实维护公共利益，构建长效治理机制。

第四，充分发挥最高人民法院和最高人民检察院发布的典型案例和指导案例的指示和参考作用。通过加强类案监督，构建执法司法长效机制。

第五，建立个人信息保护的多方联动机制。检察机关应与行政机关积极磋商、充分听取行政机关意见,加强与职能部门的沟通合作,凝聚各职能部门的监管共识,督促职能部门加强管理监督、加大执法力度,形成个人信息监管合力和保护合力。

第六,加快个人信息保护组织的建设,充分发挥个人信息保护行业监管的作用,形成双向互动机制,帮助有关机关及早发现问题、调查取证等。

四、涉税领域检察公益诉讼

(一)涉税行政公益诉讼的提出

税收是国家为满足社会公共需要,凭借公共权力,按照法律所规定的标准和程序,参与国民收入分配,强制地、无偿地取得财政收入的一种方式,对国家建设和经济社会发展具有重要作用。税收承担了国家财政收入的绝大部分,这其中大部分又被用于基础设施建设、提高人民福利水平。因此,各国都将纳税作为公民最基本的义务之一。我国采用超额累计税率,即收入越高,应缴税款越高,这可以更好地调节社会供需关系平衡,但实践中偷逃税款现象时有发生,亟须税务行政机关和司法机关介入,精准实施税务监管。

国家财产属于全民所有,受法律保护,若税务机关怠于行使其职责,致使国家利益和社会公共利益处于受到侵害的状态,则检察机关可提起涉税行政公益诉讼。2021年印发的《中共中央关于加强新时代检察机关法律监督工作的意见》提出,应积极稳妥推进公益诉讼检察,加大国有财产保护等重点领域公益诉讼案件办理力度。2022年2月,最高人民检察院第八检察厅印发的《关于加强国有财产保护、国有土地使用权出让领域公益诉讼检察工作的通知》,要求实现"国财国土"领域市级院层面办案全覆盖,以更好发挥公益诉讼检察职能作用,保护国有财产,服务保障经济社会发展大局。税收是国有财产的重要形式之一,检察机关应注重分析税收监管活动的漏洞和薄弱环节,通过涉税行政公益诉讼促进严格执法、完善监管。

(二)涉税行政公益诉讼的条件和实践

为进一步完善对行政权的监督制约体系,我国《行政诉讼法》第二十五条明确列举了在生态环境和资源保护、食品药品安全、国有财产保护、国有土地使用权出让等领域,检察机关可进行行政公益诉讼。作为国有财产的一部分,税收领域的国家利益也应当被纳入行政公益诉讼的调整范围。根据现有法律规定，涉税行政公益诉讼的条件，主要分为以下两种情况：第一，税务机关违法行使税收征管职权或者不作为。税务机关是行使税收征收管理职权的行政机关，应根据《中华人民共和国个人所得税法》《中华人民共和国企业所得税法》《中华人民共和国税收征收管理法》《中华人民共和国发票管理办法》及其他规定对依法由税务机关征收的各种税务进行征收管理。如果税务机关未依照法定职权或者超越法定职权行使税收征管职权，或者行政不作为，则构成税收行政违法行为，这是检察机关提起涉税行政公益诉讼的前提条件。第二，国家利益或者社会公共利益受到侵害。国有财产是国家经济、政治、文化、社会和生态文明建设的物质基础，根据《民法典》第二百四十六条，法律规定属于国家所有的财产，属于国家所有即全民所有。由于税务机关的税收行政违法行为损害国家发票管理等税收管理秩序，造成国家税收流失，致使国家利益和社会公共利益处于受到侵害的状态的，检察机关可以提起涉税行政公益诉讼。

实践中，检察机关也对涉税行政公益诉讼进行了探索。较为典型的案例是某省某市 A 区人民检察院对某市国家税务局提起行政公益诉讼案。① 该案中，某市 B 区人民检察院在履行职责中发现，某市铭×家具公司、某市拓×会展公司等六家单位和个人于 2014 年 8 月至 2015 年 8 月期间，让他人为自己开具与实际经营业务情况不符的增值税发票，合计虚开增值税专用发票 110065.54 元，作为进项税票抵扣税款。案发后，虽然某市铭×家具公司等单位补交了税款，但涉案虚开增值税专用发票作为进项税票抵扣税款的违法行为一直未被查处。于是，B 区人民检察院建议某市国家税务局对上述税收违法行为进行查处。某市国家税务局收到检察建议后未回复检察机关，亦未依法查处涉案违法行为，国家和社会公共利益仍处于受侵害状态。检察机关依法对其提起行政公益诉讼，某市国家税务局积极整改，并采取措施对涉事单位进行处罚。

（三）涉税行政公益诉讼完善建议

第一，提升诉前检察建议质量。根据《行政诉讼法》第二十五条的规定，检察机关在提起行政公益诉讼前，应履行诉前程序，即应当向行政机关提出检察建议，督促其依法履行职责。涉税行政案件，涉及纳税税种、税基、税率等专业知识，要保障检察建议的实效性，检察机关办案人员除准确掌握税收法律

---

① 参见《××省××市××区人民检察院对××市国家税务局提起行政公益诉讼》，见中华人民共和国最高人民检察院官网：https://www.spp.gov.cn/spp/xwfbh/wsfbt/201701/t20170123_179471.shtml，最后访问时间：2023 年 5 月 10 日。

规定外,还应加强对税务规则的学习,在对涉案事实进行充分翔实调查的基础上,精准判断税务机关是否履职以及履职是否违法,才能有针对性地发出检察建议。

第二,行政不作为的例外处置。《人民检察院公益诉讼办案规则》第七十八条规定:"行政机关在法律、司法解释规定的整改期限内已依法作出行政决定或者制定整改方案,但因突发事件等客观原因不能全部整改到位,且没有怠于履行监督管理职责情形的,人民检察院可以中止审查。"行政公益诉讼针对的是税务机关的违法行政行为,如果税务机关的不作为有特殊情况,则应注意核查其真实性和事实的完整性,并做妥当处置。例如,企业由于经营问题无法回笼资金,导致税务部门无法按期收缴税款、滞纳金的,税务部门应说明相关情况,并阐明后续的工作安排,以免检察机关在不知晓这些情况时做出误判。

第三,将纳税人作为诉讼第三人。税收行政公益诉讼案件通常存在两对法律关系,即"检察机关-税务部门"的"法律监督关系"以及"税务部门-纳税人"的"税收征管关系"。《行政诉讼法》并未对纳入第三人做出具体规定,因此司法实践中,法院对于是否列入第三人持不同态度。上述的某市某区人民检察院诉某市国家税务局案中,法院并未将涉事企业列为第三人;而在另外的某市某区人民检察院诉被告国家税务总局某市税务局不履行法定职责一案中,涉事企业则被列为第三人。[①] 纳税人是否配合工作、是否存在行政机关无法正常履职的客观情况,都会影响检察机关对税务机关是否存在违法履职或行政不作为等情形的认定。[②] 本书认为,后续出台相关司法解释等应将相关企业和个人列为诉讼第三人作为强制要求,这既可以更好地听取涉事企业的陈述和申辩,重新评估对其的处理,也有助于法院对行政机关履行职责的情况做出更加公正的评估。

第四,规范涉税行政公益诉讼的证明责任。对于法庭辩论终结后被告有无正确履职真伪不明时,法院如何确定举证责任,《行政诉讼法》和《行诉法解释》都未做进一步说明。有学者认为,应以提出检察建议为中心将诉讼分为两部分。[③] 根据《人民检察院公益诉讼办案规则》第七十一条至第七十三条的规定,检察机关的调查取证是提出检察建议的前置程序,即检察机关必须掌握

---

① (2018)甘7101行初125号。
② 参见孙其华《涉税行政公益诉讼制度的实践困境与完善路径》,载《税务与经济》2021年第6期,第24-25页。
③ 参见潘剑锋、郑含博《行政公益诉讼证明责任分配的理论阐释与规则构建》,载《北京大学学报(哲学社会科学版)》2022年第1期,第114-116页。

行政机关违法的证据。提出检察建议后，行政机关及时采取措施挽回损失的，检察建议产生终结效力。而在诉讼中，根据"两高"《检察公益诉讼案件司法解释》第二十二条的规定，检察机关应当提交被告违法行使职权或者不作为，致使国家利益或者社会公共利益受到侵害的证明材料，以及诉前程序后行政机关仍违法的证明材料。本书认为，该条文应当被解读为检察机关所掌握的行政机关未正确履职的证据是提起行政公益诉讼的条件；一旦进入诉讼程序，就要遵守行政诉讼中的举证责任规定，由行政机关承担履职的举证责任。若法院最终无法查清行政机关是否依法履职，则应视为行政机关未正确履职，由其承担责任。

第五，认真对待涉税行政公益诉讼的案件线索。由于检察机关是目前提起行政公益诉讼的唯一主体，因此，除检察机关自身注意相关领域是否存在行政机关违法履职的情况外，还应当广开言路，认真审查由群众所提供的行政机关涉嫌违法的线索，将群众监督这一最广泛的监督方式落到实处。如果查实税务机关确有违法行为，危害国家利益或者社会公共利益，则应当严格依据法律提出行政公益诉讼。另外，对于税务机关工作人员可能存在的渎职行为，检察机关也应当交由有关部门调查追责，以杜绝类似事件再次发生。

五、食品安全领域检察公益诉讼

民以食为天，守护人民群众舌尖上的安全是检察公益诉讼的重要使命，检察机关以办理食品药品安全领域公益诉讼案件为指向，开展抗（抑）菌制剂非法添加整治专项监督活动，发布违法产品目录，助推食药安全监督从资质证照向食药产品质量转型；紧盯新业态涉食药安全问题，重点关注解决社区团购、直播带货、医美行业虚假宣传等领域的公益损害新问题，督促行政机关针对直播带货销售不合格食品、虚假宣传等违法行为进行整治，并推动建立长效机制，促进网络食品销售业态高质量发展。相关案例较多，本部分将以通过行政公益诉讼来督促对宠物主题餐厅的行政监管为例，分析相关问题。

（一）案件情况[①]

某市某区人民检察院就宠物主题餐厅经营模式影响消费者人身健康等问题

[①] 参见钟亚雅、肖晓涵、林燕嫔《×××××××区：针对宠物主题餐厅食品卫生等开展听证》，见中华人民共和国最高人民检察院官网：https://www.spp.gov.cn/dfjcdt/202011/t20201112_484632.shtml，最后访问时间：2022年8月5日。

召开了行政公益诉讼听证会。在听证会前，该院检察官通过实地走访发现，辖区内多家宠物主题餐厅在餐桌、矮桌、榻榻米上提供咖啡、饮品、蛋糕、热食等；餐厅内散养的宠物有时相互打斗，且有跳上餐桌吃客人的食物及随地排泄行为；餐厅消费者以年轻人为主，也有带着孩子前来赏玩的家长；餐厅未公示宠物检疫证明材料，但消费者"撸猫""撸狗"、拍照、吃饭，不亦乐乎。该院认为，宠物主题餐厅的特殊经营模式存在很大的卫生和安全隐患。据此，该院决定开展行政公益诉讼，并先以磋商函的形式与该区市场监管局进行了初步沟通。为提高案件办理的公开性、公正性和公信力，该院随即召开听证会。听证会上，经办检察官就宠物主题餐厅存在的风险、应当遵守的法律及区市场监管局对该类餐厅监管的依据进行了充分的分析和论证，并建议区市场监管局联合卫生防疫、公安等部门就相关事项出台实施细则，规范宠物主题餐厅的经营方式，平衡经营者和消费者双方的合法利益。两位专家学者分别从动物防疫和法律适用层面提供了专业的意见，听证员一致同意检察机关的处理意见，认为检察机关将强化食物安全、保障消费者人身健康和动物防疫相结合，很有现实意义。行政机关代表说，早在收到磋商函时便对涉案宠物主题餐厅进行了检查，查处了相关违法行为，接下来，还会严格审查宠物主题餐厅的开业申请，统一进行监督检查。

听证会后，该院一直与区市场监管局保持联系，及时了解到区市场监管局已经就宠物主题餐厅的监管依据等法律适用问题向其上级单位进行了请示，对辖区内的宠物主题餐厅开展了专项治理。

（二）对宠物餐厅加强行政监管的理由

第一，这种宠物主题餐厅的特殊经营模式至少存在两方面问题：一是在密闭空间内无物理隔离地大量饲养宠物，无法确保用餐环境卫生。二是公共场合容留大量宠物，相应的疫病防控措施却不足。这些宠物餐厅对此的安全保障匮乏，甚至多家宠物餐厅连宠物的检疫证明材料都没有，存在着严重的公共卫生安全隐患。

第二，虽然商家称餐厅内所豢养的宠物性格相对温和，不会主动攻击人类，但动物始终有其兽性，在接触过程中，可能误伤消费者，使消费者的人身安全无法得到充分保障。

第三，根据《食品安全法》《餐饮服务食品安全操作规范》等法律法规的规定，餐饮服务经营场所内禁止设立圈养、宰杀活的禽畜类动物的区域。饲养和宰杀禽畜等动物的区域，应位于餐饮服务场所外，并与餐饮服务场所保持一定距离的物理隔离。

（三）对宠物餐厅加强行政监管的法律依据

目前，各地养犬条例明确规定了餐厅和食品商店是禁止犬只进入的区域，许多餐厅也明确规定禁止顾客携带宠物入内，但对于餐饮业自身在经营场所容留宠物缺乏监管细则。本书认为，我国对餐饮业有严格的管理规范，宠物餐厅虽然经营方式特殊，但餐饮行业的属性是确定的，因此，宠物餐厅并非监管盲区，对其进行行政监管可适用以下法律。

首先，经营场所环境整洁是食品经营许可的必备条件。《食品经营许可管理办法》第十一条规定了申请食品经营许可的必备条件，其中第一款第（一）项规定："具有与经营的食品品种、数量相适应的食品原料处理和食品加工、销售、贮存等场所，保持该场所环境整洁，并与有毒、有害场所以及其他污染源保持规定的距离。"《食品安全法》第三十三条也将"生产经营场所的环境整洁"作为食品生产经营应当符合的食品安全标准之一。宠物的毛发、粪便、身上的异味等对经营场所的环境都会产生影响，且如果对宠物管理不周，还会对餐具、饮品、甜品等造成污染，因此，宠物与饮品店、甜品店的经营场所应保持适当距离，以保持餐厅的环境整洁。

其次，餐饮服务经营场所内禁止饲养动物。原国家食品药品监督管理总局颁布的《食品经营许可审查通则（试行）》第二十七条明确规定，餐饮服务"场所内禁止设立圈养、宰杀活的禽畜类动物的区域"。《餐饮服务食品安全操作规范》4.2.6条明确规定："饲养和宰杀畜禽等动物的区域，应位于餐饮服务场所外，并与餐饮服务场所保持适当距离。"因此，尽管宠物承载了人们的精神寄托，但餐饮业在经营场所内容留宠物，供顾客逗玩，违背了食品经营许可管理的上述规定，应予以纠正。

最后，检查结果的处置。餐饮服务单位在经营场所内设有宠物区，不符合选址要求，可参照《食品经营许可管理办法》第十八条的规定，做出不予许可的书面决定，不颁发食品经营许可证。如果餐饮服务单位是在取得食品经营许可证后在经营场所内饲养宠物，也就改变了原有的营业环境，且这样的改变对于餐饮食品和用餐安全具有重大的卫生隐患，属于"生产经营条件发生变化，不再符合食品安全要求的"，应根据《食品安全法》第四十七条的规定，"食品生产经营者应当立即采取整改措施；有发生食品安全事故潜在风险的，应当立即停止食品生产经营活动，并向所在地县级人民政府食品药品监督管理部门报告"。如果未进行整改，食品药品监督管理部门可依据该法第一百二十六条第一款的规定,责令改正,给予警告;拒不改正的,处5000元以上5万元以下罚款;情节严重的,责令停产停业,直至吊销许可证。

此外,即使宠物餐厅对于饲养宠物的选址做了合适的安排,有关部门也要加强对宠物的防疫管理。《动物检疫管理办法》(2019年修正)第十四条第一款规定了"出售或者运输的动物"取得动物检疫合格证明的条件,第二款明确是"乳用、种用动物和宠物,还应当符合农业部规定的健康标准"。"还应当"一词的表述,说明对宠物提出了更高的健康卫生要求。根据上述规定,餐厅应做好宠物的检疫检验工作。

(四)对于行政不作为可提起公益诉讼

食品安全是关系国计民生的"民心工程",直接关系到广大人民群众的身体健康和生命安全,关系到经济发展和社会稳定。若相关行政机关及相关部门怠于对宠物餐厅的环境卫生、食品安全、宠物健康等与顾客的人身健康、公共卫生安全息息相关的事项进行监管,则检察机关有权针对行政机关的不作为提出检察建议,甚至提起行政公益诉讼。根据《行政诉讼法》第二十五条第四款的规定,食品药品安全被列入行政公益诉讼的受案范围,人民检察院在履行职责的过程中,如果发现负有监督管理职责的行政机关违法行使职权或者不作为,致使国家利益或者社会公共利益受到侵害的,应当向行政机关提出检察建议,督促其依法履行职责。行政机关不依法履行职责的,人民检察院依法向人民法院提起诉讼。充分履行公益诉讼检察职能,有助于督促行政机关履行好监管宠物餐厅的职责,保障消费者舌尖上的安全。

六、古树名木保护检察公益诉讼

(一)古树名木保护的发展脉络

早在20世纪80年代,国家在全国城市绿化工作中就提出要加强古树名木的保护。原国家城市建设总局于1982年3月30日印发的《关于加强城市和风景名胜区古树名木保护管理的意见》(〔1982〕城发园字第81号)明确指出:"在城市和风景名胜区内的建设项目,在规划设计和施工过程中,都要严格保护古树名木,不使产生不良影响。"根据该文件,古树一般指树龄在百年以上的大树;名木指树种稀有、名贵或具有历史价值和纪念意义的树木。古树名木是国家的财富,要像对待文物那样进行保护管理,严禁砍伐、移植,严防人为和自然的损害。但实践中破坏古树名木的行为时有发生，为此，原建设部于1991年3月26日专门印发了《关于加强古树名木保护和管理的通知》（建城〔1991〕193号），并在该文件中严肃批评了北京某单位对一株树龄300年以上的古槐未尽保护之责。1996年4月1日，《全国绿化委员会关于加强保护古树名木工作的决定》（全绿字第7号文发布）强调了"各地、各部门和广大群众都要严格执行国家、地方法律、法规的有关规定，依法做好保护古树名木的工作"。

随着对古树名木认识的深化，原建设部在2000年9月1日印发的《城市古树名木保护管理办法》（建城〔2000〕192号）中，对古树名木的界定做了丰富和发展，规定"古树，是指树龄在一百年以上的树木"，"名木，是指国内外稀有的以及具有历史价值和纪念意义及重要科研价值的树木"，并对古树名木进行了分级（"凡树龄在300年以上，或者特别珍贵稀有，具有重要历史价值和纪念意义，重要科研价值的古树名木，为一级古树名木；其余为二级古树名木"）。全国绿化委员会于2001年9月26日印发的《全国绿化委员会关于开展古树名木普查建档工作的通知》（全绿字〔2001〕15号），对古树名木的分级及标准做了更为细致的界定（"古树分为国家一、二、三级，国家一级古树树龄500年以上，国家二级古树300—499年，国家三级古树100—299年。国家级名木不受年龄限制，不分级"），为实现对古树名木的精准保护提供了前提。

为深入贯彻落实党的十八大关于建设生态文明的战略决策，全国绿化委员会于2016年2月2日印发《全国绿化委员会关于进一步加强古树名木保护管理的意见》（全绿字〔2016〕1号），强调加大古树名木保护的执法力度，"各地、各有关部门要依法依规履行保护管理职能，依法严厉打击盗砍盗伐和非法采挖、运输、移植、损害等破坏古树名木的违法行为。各有关部门要加强沟通协调，对破坏和非法采挖倒卖古树名木等行为，坚决依法依规，从严查处；对构成犯罪的，依法追究刑事责任"。2023年11月20日，《国家文物局、国家林业和草原局、住房城乡建设部关于加强全国重点文物保护单位内古树名木保护的通知》（文物保发〔2023〕34号）中，要求各级文物、林业、住房城乡建设（园林绿化）行政主管部门应逐步明确全国重点文物保护单位和古树名木协同保护的范围与对象，进一步明确全国重点文物保护单位内的古树名木管理养护责任部门和责任人。对全国重点文物保护单位保护范围内尚未落实管护主体的古树名木，省、市级人民政府林业、住房城乡建设（园林绿化）、文物行政主管部门督促其所在地县级人民政府相关部门协同确定管理养护责任部门和责任人。

随着人们对生态环境的愈加重视，对古树名木的法治保护也在不断加强。《环境保护法》第二十九条第二款规定了各级人民政府对古树名木应当采取措施予以保护、严禁破坏。2019 年修订的《中华人民共和国森林法》（简称《森林法》）首次在法律层面将保护古树名木列为专门条款，在第四十条明确规定国家保护古树名木和珍贵树木，禁止破坏古树名木和珍贵树木及其生存的自然环境。此外，2020 年 3 月 19 日发布的《最高人民法院、最高人民检察院关于适用〈中华人民共和国刑法〉第三百四十四条有关问题的批复》（法释〔2020〕2 号），明确了"古树名木"属于《中华人民共和国刑法》（简称《刑法》）第三百四十四条规定的"珍贵树木或者国家重点保护的其他植物"。

（二）古树名木保护的主要方式

古树名木保存了弥足珍贵的物种资源，记录了大自然的历史变迁，传承了人类发展的历史文化，孕育了自然绝美的生态奇观，承载了广大人民群众的乡愁情思。加强古树名木保护，对于保护自然与社会发展历史，弘扬先进生态文化，推进生态文明和美丽中国建设具有十分重要的意义。所谓的"百年古树、千年文化"正是其承载传统文化、记载历史变迁的诠释。保护古树名木，不仅是因为其弥足珍贵、不可再生，更是因为其是生物多样性的生动体现，具有极其重要的生态、科学、文化价值。实践中，对古树名木的保护有多种方式。

1. 行政保护

县级以上绿化委员会统一组织本行政区域内古树名木保护管理工作。县级以上林业、住房城乡建设（园林绿化）等部门要根据省级人民政府的规定，分工负责，切实做好本行政区域广大乡村和城市规划区的古树名木保护管理工作。实践中，相关部门落实落细古树名木日常养护措施，加强日常巡查巡护，防止人为破坏和过度干预，并按照"一树一档"的要求建立古树名木档案，及时将巡查、养护等情况纳入文物保护单位的记录档案。需要注意的是，实施古树名木保护措施应同时符合文物保护要求，依法履行相关报批程序，避免对文物安全造成负面影响。为保障执法工作到位，相关部门与公安部门还可通过联合部署专项整治行动，依托线索摸排、信息共享等协作机制，共同打击破坏古树名木违法犯罪行为。①

2. 刑事保护

前已述及，司法机关将破坏古树名木行为作为犯罪行为予以打击，从而实现对古树名木的保护。最高人民法院、最高人民检察院在该批复中还指出，对于非法移栽珍贵树木或者国家重点保护的其他植物，依法应当追究刑事责任的，以非法采伐国家重点保护植物罪定罪处罚。但鉴于移栽在社会危害程度上与砍伐存在一定差异，对非法移栽珍贵树木或者国家重点保护的其他植物的行为，在认定是否构成犯罪以及裁量刑罚时，应当考虑植物的珍贵程度、移栽目的、移栽手段、移栽数量、对生态环境的损害程度等情节，综合评估社会危害性，确保罪责刑相适应。②但在司法阶段，也存在因超百年树木未被挂牌登记为古树，而判决采伐行为不构成非法采伐国家重点保护植物罪的情况。比如"陈某、陈某林非法采伐国家重点保护植物罪"一案中，两名被告人在没有取得林业管理部门批准的情况下，非法采伐两棵100年以上的古树，具有非法采伐古树的客观行为。但由于有关行政主管部门尚未对被采伐的两棵古树进行登记、鉴定、挂牌、公示，法院终审判决两名被告人不构成非法采伐国家重点保护植物罪。③

3. 公益诉讼保护

古树名木保护坚持属地管理原则，主体责任在地方，具体落实也在地方，国家出台的很多政策也发源于地方的鲜活实践。但近年来关于古树名木的违法犯罪活动并没有得到彻底的遏制，而且破坏古树名木行为存在历史遗留问题多、时间长等特点，需要力度更大、精度更准的司法干预。因此，及时让公益诉讼补位，能够更为顺利、平稳地解决现有问题，在全社会形成保护古树名木的法治共识。而且，古树名木的保护往往还涉及检察机关与行政部门之间的关

---

① 例如，2022年9月至12月，国家林业和草原局会同公安部、住房和城乡建设部组织开展打击破坏古树名木违法犯罪活动专项整治行动，共侦破刑事案件135起，抓获犯罪嫌疑人360余名，挽救、追回古树名木530株，切实维护了古树名木资源和国家生态安全。2023年4月，上述三部门联合印发《关于加强协作配合 健全防范打击破坏古树名木违法犯罪工作机制的意见》，深化部门协作长效机制。2023年9月至12月，三部门联合开展"春风2023"专项行动，推动打击整治常态化长效化，持续营造严打高压态势。针对树龄测定难题，启动开展古树名木树龄测定技术研发"揭榜挂帅"项目，项目成果将为监管执法提供有力支撑。参见刘欣《我国古树名木保护法治化规范化水平不断提升》，载《法治日报》2024年2月2日，第5版。

② 参见《最高人民法院、最高人民检察院关于适用〈中华人民共和国刑法〉第三百四十四条有关问题的批复》（法释〔2020〕2号）。

③ （2019）粤15刑终32号。

系处理,通过建立检察院与行政部门的联动机制,检察院就古树名木保护与行政部门展开诉前磋商,提出检察建议督促行政部门依法履行监管职责,为古树名木保护建起更为坚实的制度之盾。

例如,某省某县某镇桐××村于2020年入选全国乡村旅游重点村,核心景点是由3000多株银杏组成的古银杏树群,树群中100年以上树龄的银杏树有217株,300年到500年树龄的银杏树有108株,树龄最长的银杏树已达1600多年,胸径达1米有余,该树群已于2016年入选全国农业文化遗产目录。但近年来,因病虫害导致景区内部分古银杏树出现长枝枯断、树叶大片枯萎脱落等现象,古银杏树群生态资源持续遭受侵害。检察机关经调查核实,发现共有767株银杏树遭受病虫害侵袭,面积达300亩①,古银杏树群的生长、存活将面临更大的生态风险。于是,检察机关向该县林业局发出诉前检察建议,建议其依法全面履行职责,对遭病虫害的银杏树采取有效措施加以保护,并做好其他银杏树病虫害防治排查工作。林业局按照检察建议进行全面整改,古银杏树群经过病虫害防治和复壮后,虫口减退率达92%,杀菌率达100%,防治效果达到了预期目的。而且,2023年,桐××风景区游客量约50万人次,同比2022年增长57%。② 从该案可见,检察机关以预防性司法理念为指导,主动发现线索,依法、能动运用多重监督手段,督促行政机关全面加大对古银杏树群和其他古树名木的保护力度,在有力地维护生物多样性的同时,也有效促进了当地旅游经济发展,推进了乡村振兴战略的深入实施。

(三) 古树名木保护的影响因素

在城市化进程中如果忽视生态环境保护,则古树名木在人为因素和自然因素的多重影响下将陷入生存危机,古树名木的数量减少现象不可避免。例如,2020年某市在实施城市绿化、公园改造项目时大规模迁移砍伐城市树木事件引起了全国关注,事后,相关责任者受到严肃追责,但给古树名木资源造成的重大损失已无法挽回。③ 这也给各地敲响了警钟,加强古树名木保护管理刻不

---

① 1亩=666.7平方米。
② 参见《最高检发布生物多样性保护检察公益诉讼典型案例》,见中华人民共和国最高人民检察院官网:https://www.spp.gov.cn/spp/xwfbh/wsfbt/202312/t20231228_638608.shtml#2,最后访问时间:2024年4月10日。
③ 参见《××召开领导干部大会通报××市大规模迁移砍伐城市树木问题 真正做到敬畏历史敬畏文化敬畏生态》,见南粤清风网:https://www.gdjct.gd.gov.cn/ttxw/content/post_158558.html,最后访问时间:2023年9月9日。

容缓。具体分析有以下六方面内容。

1. **自然环境影响**

古树名木在自然环境中面临着雷雨、冰雹、台风等气候因素的威胁，在恶劣的气候环境下，古树名木容易受到较大的损害，例如，出现古树倒伏死亡、主干和枝梢断裂、主干倾斜等现象。所以，古树名木的管理方面，应该包括应对台风、暴雨、山洪、冰雹等恶劣天气的有效措施，以便有关部门做好防范工作。而相关应对措施的缺位，给古树名木保护工作带来了较大的困扰。另外，古树名木也存在自身生长和外部虫害的影响。古树名木生长到一定的阶段，生命力会有所衰减，再加上外部枯萎病、松材线虫、白蚁等病虫害的侵袭，其健康会受到严重威胁。

2. **日常维护不周**

城市中心区域的古树名木为民众所熟知，保护较好。而村庄或边远地区，人们对古树名木的认识不到位，古树名木所处土壤环境养分流失、水分缺失也得不到及时处理。[1] 特别是深山老林人迹罕至，人员不断迁出后，古树名木更是缺乏看护，只能是任其自生自灭。

3. **保护意识淡薄**

大多数群众没有意识到古树名木保护对生态建设的重要作用，对保护古树名木参与率低，并缺乏保护的热情与积极性。特别是在城市化进程中，有时为确保工程项目进度，遇到古树名木时，要么野蛮施工，直接将其砍伐、毁灭；要么因畏惧触犯法律，采取偷偷蚕食的手段，暗中使其枯萎死亡。[2] 一些群众缺乏法律意识，存在破坏古树名木的行为，如乱刻乱画、盗伐、廉价出卖等。一些楼盘建设配套高档绿化苗木提升小区档次，"大树进城"的需求旺盛，对古树名木造成了较大的破坏。民俗风水观念根深蒂固，也对古树名木造成了一定的伤害，例如，在榕树下烧香供奉，使古树名木长期处于烟火熏烤的环境。[3]

4. **部门职责不明**

一些地方对辖区古树名木底数不清，保护和管理责任人不明确，对古树属

---

[1] 参见叶纪保《昭平县古树名木资源现状、存在问题及保护对策》，载《南方农业》2020 年第 32 期，第 105-106 页。
[2] 参见饶ști、黄密《关于古树名木保护的一点思考》，载《林业与生态》2020 年第 9 期，第 17-18 页。
[3] 参见李丹红《广州市从化区古树名木保护现状与对策》，载《乡村科技》2020 年第 35 期，第 63 页。

于何种等次保护要求也不清楚。有些地方没有制定本辖区绿化条例，以上级发布的法律、法规或者规章为执法依据，但相关法律、法规或者规章主要是从宏观上对绿化保护做规定，在具体职责上的规定不一定明确。例如，相关职能部门的履职条文表述为"在各自职责范围内"，实践中存在执法职责不明确的问题，从而导致保护管理漏洞。

5. **资金保障不足**

古树名木资源在管理中缺乏足够的资金支持，当古树名木受到自然灾害或其他影响因素时，往往会因为资金不够而得不到及时救治，从而造成古树名木死亡。

6. **技术支持乏力**

古树名木资源保护缺乏足够的检测技术支持，如在进行古树名木资源调查与监管时，常常由于技术与工具落后的问题，导致调查数据不够完善与准确，从而给保护工作带来一定的难度。因技术条件有限而无法应对虫害等问题，会使古树名木面临较大的威胁。

（四）古树名木检察公益诉讼保护路径的探索

生态环境和资源保护领域是检察机关公益诉讼的法定领域，而古树名木又属于生态环境和资源保护领域公益诉讼案件，因此检察机关加强对古树名木的公益诉讼办案的力度，具有重要的现实意义，检察机关在古树名木保护公益诉讼方面优势明显。

第一，发挥公益诉讼诉前程序的功能，有效协调各方力量保护古树名木。我国古树名木保护管理工作涉及多个行政主体，在解决古树名木保护问题的时候，这种多层次、多方面、多主体的监管体制难以协调形成合力。检察机关一方面作为国家法律监督机关，对行政机关执法活动是否存在违法作为、不作为、乱作为等情况进行监督；另一方面，从履行公益诉讼检察职责的角度，就权力属性而言，作为公共利益代表的"公益守护人"，检察机关开展公益诉讼不是为了自己的利益，其提起的公益诉讼是公益之诉、督促之诉、协同之诉。就办案目的而言，检察机关提起公益诉讼的首要目的还在于恢复或者修复受损国家利益或者社会公共利益；就办案方式而言，《人民检察院公益诉讼办案规则》规定检察机关可以通过磋商会、圆桌会、听证会等多种形式开展诉前程序，厘清职责，达成共识。因此，检察机关在公益诉讼履职过程中，在"双赢多赢共赢"理念指导下，可以有效协调各方保护公益的手段和力量，通过行政公益诉讼诉前程序来督促履职，以"我管"促"都管"，更能解决好古树名木保护现实中存在的"九龙治水"难题。

第二，紧扣办案目的，明确公益诉讼中的要件事实。古树名木受到的损害来自多方因素，但在查明事实时，检察机关更为关注的应是古树名木受到损毁是否由个人行为引起而非由自然灾害、植物的自身生长问题等客观事件造成。由于此类案件属于环境资源领域公益诉讼，检察机关提起民事公益诉讼并不要求损害行为造成实际损害后果，对于仅具有损害社会公共利益重大风险的情形也可以提起民事公益诉讼。对于破坏古树名木造成的生态破坏程度和其他社会公共利益遭受损害的程度，检察机关可视具体情况决定是否需要委托鉴定、评估。在主观过错方面，应当对侵权行为人的主观过错进行充分调查。如调查侵权行为人砍伐古树名木的次数、持续的时间、手段方式、获利情况、是否因同类行为受过行政或者刑事处罚等综合判断其主观恶性。同时，结合造成的损害后果，检察机关可考虑是否适用惩罚性赔偿。

第三，完善内部办案机制，切实落实违法行为人的责任追究。对于违法行为人故意毁坏古树名木的行为，不仅可以追究其刑事责任，还可以通过刑事附带民事公益诉讼实现刑事、民事双责同追，进一步加大违法行为人的犯罪成本，并对同类案件起到警示教育作用。以涉古树名木保护刑事附带民事公益诉讼案件为例，相关部门在办理涉危害古树名木刑事案件时，通过检察机关内部协作机制，可以使公益诉讼部门及时收到相关案件线索，及时开展证据调查审查工作。对于符合条件的刑事附带民事公益诉讼案件，检察机关依法提出停止侵害、恢复原状、赔偿损失、赔礼道歉等公益诉讼请求，可以达到"办理一案、教育一片"的效果。

第四，充分运用"检察一体化"优势，善于借助外力。古树名木所涉及的公益受损问题往往具有复杂性、历史遗留性、牵涉主体众多等特点，检察机关尤其是基层检察机关可能存在经验不足、沟通协调存在瓶颈等问题。对此，应当充分运用公益诉讼一体化办案机制，通过上级检察机关的沟通协调和指导来弥补工作短板，这符合古树名木公益诉讼办案的特点和规律。此外，在办理上述案件过程中，检察机关还应当主动向党委、政府、人大等汇报工作情况，争取获得支持，促成问题解决。

第五，注重整改成效，实现系统治理。在办理古树名木保护行政公益诉讼案件中，对于行政机关在古树名木保护方面存在的管理不当等不作为或违法作为问题，检察机关可以通过召开磋商会、圆桌会等方式，厘清参会行政机关职责，以向相关行政机关制发事实确认书、磋商意见书、检察建议书等形式，推动行政机关依法全面履行职责保护古树名木。针对行政机关的整改情况，检察机关可以组织召开公开听证会，邀请听证员、人民监督员、人大代表、政协委员参加，以第三方力量客观评估整改效果，对于行政机关存在不整改、虚假整改等情形的，依法提起行政公益诉讼。

各级文物、林业、住房城乡建设（园林绿化）行政主管部门间应建立协调机制，统筹文物保护与古树名木保护，坚持整体保护原则，共同组织开展相关培训、建立专家库，加强信息共享，在文物保护工程、考古发掘、环境整治及其他建设项目中，应注意保护、避让古树名木，保障其安全和生长空间，协同开展文物和古树名木的有害生物防治，协调解决树木生长对文物本体的影响等问题。实践中，"林长+司法+古树名木保护"模式就获得了较好的适用效果。例如，2021年"6.06"危害国家重点保护植物案就是由湖南基层林长巡护及时发现并报案的，林业部门配合公安机关依法迅速侦破，有效防止了毒害古树犯罪行为进一步扩大，充分体现了各级林长的重要作用。四川于2022年12月发布第一号总林长令——《关于加强森林草原资源保护发展重点工作的令》，加强古树名木保护管理工作。重庆制定加强古树名木司法保护六条措施，有效强化"司法+古树名木"保护模式。河北、安徽、福建等地探索"林长+检察长"协作机制，充分发挥公益诉讼检察职能，以"检察蓝"守护"古树绿"。[①] 此外，各级林业、住房城乡建设（园林绿化）行政主管部门会同文物行政主管部门、全国重点文物保护单位保护管理机构或管理使用单位建立技术支持机制，为科学保护古树名木提供技术指导。

七、野生动物保护检察公益诉讼

检察机关在办理野生动物保护民事公益诉讼案件时，由于存在公益损害的事实难以确定、赔偿标准难以量化等一系列问题，从而对野生动物的"生态资源损害"以及与此相关的"生态系统服务功能损失"等难以做出精确的判断。例如，受损的生态资源和环境有无地域性要求？部分野生动物来自境外，而且查获违法行为时尚未发现该外来物种对当地生态环境产生破坏，该如何判断生态资源损害？即便认定了存在生态资源损害，那么，又应如何理解在本地进行的生态修复，也能对违法行为初始地的生态环境资源产生修复效果？对于这些问题应对思路不清晰，会影响检察公益诉讼请求的质量。

---

① 参见刘欣《我国古树名木保护法治化规范化水平不断提升》，载《法治日报》2024年2月2日，第5版。

（一）破坏野生动物资源的表现形式

野生动物资源犯罪形成"捕捞/猎捕—收购—贩卖"的利益链条，违法行为人实施非法猎捕、杀害、收购、运输、出售、利用等破坏野生动物资源的行为，将对野生动物的物种、栖息地和生态系统造成损害。首先，关于野生动物物种。上述破坏野生动物资源的行为，虽然属于不同环节，但各自都可能导致所涉野生动物死亡的结果。这将使得野生动物种群存活率降低，野生动物的物种减少。其次，关于野生动物栖息地。违法行为人在栖息地对野生动物实施前述行为时，不仅直接损害所涉野生动物，还会破坏栖息地原初的生态环境。例如，在栖息地大规模使用捕猎的器械、设备，排放废水废气等，都将改变野生动物的生活环境，影响其繁衍生息。最后，关于生态系统。野生动物与所处生态环境具有相互作用性，野生动物所在生态系统依赖着环境要素和生态要素，一旦出现野生动物死亡、栖息地环境改变，将导致生态环境失衡，进而破坏生态系统的环境服务功能。实践中，一些案例显示，被告以"放生"祈福为由非法投放外来物种，[①] 不仅会对当地生物多样性带来严重影响，还可能导致被放生动物因不适应新环境而死亡。所以，防范和遏制外来物种入侵也是生物多样性保护的重要内容，体现了我国积极参与全球生物安全治理、共同保护生物多样性的态度。

（二）就破坏野生动物资源的行为对生态环境资源的损害认定

在野生动物保护公益诉讼案件中，赔偿损失这部分一般表述为判令被告人赔偿关于涉案野生动物的资源损害或者生态环境资源损害，但是损失计算都是依据《野生动物及其制品价值评估方法》（国家林业局令第46号）以及《水生野生动物及其制品价值评估办法》（农业农村部令2019年第5号）两项规章来实施的。根据这两份文件的规定，野生动物的价值与其种类、保护等级、价值标注系数有关，一级保护动物的整体价值是基准价值的10倍，二级保护动物的整体价值是基准价值的5倍，如果有实际交易价值，且实际交易价值高于评估价值的，则按实际交易价值计算。根据这两项规章计算出的涉案野生动物的整体价值是否能够等同于野生动物生态环境的损害价值，值得讨论。整体

[①] 参见丁国锋、罗莎莎、高岳《全国首例非法投放外来物种民事公益诉讼案一审宣判》，见中华人民共和国最高人民检察院官网：https://www.spp.gov.cn/spp/zdgz/202302/t20230208_600413.shtml，最后访问时间：2024年3月10日。

价值是对野生动物价值的综合性评价,既要考虑该物种的濒危程度并突出动物资源的稀缺性价值,又要考虑该物种在生态圈的生态作用、科研价值等。在计算野生动物的整体价值时,又是以基准价值为基数的,而有关部门在拟定野生动物基准价值时,已对上述因素进行了综合考虑。① 在此意义上,根据这两项规章来认定野生动物资源损害具有合理性。

但是,需要注意的是,野生动物作为生态环境的重要构成,在存活过程中会与所处环境相互作用,以保持生态平衡,这也就意味着伤害野生动物的行为,不仅会损害野生动物资源,还会影响甚至破坏野生动物所在的生态环境。所以,在评估破坏野生动物资源的损害后果时,除了要考量野生动物资源整体价值,还要考量该行为对生态环境服务功能的影响。如果生态环境资源被彻底破坏,则相应的生态环境服务功能将永久丧失;如果生态环境资源能够修复,那么在生态环境资源修复之前,生态环境丧失服务功能的状态也是持续存在的。这两种情况都可被纳入生态环境损害的范畴。因此,野生动物生态环境损害的范畴更大,在认定破坏野生动物资源所造成的损害时,可将野生动物资源修复与环境服务功能予以综合考量。

(三) 违法行为的持续时间与生态环境资源损害的量化

在所涉案件刑事部分的审理中,破坏野生动物资源的被告人往往将违法行为持续时间作为其社会危险性的抗辩事由。特别是一些被告人以喜爱野生动物而持有并饲养,而且时间较短,并不会对生态资源和环境造成损害为由,认为自己不应当承担过重的刑事责任。这样,就会产生以下问题,例如,同样是饲养辐纹陆龟,有些人饲养的时间有数年,而有些人饲养的时间才一天,两者的社会危害性是否一致? 在进行附带民事公益诉讼时,若涉案野生动物作为宠物时间不长而且案发时还是活体的,则被告也会以此为由进行抗辩。那么,短时间饲养野生动物是否属于对生态环境资源造成影响,分析如下。

本书认为,盗猎、非法运输、销售、购买、食用或饲养等环节,构成了破坏野生动物资源的完整链条。在刑事部分,被告人违法时间的长短,并不影响定罪,只要被告人实施了非法收购、出售珍贵濒危野生动物的行为,就构成该罪的既遂。违法行为持续的时间长短可能与违法收购、出售珍贵濒危野生动物的数量和非法获利的多少有关,在某些情况下会间接对构成量刑情节的因素造

---

① 参见《张显良局长解读〈水生野生动物及其制品价值评估办法〉》,载《中国水产》2019 年第 10 期,第 24 - 25 页。

成影响。在附带民事公益诉讼部分，我们可从生态环境服务功能方面来进行考虑。因为野生动物一旦脱离所处的生态环境，必然会影响原生态环境的服务功能。脱离原生态环境的时间越长，生态环境受到的影响就越大，生态环境服务功能的损失也就持续发生，在此意义上，违法行为持续时间是生态环境损害的重要影响要素。目前，我国关于野生动物环境损害司法鉴定并未建立起完备的鉴定标准和评价体系。广州基层检察机关探索就野生动物资源损害聘请相关鉴定专家出具专家意见，是行之有效的办法，这些办案实践会为后续的野生动物生态环境资源损害鉴定规则的制定提供丰富的实践样本。

（四）破坏在我国没有分布的境外野生动物资源的损害认定

在刑事案件中，该野生动物种群无论是否在我国分布，都不影响被告人罪名的成立，因为我国是《濒危野生动植物种国际贸易公约》的缔约国，而该公约是一项在控制国际贸易、保护野生动植物方面具有权威、影响广泛的国际条约，其宗旨是通过许可证制度，对国际间野生动植物及其产品、制成品的进出口实行全面控制和管理。结合《刑法》第三百四十一条的规定，非法收购被列入公约附录一至附录二的野生动物，从公约的角度来讲，其违反了许可制度，从国内法的角度来讲，其违反了刑法所保护的法益，所以对这部分案件刑事定罪是不存在争议的。

但是，检察机关提起附带民事公益诉讼的事实基础是被告人的违法犯罪行为给野生动物资源和生态环境造成了影响。如果涉案野生动物是在我国没有分布的境外物种，那么被告人的行为是否属于对我国的生态环境造成损害？毕竟，案件所涉的一部分野生动物（如辐纹陆龟、赫尔曼陆龟等）来自境外，也就是说，我国生态系统中本就没有该物种，那么涉案行为虽然导致了该动物物种数量减少的结果，但对于我国的野生动物资源数量并无影响，从而对生态环境资源损害的界定造成了障碍。进而言之，就算追究被告人的生态环境资源损害责任，也只能是在我国境内采取生态环境资源恢复的措施，这样的话，我们又该如何看待环境资源修复的效果呢？

上述疑问说明，我们要对生态环境利益建立正确的认识。野生动物等生态资源损害，包括野生动物自身经济价值的损害，与传统的财产损害、人身损害中的经济性具有相似之处，但更重要的是，它还包括野生动物对所在生态系统发挥的生态价值方面的损失，以及该生态系统所应有的服务功能的损失。对此，我们可从局部视角和整体视角两个方面进行分析。就局部而言，境外野生动物可能携带疫病，而且由于没有天敌压制，一旦逃逸或被遗弃，极有可能破坏当地生态系统；就整体而言，野生动物在食物链中处于重要的位置，它们对于生态环境的稳定和运转起着至关重要的作用。如果野生动物数量过少或者消失，将会对整个生态系统造成严重的影响，甚至可能导致生态系统的崩溃。濒危野生动物是公共环境资源的重要构成要素，是维持自然界生态平衡的重要条件，生态问题无国籍之分，是全人类必须共同面对和解决的问题。因此，追究被告人的生态环境资源损害责任并不存在障碍，可通过刑事附带民事公益诉讼来维护人们的生态环境利益，保障生态系统的多样性和稳定性。

（五）野生动物保护民事公益诉讼损失赔偿的权利主张

我国《民事诉讼法》第五十八条第二款规定了检察机关可以对破坏生态环境和资源保护的行为提起民事公益诉讼，"两高"《检察公益诉讼案件司法解释》第二十条进一步明确了检察机关可以提起刑事附带民事公益诉讼。附带民事公益诉讼的具体诉讼请求可根据最高人民法院《审理环境民事公益诉讼案件司法解释》第十八条规定的类型进行选择。① 检察机关关于野生动物保护附带民事公益的诉讼请求可分为两项，即赔偿损失和赔礼道歉。

前文已说过，破坏野生动物资源的行为，可能导致生态环境服务功能的损害。这种状况还会影响社会大众的精神利益，即导致因社会成员无法享受美好生态环境而造成的精神利益损害。实践中关于这一责任形式并无异议，检察机关可请求公益诉讼被告承担赔礼道歉的责任。但是，关于赔偿损失的请求却有不同。在一些案件中检察机关主张的是生态资源损失，而在另外一些案件中检察机关主张的是生态环境损失，那么，二者有何差异呢？生态资源损失侧重于野生动物资源的价值损失，生态环境损失则是将野生动物作为生态环境的一部分，除了野生动物资源的价值损失外，还可将野生动物所在环境的变化及生态服务功能的损失等都囊括在内，可以赔偿的范围更为广泛。《民法典》第一千二百三十五条列举了生态环境服务功能暂时损失或永久损失的赔偿、为查明生态环境损害所投入的费用、生态环境修复阶段的费用以及其他合理费用。检察机关根据刑事案件所认定的犯罪事实，以鉴定机构评估的野生动物整体价值来确定损害赔偿请求；如果检察机关虽然也以刑事诉讼所认定的案值来确定附带民事公益诉讼的赔偿数额，但认为是生态环境损失的数额，则赔偿请求更具包

---

① 《最高人民法院关于审理环境民事公益诉讼案件适用法律若干问题的解释》第十八条规定："对污染环境、破坏生态，已经损害社会公共利益或者具有损害社会公共利益重大风险的行为，原告可以请求被告承担停止侵害、排除妨碍、消除危险、修复生态环境、赔偿损失、赔礼道歉等民事责任。"

容性。

　　此外，如果破坏野生动物资源的行为给生态环境资源及生态系统服务带来严重损害或社会重大不良影响的，检察机关还可以对违法行为人提出惩罚性赔偿的诉讼请求。《民法典》第一千二百三十二条对此做了规定，但没有规定惩罚性赔偿的幅度。需要注意的是，最高人民法院考虑到生态环境侵权惩罚性赔偿的基数较大，主张在倍数设定上应保持谦抑，遂在《最高人民法院关于审理生态环境侵权纠纷案件适用惩罚性赔偿的解释》中将其限定为不超过2倍。[1]

---

[1] 《最高人民法院关于审理生态环境侵权纠纷案件适用惩罚性赔偿的解释》第十条规定："人民法院确定惩罚性赔偿金数额，应当综合考虑侵权人的恶意程度、侵权后果的严重程度、侵权人因污染环境、破坏生态行为所获得的利益或者侵权人所采取的修复措施及其效果等因素，但一般不超过人身损害赔偿金、财产损失数额的二倍。"

第六章　检察公益诉讼的实体责任

在环境检察民事公益诉讼中，法院可以判令责任人将生态环境修复到损害发生之前的功能和状态。无法完全修复的，可以判令其采用替代性修复方式。[①] 可见，修复生态环境是责任承担方式中最核心的内容。生态环境修复资金是环境修复的重要保障，若该笔资金没有被用于生态环境修复，那么以修复为中心的环境公益诉讼将失去意义。目前，我国尚无统一的生态环境修复资金管理办法，这笔费用如何确定、由谁受领并进行管理使用、有何种监督机制确保费用专项用于环境修复等问题尚缺乏上位法规范。各地对生态环境修复费用的受领、使用、监管的做法也不尽相同，而且，不少修复目标过于宽泛，会导致执行缺乏可操作性，因此，相关费用能否有效用于受损环境修复更是令人担忧。除此之外，还存在修复费用监督程序缺失的问题。本章认为，生态环境修复主要依赖于责任人在败诉后所承担的环境修复费用，在检察公益诉讼中，该费用的确定与实现路径不明确的话，不仅会影响生态环境修复效果，也不利于实现生态价值，应予以重视。

一、生态环境修复费用的确定

（一）生态环境修复费用的界定及其构成

《民法典》第一千二百三十四条规定了侵权人应在合理期限内承担修复责任，若在期限内未修复的，国家规定的机关或法律规定的组织可以自行或委托他人修复，费用由侵权人支付。《审理环境民事公益诉讼案件司法解释》对此

[①] 《最高人民法院关于审理环境民事公益诉讼案件适用法律若干问题的解释》第二十条第一款规定："原告请求恢复生态环境的，人民法院可以依法判决被告将生态环境修复到损害发生之前的状态和功能。无法完全修复的，可以准许采用替代性修复方式。"

做出了更为具体的安排,① 即法院可以直接判令责任人给付代履行费用(实践中的大部分做法),也可以在判令责任人承担修复生态环境的行为责任的同时,确定责任人不履行修复义务时应承担的环境修复费用。承担环境修复费用是用于替代侵权人本应承担的修复生态环境的责任的行为。② 所以,其本质是被告应承担的环境修复义务下的代履行费用,属于"替代执行判项"③。

环境修复费用存在的前提是:责任人不履行环境修复的行为责任,且该环境修复行为责任具有可替代性。例如,若责任人自愿并且有能力自行修复生态环境,就不会存在替代履行的修复费用。同理,环境公益诉讼中停止侵权、赔礼道歉、公益劳动等不可替代的行为责任,也不存在替代履行费用。生态环境替代修复是基于有效解决现实问题而做的制度设计,既能修复受损害的生态环境,又能缓解执行难的压力;从相关制度的长远建设出发,作为金钱给付的多元化创新方式,替代履行也能够促进生态环境修复责任制度更加具有体系性、科学性、明晰性。

关于生态环境修复费用的构成,《最高人民法院关于审理生态环境损害赔偿案件的若干规定(试行)》第十二条对此做了规定。④ 首先,应当涵盖生态环境修复的必要支出,包括用于修复生态环境的专项修复费用,该费用的确定应当请第三方专业机构进行独立评估。其次,应当包括相关工作人员的工资性支出、相关住宿交通费等必要性支出,以及已支出的全部所涉费用的对应银行利息等,借此保障代履行方不因履行行为而遭受利益损失。最后,应当包含向代履行方支付的一定比例的服务费,以保障代履行方能长期可持续运营。同时,还可根据实际情况考虑设置一定的盈利比例,以有效激励相关企业等加入成为代履行方,进而使得修复手段、技术等更加专业化、高效化。简而言之,生态环境修复费用应涵盖两个部分,即具有恢复性和补偿性的专项修复款项,以及保障代履行方自身合法权益与适当收益的相关款项。

---

① 《最高人民法院关于审理环境民事公益诉讼案件适用法律若干问题的解释》第二十条第二款规定:"人民法院可以在判决被告修复生态环境的同时,确定被告不履行修复义务时应承担的生态环境修复费用;也可以直接判决被告承担生态环境修复费用。"

② 参见胡卫《我国环境修复司法适用的特色分析》,载《环境保护》2015年第19期,第58-61页。

③ 黄忠顺:《公益性诉讼实施权配置论》,社会科学文献出版社2018年版,第70页。

④ 《最高人民法院关于审理生态环境损害赔偿案件的若干规定(试行)》第十二条第二款规定:"生态环境修复费用包括制定、实施修复方案的费用,修复期间的监测、监管费用,以及修复完成后的验收费用、修复效果后评估费用等。"

(二) 确定生态环境修复费用的实践问题

生态环境修复费用的确定，在实践中主要存在以下问题。

首先，法院关于环境修复责任判项的表述较为含糊。鉴于生态环境损害的复杂性、系统性、潜伏性等特质，法院做出精确、妥当的环境修复指令非常难，大多只能做出笼统的修复费用要求，而无法指定具体修复方案。[①] 这使原本就高额、难以执行的修复费用要求因缺乏具体修复方案而更加难以执行，违背了环境公益诉讼致力于修复生态环境的初衷。

其次，法院关于环境修复费用的确定标准不明确。例如，以"恢复原状"为标准计算的环境修复费用高，没有明确的收费标准。再细究某些案件中的责任计算及判罚方式，也会发现一些疑点。例如，在福建绿××、自然××诉谢某锦等四被告生态破坏案[②]中，被告质疑该案资产评估机构没有鉴定资质、参与人员不具鉴定资格、修复费用评估为原告单方委托并且没有征询被告意见，而法院则以法律未禁止单方委托、被告未申请重新鉴定以及评估人员具有相应资质等理由予以反驳，采信了评估结果。

最后，法院关于环境损害及其修复的判断存在着"以鉴代判"的现象。认定环境修复的复杂性使得环境修复费用的确定较为困难。法院确定修复环境的具体方案时，通常以环境损害鉴定、评估报告为依据，修复过程中产生的制定、实施修复方案费用，监测、监管费用，以及验收修复成果费用均为履行费用。例如，在方某双与中×环保联合会等环境污染责任纠纷案中，污染物处理费的确定请了广州市环境保护科学研究院进行评估。[③] 而对于该部分费用的明确也有案例，在武汉创×环保科技有限公司等环境污染侵权纠纷案中，湖南省环境保护科学研究院出具了两份污染鉴定评估报告，一份主要核算的费用包括财产损失、生态环境损害、事务性费用以及后续处置费用，另一份核算的费用包括资料调研及调查、危险废物现场清理转运及处置、环境监测、环境损害评估等事务性费用以及生态环境修复费用。审理法院最终认定，为处置环境污染而发生的"合理费用"，包括环境损害调查费用、危险废物现场清理转运费用、环境监测费用、环境损害评估费用，以及环境污染的处置费用、鉴定评估

[①] 参见吕忠梅、窦海阳《修复生态环境责任的实证解析》，载《法学研究》2017年第3期，第127-128页。

[②] （2015）闽民终字第2060号。

[③] （2015）穗中法民一终字第3804号。

费用。①

可见，修复生态环境的专项修复费用通常由第三方专业机构进行独立评估，但在司法实践中，确定环境修复费用是一项难题。这主要体现为具备鉴定资质的机构少、鉴定周期长、费用高、②恢复至损害发生前的状态难以把握、损害程度难以确定、缺乏技术性参考标准等问题。③另外，双方履行义务的时限也会成为实践中的重要问题。一旦代履行方完成了各项修复事宜，而侵权人无力承担相应费用，代履行方的合法权益就会因此受损。长以此往，从经济效益的角度出发考虑，很有可能导致没有市场主体愿意承担代履行义务，即便是负有相应职责的行政机关，一直使用国家财政资金进行垫付实施代履行也并非长久之计，最终可能使得代履行制度名存实亡。

（三）探索"附修复方案的判决书"

为了明确生态环境修复费用，部分法院探索出"附修复方案的判决书"以提高判决的执行力和可操作性。《最高人民法院关于审理环境公益诉讼案件的工作规范（试行）》第三十四条的规定④为法院确定修复方案提供了指导性意见。法院可向负有环境保护监督管理职责的主管部门调取损害认定的证据，包括主管部门在污染发生后通过采集、化验、检测等技术手段掌握的第一手资料，以及被告环境影响评价文件和批复、环境许可和监管、污染物排放等证据资料。⑤同时，也要发挥技术专家的作用，通过建立专家库、聘请专家陪审员参与诉讼等方式来弥补法官技术性判断能力不足的问题，但要注意处理好技术判断和司法判断的关系，而且应熟知相关环境评估鉴定规范，避免因全盘听从

---

① 参见陈建华《环境民事公益诉讼中的因果关系与责任确定》，载《人民司法·案例》2018年第35期，第50页。

② 《最高人民法院办公厅关于印发江必新副院长在全国法院环境公益诉讼、生态环境损害赔偿诉讼审判工作推进会上讲话的通知》（法办〔2019〕347号）指出："环境损害鉴定机构少、周期长、费用高等鉴定难问题已成为环境公益诉讼和生态环境损害赔偿诉讼审判工作开展的重大瓶颈。"

③ 参见石菲、邓禹雨、高赫男《环境民事公益诉讼中生态环境修复义务的判定与执行——以38份裁判文书为样本》，载《贵阳市委党校学报》2017年第4期，第44页。

④ 《最高人民法院关于审理环境公益诉讼案件的工作规范（试行）》第三十四条规定："人民法院判令被告修复生态环境的，可以在裁判主文中明确生态环境修复方案或者将生态环境修复方案作为裁判文书的附件。人民法院在确定生态环境修复方案前，可以咨询负有环境保护监督管理职责的部门、技术专家的意见。生态环境修复方案一般应包含以下内容：生态环境修复目标、技术方案、时限和步骤、投入预算、验收目标和监督方案。"

⑤ 参见王旭光、王展飞《中国环境公益诉讼的新进展》，载《法律适用（司法案例）》2017年第6期，第13页。

技术部门鉴定而导致"鉴定式判决"的出现。总之，在确定环境修复方案的基础上，方可确定付诸实施的代履行费用。

二、生态环境损害案例评析

（一）基本案情①

2015年9月17日，中央电视台等有关媒体报道了某市某区某水塘被填埋垃圾污染事件，引起广泛关注。该水塘面积为5万平方米、水深约50米，属于农用地性质，但水塘承包人张某山、实际管理人邝某尧自2012年11月开始在涉案水塘从事垃圾收纳作业，垃圾填埋量超过360万立方米，造成了水污染。对于生态环境损害和后续治理，环境保护部华南环境科学研究所和广东省微生物研究所依法联合出具《环境损害鉴定评估报告》，认定水塘生态环境损害费用为1050万元〔水塘污水虚拟治理成本（水塘受污染水量250万吨×污水处理费1.4元/吨）×3倍=水塘环境损害值1050万元〕，修复费用不少于1250万元。

某市人民检察院经依法公告，无其他机关和社会组织起诉，遂于2016年2月24日向某市中级人民法院提起民事公益诉讼，确认诉讼请求为张某山、邝某尧连带赔偿水塘受污染期间环境功能损失费用人民币1050万元，并连带承担自判决生效之日起3个月内将涉案水塘水质恢复至地表水质量标准第Ⅴ类水标准。张某山、邝某尧二被告认为，在水塘污染事故发生后，已按照区环保部门要求，积极采取多种措施消除污染，抽样检测结果也显示水塘的水质达到了地表水Ⅴ类水标准，某市人民检察院的诉讼目的已实现。另外，由于该水塘是废弃的石灰石矿场，不存在生态环境受到损害至恢复原状期间的服务功能损失。即使存在损失，也应优先适用替代等值分析方法，而不能以虚拟治理成本法计算出的水塘环境损害额来替换服务功能损失费用。

某市中级人民法院认为，张某山、邝某尧在污染行为被发现后，积极主动进行垃圾清理，水塘的水质确有改善，但也只是3次抽样检测的结果。根据环境专家提供的专业意见，水塘因污染严重，短时间内也难以恢复到Ⅴ类地表水的状态，常规生态修复大概需要2年时间才能完成。专家的评估报告选择虚拟治理成本方法符合《环境损害鉴定评估推荐方法（第Ⅱ版）》中的情形，二被

---

① （2018）粤民终2466号民事判决书。

告认为本案应适用替代等值分析方法，却未能提供充分依据予以证明。据此，法院判决支持检察机关全部诉讼请求。

二被告不服，向某省高级人民法院提出上诉，某市人民检察院、某省人民检察院派员共同出席二审法庭并分别发表出庭意见。2019年12月19日，某省高级人民法院做出终审判决，驳回上诉，维持原判。判决生效后，被告主动履行了给付判项，缴纳环境功能损失费用1050万元。

（二）该判决的意义

公益诉讼立法和实践探索，是对中国特色社会主义理论体系的法理学发展，是以法治思维和法治方式推进国家治理体系和治理能力现代化的一项重要制度安排。中国特色社会主义进入新时代，党和人民对维护国家利益和社会公共利益提出了新的更高要求，探索建立由检察机关提起公益诉讼的模式，目的是充分发挥检察机关法律监督职能作用，严格执法，维护宪法法律权威，维护社会公平正义，进而更好地维护国家和社会公共利益。环境公益诉讼的案件数量最多、实施效果最佳，最有条件成为检察公益诉讼的"领头羊"，本案作为该地检察机关开展提起公益诉讼试点工作办理的首批案件之一，充分展示了检察机关提起民事公益诉讼的程序要求和具体内容，具有较高的实践价值。

生态环境是属于全人类的公共产品，已超出个人利益范畴，对生态环境造成的损害，属于一种新型公共利益损害。生态环境损害发生后，仅仅对致害者和致害行为进行惩罚和禁限是不够的，修复受损环境才具有根本意义，但由于《环境保护法》《中华人民共和国大气污染防治法》《中华人民共和国水污染防治法》《侵权责任法》等并未对"生态环境损害"做出界定，与此相关的"生态环境服务功能损失"等概念在司法实务中也缺乏清晰共识，导致环境民事公益诉讼中责任人应被追究承担的责任内容和计算依据较为混乱。本案准确界定生态环境损害，除了要求污染者承担恢复原状责任外，还充分考虑了受损生态环境从损害发生到其恢复至基线状态期间提供生态系统服务的损失，为今后同类型案件的办理提供了参考。

（三）生态环境损害的界定及其责任类型

生态环境损害是指因环境权利和环境法益受损而产生的一种不利益状态。规范文本上的界定见于原环境保护部2014年发布的《环境损害鉴定评估推荐方法（第Ⅱ版）》第4.5条：生态环境损害指由于污染环境或破坏生态行为直接或间接地导致生态环境的物理、化学或生物特性的可观察的或可测量的不利改变，以及提供生态系统服务能力的破坏或损伤。也就是说，生态环境损害可分为两种情形：一是因污染环境或破坏生态行为导致生态环境物理、化学或生物特性的不利改变，这些不利改变是可以观察或测量的个别化现象；二是因污染环境或破坏生态行为导致的对生态系统服务能力的破坏或损伤，这是由生态环境的物理、化学或生物特性的不利改变而产生的整体性后果，即生态系统功能退化，对这种功能退化程度的认识需要对生态系统的平衡性或整体性功能进行比较分析。据此，生态环境损害发生后，侵权人至少应承担以下两方面的责任。

第一是生态环境损害的修复责任，包括生态环境损害修复的本位责任和替代责任两种形式。如果生态环境在物理、化学或生物特性方面的不利改变能够被修复，则侵权人应在合理期限内承担修复责任，即本位责任；如果生态环境能修复但侵权人未在合理期限内修复的，则国家规定的机关或者法律规定的组织可以自行或者委托他人进行替代修复，并由侵权人负担所需全部费用，即承担替代性修复责任。《审理环境民事公益诉讼案件司法解释》第十八条和第二十条关于侵权人承担修复生态环境责任及替代性修复方式的规定，即体现了生态环境修复责任的要求。

第二是生态环境损害的赔偿责任，该项责任基于生态环境损害能否修复而有所区别。如果生态环境损害能够修复的，在生态环境修复完成之前，该生态环境系统功能处于退化状态，则侵权人须承担生态环境受到损害至修复完成期间因生态环境服务功能丧失而导致的损失；如果生态环境损害无法修复的，则侵权人就需要赔偿生态环境功能永久性损害造成的损失。《审理环境民事公益诉讼案件司法解释》第二十一条对此做了规定，即原告可以请求被告赔偿生态环境受到损害至修复完成期间服务功能丧失导致的损失、生态环境功能永久性损害造成的损失。此外，原告还可同时要求侵权人赔偿"生态环境损害调查、鉴定评估等费用""清除污染以及防止损害的发生和扩大所支出的合理费用""合理的律师费以及为诉讼支出的其他合理费用"。

总之，在生态环境修复之前，社会公众丧失了所应享有的生态系统服务利益，仅对生态环境进行修复不能实现对上述服务利益损失的救济，损害的修复责任与赔偿责任是并列的两种独立责任类型，而非相互包含的责任类型。本案被告主张生态环境损害费用主要是环境修复或生态恢复费用，实质上是将生态环境的修复责任与生态环境损害赔偿责任混为一谈，其抗辩不能成立。

(四) 生态环境损害费用的计算

环境有价,造成污染应承担责任。对生态环境的侵害究竟要达到何种程度才能被确认为造成损害,实践中一般是通过客观标准来确定的。对环境公益损害的确定要参考生态环境的原来状态并以此作为"基线"来进行比较判断,具体的生态环境损害额由鉴定机构根据自然科学原理和技术路线进行鉴定评估也符合专业认知。而鉴定意见和评估报告属于民事诉讼中的证据形式,须经法定的程序方可作为定案根据。本案对生态环境损害额事实的认定,就是通过审查环境学专家对生态环境损害出具的评估报告来确认的,这也是实践中常见的损害额确定方法。

本案检察机关提供的环境损害鉴定评估报告运用虚拟治理成本法对生态环境损害进行量化,确定了涉案水塘生态环境损害的赔偿费用为1050万元。被告对此持反对意见,认为应当按照《环境损害鉴定评估推荐方法(第Ⅱ版)》的原则规定,在本案中优先适用替代等值分析方法。但由上述评估鉴定方法的适用规定可知,鉴定机构所采用的评估方法并非必须如此,在例外情形下可以采用环境价值评估方法。本案中,该水塘由于长期倾倒建筑垃圾和生活垃圾等固体废物,水塘中的污染物浓度水平比较高,预计长时间内难以通过一次性的恢复工程完全恢复至基线浓度水平,且恢复成本远远大于其收益,故环境损害鉴定评估报告选择环境价值评估方法中的虚拟治理成本法进行生态环境损害量化核算,符合《环境损害鉴定评估推荐方法(第Ⅱ版)》的有关规定。被告只是援引了一般原则,未能就本案更适合采用替代等值分析方法提供有力论证。

《突发环境事件应急处置阶段环境损害评估推荐方法》对于虚拟治理成本法的计算方法进行了规范,包括:虚拟治理成本是指工业企业或污水处理厂治理等量的排放到环境中的污染物应该花费的成本,即污染物排放量与单位污染物虚拟治理成本的乘积;单位污染物虚拟治理成本是指突发环境事件发生地的工业企业或污水处理厂单位污染成本(含固定资产折旧);在量化生态环境损害时,可以根据受污染影响区域的环境功能敏感程度分别乘以 1.5~10 的倍数作为环境损害数额的上下限值。根据上述规范,运用虚拟治理成本法对生态环境损害进行量化,涉及对污染物排放量以及受污染区域的环境功能敏感系数的确定。如前所述,因涉案水塘的水质在受污染前为地表水,考虑到涉案水塘长期受纳的建筑垃圾和生活垃圾产生的环境危害大、时间跨度长等因素,确定以3倍计算环境损害数额并未超出上述规定的范围,所以在被告未能提供充分证据推翻上述结论的情况下,对被告要求酌情减少环境功能损失费的意见应不予采纳。

（五）以往裁判事例中的情况

在各地环境民事公益诉讼案例中，生态环境服务功能损失费用的表述是逐渐明确的。例如，最高人民检察院发布的许某惠、许某仙民事公益诉讼案（检例第 28 号），[①] 判决有一项为二被告"赔偿对环境造成的其他损失 150 万元"，但"其他损失"包括哪些具体项目并不清晰。《审理环境民事公益诉讼案件司法解释》明确了公益诉讼原告的诉讼请求可以包括"生态环境服务功能损失"后，环境公益诉讼中涉及"生态环境服务功能损失赔偿"的判决明显增多，但仍有一些地方法院的判决将两种损害予以合并。例如，某市某区人民检察院诉刘某福水污染责任纠纷环境公益诉讼一案[②]，法院判决被告"赔偿因其违法排放电镀废水造成的生态环境损害损失 202050 元"。但更多判决与本案保持了一致，区分出环境民事公益诉讼案件中的损害额，对生态环境修复费用和生态环境受到损害至恢复原状期间的服务功能损失分别计算，案件损害额的标准也趋于统一。当然，在一些个案中的生态服务功能损失难以确定或者确定具体数额所需鉴定费用明显过高的情况下，法院对损失额进行了酌情确定，例如，某省某县人民检察院诉瑞××化工有限责任公司环境民事公益诉讼案[③]就是如此。在"酌情确定生态环境损害额"的情形下，法官自由裁量的空间应比司法审查要大些。

（六）判例的射程

环境检察公益诉讼制度实现了诉因由"对人的损害"转变为"对环境的损害"的重大转变，回应了新时期生态文明建设和绿色发展的现实需求，为以司法的力量保护生态环境提供了法律依据，有力推动了司法参与环境治理的进程，已经成为我国环境法治体系的重要组成部分。生态环境服务功能损失是生态环境损害的重要内容，但是由于生态环境自身具有一定的自净和恢复能力，所以并非每个生态环境侵权行为都会造成生态环境服务功能的损失。因此，在生态环境民事公益诉讼中，要正确认定环境损害的后果。本案由于侵权

[①] 参见《第八批指导性案例》，见中华人民共和国最高人民检察院官网：https://www.spp.gov.cn/spp/jczdal/201701/t20170104_177552.shtml，最后访问时间：2022 年 11 月 1 日。

[②] （2016）鄂 1002 民初 1947 号。

[③] 参见《人民法院环境资源审判保障长江经济带高质量发展典型案例》，见中华人民共和国最高人民法院官网：https://www.court.gov.cn/zixun/xiangqing/132681.html，最后访问时间：2022 年 11 月 1 日。

行为发生在该地的重要水源所在地，涉及地下水安全问题，造成的危害较为严重，所以环境服务功能受到了重视。在各地后续的环境公益诉讼案件中，办案机关从本案得到启发，对环境服务功能有了具体、深刻的认识，能够准确地提出诉讼请求。但环境损害后果评估是对环境损害进行定量分析，以量化的方法来判断和说明环境的受损程度，为环境污染和生态破坏行为的损害赔偿提供了具体的依据。

本案围绕专业技术问题，引入了专家辅助人，也为其他公益诉讼案件所借鉴。在环境民事公益诉讼案件中，对于损害后果的测量、因果关系、环境修复等大量的专业技术问题，检察机关可以通过甄选环境专家协助办案来厘清关键证据中的专业性技术问题。专家辅助人出庭就鉴定人做出的鉴定意见或者就因果关系、生态环境修复方式、生态环境修复费用以及生态环境受到损害至恢复原状期间服务功能的损失等专门性问题，做出说明或提出意见，经质证后可以作为认定事实的根据。当然，法院不能唯鉴定是从，要对鉴定人是否有资质、鉴定程序是否合法、鉴定方法是否科学、鉴定依据的技术规范和标准是否有效依法进行审查。在判决书中，法院应阐明对鉴定评估意见中计算方法的选择，以及对虚拟治理成本法中的单位治理成本等关键变量适用的审查意见。

另外，需要说明的是，2020年5月28日全国人大通过的《民法典》的"环境污染和生态破坏责任"一章，对环境污染和生态破坏责任进行了类型化。所新增的生态环境损害的规定，也反映了本案的裁判思路，将责任明确为生态环境的修复责任及生态环境损害赔偿责任，有助于提高违法成本，及时修复生态环境，并以严格法律责任威慑潜在加害人，防范损害的发生。

三、生态环境修复费用的给付

从目前的规定来看，我国生态修复责任确立了生态环境修复请求权的二元结构模式。[①] 为避免修复费用的空置，最高法于2015年出台、2020年修正的《最高人民法院关于审理环境侵权责任纠纷案件适用法律若干问题的解释》第

---

① 参见王慧《〈民法典〉生态环境修复请求权的二元构造及其实现路径》，载《安徽大学学报（哲学社会科学版）》2021年第4期，第118－119页。

十四条①规定了法院在判令责任人承担环境修复责任的同时，需要确定不履行修复责任时应承担的环境修复费用。这意味着法院应首先要求责任人承担修复环境的行为责任，其次对执行阶段中不履行行为义务的责任人承担的代履行费用做出提前性安排。这说明这笔费用的执行需要满足一定前置条件，即当责任人在判决确定期限内不执行可替代履行的行为义务，执行机构指定第三人进行修复时，代履行费用的要求才能够对责任人执行。

（一）生态环境修复费用给付的主要问题

从实践来看，修复费用的核心问题在于以下三个方面的保障。第一，给付金额的科学性与真实性保障。如前所述，目前在实务中较为明确的是，给付金额须经由第三方独立机构予以科学、合理、全面的评估核算。因此，第三方机构的独立性、适格性是这个环节的关键所在。第二，给付结果的可实现性保障。环境污染、生态破坏直接影响到社会公共利益，且往往波及面较广，影响力较深远，在生态环境尚且具有修复意义时，受损的环境利益务必得到妥善修复。而这种修复想要持续，就需要一定的行业参与和公益支撑。因此，有必要营造一个良性循环的行业存续状态，以及资金链安全接续的公益运转模式。正因如此，我们对给付方式要不断进行探索，多元化发展，以保障代履行方的合法权益以及代履行制度长久应用的可能。第三，给付对象的合法性与方式的高效性保障。一方面，给付对象应当是正确适格的主体，实际履行了修复义务的主体，应当获取与此对应的金额。另一方面，给付对象应当是与代履行直接相关的主体，通俗来讲，就是"谁做事谁拿钱"，提升给付效率。给付之所以不应当经过第三方，是因为经过专业机构的科学核算，给付数额已经相对确定，此时再经过第三方，非但不能从程序上加强合法合理性，还会徒增流程，产生不必要的手续，浪费相关资源，降低给付效率。

此外，代履行费用责任是责任人在将来不履行行为责任时需承担的金钱给付责任。因为将来给付的提前确认具有不确定性，所以就需要考虑两个问题。一是为了避免修复费用执行不能，可以考虑引入将来给付之诉这种诉讼形

---

① 《最高人民法院关于审理环境侵权责任纠纷案件适用法律若干问题的解释》（2020年修正）第十四条规定："被侵权人请求修复生态环境的，人民法院可以依法裁判侵权人承担环境修复责任，并同时确定其不履行环境修复义务时应当承担的环境修复费用。侵权人在生效裁判确定的期限内未履行环境修复义务的，人民法院可以委托其他人进行环境修复，所需费用由侵权人承担。"

态。① 即代履行方就未届履行期或者条件未成就的修复费用的债权请求权提前提起诉讼，以达成期限到来或者条件成就时，能够直接向法院申请强制执行的目的。在这种诉讼形态下，我们可以考虑先委托专业机构提供科学、全面的核算评估报告，以明确将来执行的预估费用，并在此基础上考虑财产保全。然而在实践中，侵权人可能无力承担这笔费用，这一问题同时也可能与债务清偿顺序挂钩。因此，一方面，未来相关立法需要进一步明确代履行费用在债务清偿中的顺位；另一方面，为了及时有效地推进生态环境修复工作，公益基金等形式的救助机构就成了具有必要性的存在，其发展也成了重要研究课题。在公益基金会等代为履行给付义务后，环境侵权责任问题就转换为债权债务问题，公益基金会等就成了债权方，原侵权人作为债务方应积极主动履行债务清偿义务；同时，一旦原侵权人具有清偿能力，公益基金会等也应积极敦促原侵权人履行债务清偿义务，以保障公益基金会等的长期正常运转。二是法院无法预知将来给付的代履行费用是否与实际产生的修复费用相当，这时便需要借鉴域外民事诉讼法中定期金给付的变更判决之诉制度来解决费用变更的问题，该内容将在下文代履行费用执行部分进行讨论。

(二) 构建分期给付、定期履行的履行机制

如前所述，鉴于代履行修复费用的构成项目较多，且费用数额往往较高，因此可以考虑采取分期给付、定期履行的方式，以更好地保障修复费用的履行到位。2017 年 12 月出台的《生态环境损害赔偿制度改革方案》明确规定，在生态环境损害赔偿制度下根据赔偿义务人的主观过错、经营状况等因素试行分期赔付，探索多样化责任承担方式。"分期赔付"作为一种赔偿损失责任承担的变通方式，在涉及巨额赔偿的生态环境损害救济中有特定的社会需求性。由侵权人分期赔付高昂的修复费用，既能保证生态环境损害得到救济，发挥出"损害担责"的制度价值，又能让经营主体保持正常经营，保证社会经济的稳定性。

生态环境损害赔偿制度和生态环境民事公益诉讼都以生态环境公共利益为基础，在案件来源、类型、诉求、法律依据等方面存在一致性，因此，生态环境民事公益诉讼可参照适用分期赔付的履行方式，并结合赔偿义务人的主观过错程度、实际经营状况以及承担责任态度等因素，明确分期赔付的适用条件，

---

① 参见隋璐明《将来给付之诉的理据研究——胎儿生活费请求权之诉的另一种实现路径》，载《交大法学》2019 年第 1 期，第 176－179 页。

探索构建定期履行执行制度。为保障修复资金落实到位，保障分期赔付按照判决规定的分期缴纳期数和基数准时高效落实，对于分期履行过程中存在拒不赔付或者其他不履行既定赔付义务的，可借鉴传统民事诉讼的规定，追究加倍支付迟延履行期间债务利息等法律责任，有能力偿还而拒不偿还的由人民法院判决强制偿还，情节严重的提前收缴剩余所有期数全部款项，且可以追究相关违约责任。

（三）构建履行费用的变更判决之诉

上文述及替代履行费用的执行时间发生在责任人不履行修复行为的将来，是一种将来给付方式。无论是将来一次性给付还是分期给付，都有可能面临代履行费用的不确定问题。定期金给付制度与环境公益诉讼代履行费用的将来给付存在一定的相似性，都是"根据判决基准时判定的事实对未来预测而作出的给付判决"[①]，且定期金制度还有在未来按照一定期限持续给付的功能，多用于给付抚养费、赡养费案件，这与代履行费用中的分期给付判决具有高度相似性。之所以将代履行费用的将来给付之诉和定期金给付之诉进行比较，是因为定期金给付之诉有相应的变更判决之诉与之配套以解决将来给付不确定的问题。

将来给付判决意味着法院在做出代履行费用判决时带有一定的预测性判断，这种判断是结合当前环境损害情况及环境修复方案做出的。但在将来执行的时候，原来判决依赖的基础事实可能会发生重大变化，要求责任人按原判决给付对于一方当事人明显不公平或者不能实现修复环境目的时，应允许一方当事人申请变更判决，提出变更判决之诉。在环境民事公益诉讼中，环境损害现状以及现有修复技术都属于"暂定法律事实"[②]，在未来可能因为责任人不及时履行行为责任而导致损失的进一步扩大，致使修复费用增加，同时也有可能因改进了修复技术而减少修复费用，即"暂定法律事实"发生了改变，那么法院在做出原判决时确定的修复费用将少于或多于实际修复环境的费用，属于原判决做出所依赖的基础事实将发生变化。如果导致了明显不公平，则应当赋予诉讼当事人提起变更判决之诉的权利。

在变更判决之诉中，法院无须对前诉确认的环境侵害事实再次审理，而应

---

① 毋爱斌：《变更判决之诉的立法论——兼论定期金给付制度的适用》，载《法律科学》2019年第6期，第153-154页。

② 与现在给付判决的"既定法律事实"相对，"暂定法律事实"用于将来给付判决。

将重点放在判决后发生的不可预见的、显著的、客观的变化上,[1] 即影响修复费用的显著变化,根据变化相应地变更判决。另外,变更判决之诉需要在尚未执行或者执行尚未终结前提出,若已执行则不宜变更原判决,否则会影响判决的安定性。

四、生态环境修复费用的使用

(一) 生态环境修复费用的受领主体

生态环境修复费用的受领主体是指法院判令责任人给付代履行费用的支付去向主体,即接收环境修复费用的主体。该主体是否能够保障费用安全、提高修复环境效率,是否具备一定环境专业背景从而使得费用能够落实到具体环境修复上,都是选择受领主体时所要考量的因素。根据《最高人民法院关于审理环境公益诉讼案件的工作规范(试行)》第三十六条[2],生态修复费用和服务功能损失赔偿款的受领主体为环境公益诉讼专项基金或者专项资金账户。例如,贵阳市设立了生态修复基金专户和生态文明建设基金,昆明市设立了环境公益诉讼救济专项基金,无锡市设立了财政专户。有学者认为,实践中将环境修复资金缴入专户或基金予以管理使用的方式存在一定的风险,例如,这种将资金归入地方财政的方式可能会引发新的地方保护主义,因而主张对这种方式的适用前提和范围做进一步探讨。[3] 另外,修复费用进入地方财政还易被挪作他用,产生新的寻租空间,一旦失去法院和社会的监管,费用将无法落实到修复环境上。

除了上述政府财政资金管理模式外,实践中还存在法院执行款账户受

---

[1] 参见毋爱斌《变更判决之诉的立法论——兼论定期金给付制度的适用》,载《法律科学》2019年第6期,第157页。
[2] 《最高人民法院关于审理环境公益诉讼案件的工作规范(试行)》第三十六条规定:"人民法院判令被告支付的生态环境修复费用以及生态环境服务功能损失赔偿金等款项,可以由环境公益诉讼专项基金或者专项资金账户等受领。"
[3] 参见吕忠梅、窦海阳《修复生态环境责任的实证解析》,载《法学研究》2017年第3期,第137页。

领①、公益基金会受领②、公益信托受领③等模式④。由此可见，我国环境修复费用的归属问题处于"自由发挥、各自为政"的状态，且修复资金管理规定多为地方政府机关单独发布或联合司法机关发布，法律效力较低，修复费用缺乏统一管理。对此，有学者呼吁建立全国统一的生态损害修复基金，将公益诉讼和代表人诉讼所形成的资金纳入基金统一管理中。⑤ 在这种由国家设立专项基金并代表社会大众进行专门化管理的模式中，专业人士参与运行管理保证了环境修复工作的专业性和高效性，公检法部门、环境保护行政主管部门、社会公众对基金的使用进行监督保障了资金安全，从而能够做到专款专用，切实将修复费用落实到具体环境修复方案中。

（二）生态环境修复费用的使用效益

立法规定不完善、资金使用专业化欠缺以及相关协作不足等问题直接影响了生态环境的修复效果。

1. 法律法规有待完善

尽管民法典及相关司法解释等规定了社会组织、检察机关等适格主体就受损环境公益提出索赔的权利，但关于修复责任实现方式的规定仍较为笼统，对于收取赔偿金后如何管理及使用尚未做出明确的规定和指引。加之当前立法并未充分考虑修复工作的专业性、长期性问题，对代履行修复责任的情形也未做出细化规定。修复资金使用主体和流程以及代履行的主体和程序、标准等规定不明确、不清晰，容易使得受损生态环境的修复成效难以得到保障。

2. 资金使用专业化不足

生态环境修复是一个技术复杂、过程漫长的综合系统治理工程。⑥ 当前各地的普遍做法是将修复资金用于简单的原地修复（如污染物清运）、补植复

---

① 在中国生物多样性保护与绿色发展基金会诉宁夏瑞×科技股份有限公司等腾格里沙漠污染系列民事公益诉讼案中，法院判令被告将修复金支付至法院执行账户，用于本地环境服务功能修复。
② 2015 年，贵州省清镇市人民法院与中国生物多样性保护与绿色发展基金会展开合作，由基金会专门成立生态环境修复专项基金，用于承接贵州部分地区环境公益诉讼案件资金收益。
③ 在自然××诉江苏中×化工有限公司水污染环境公益诉讼案中，被告自愿出资100 万元，设立慈善信托。
④ 参见王社坤、吴亦九《生态环境修复资金管理模式的比较与选择》，载《南京工业大学学报（社会科学版）》2019 年第1 期，第45 – 46 页。
⑤ 参见吕忠梅《建立环境诉讼资金管理制度》，载《检察日报》2016 年11 月14 日，第7 版。
⑥ 参见吴一冉《生态环境损害赔偿诉讼中修复生态责任及其承担》，载《法律适用》2019 年第21 期，第40 – 43 页。

绿、增殖放流等活动，资金使用方式较为单一。而且生态修复管理人制度尚未形成，从修复至验收整个过程往往缺乏专业指导，进而存在影响修复水平甚至影响地方生态特点和规律的风险，不利于保证修复效果的长效性和当地生物多样性发展。①

3. 资金管理使用协作不足

目前，生态环境损害赔偿金管理账户层级不一、较为分散，未形成统一管理，难以充分发挥生态环境修复作用。由于资金使用审批程序、监管方式缺乏细化规定，所以资金使用效率较低。况且，生态环境侵权案件中往往涉及两种以上环境要素，可能涉及不同的职能部门，因此在生态环境修复过程中就可能涉及多个部门的履职协作问题。当前各个部门间仍缺乏相应的协作机制，这导致费用追缴到位后未能有效统筹使用，生态环境修复仍会面临困境。

正因生态环境修复费用在使用过程中出现了上述问题，所以，对于修复费用的使用加强监管就迫在眉睫。

(三) 生态环境修复费用的监管主体

《审理环境民事公益诉讼案件司法解释》第二十六条规定："负有环境资源保护监督管理职责的部门依法履行监管职责而使原告诉讼请求全部实现。"具体谁是负有环境保护监督管理职责的部门，是仅限于行政环境保护主管部门，还是其他具有相应职责的部门，该司法解释中并没有做具体规定。除了上述主体外，人民法院、检察机关、诉讼当事人、社会环保组织、人民群众等主体是否也可以用自己的方式参与监督？下文将对此进行讨论。

1. 人民法院

法院是对环境修复方案的可行性和合法性进行司法审查的主体，对环境修复方案的履行当然享有监督权，其应当对修复费用的使用情况及环境修复情况进行监督。在美国，对于环境污染问题，法院可通过"机构命令"的方式成为禁令有效期内的监管者，并在判决做出后发挥监督作用。② 在我国，部分法

---

① 参见丁丰、林艳、吴茜《"固碳增汇"视域下生态环境损害赔偿资金的管理使用》，载《中国检察官》2022 年第 17 期，第 13–15 页。
② 参见［美］杰弗里·C. 哈泽德、［美］米歇尔·塔鲁伊《美国民事诉讼法导论》，中国政法大学出版社 1998 年版，第 215 页。

院设立了执行回访制度①,通过直接回访、间接回访、专题回访②等方式对执行效果进行跟踪监督。为提高回访制度的有效性,有学者提出,法院应当对修复方案实施过程进行"阶段性定期验收检查",③并对怠于执行的实施主体执行惩罚。除此之外,法院还需对执行完毕的修复工作进行验收,以确保环境修复任务的完成。

2. 检察机关

《民事诉讼法》第二百四十六条规定:"人民检察院有权对民事执行活动实行法律监督。"检察机关既有代表公众利益提起环境公益诉讼的资格,又具备法律监督的职能。因此,检察机关应对环境修复的执行依法享有监督的权力。监督的范围包括督促法院加大执行力度并提高执行效率、监督环境修复费用用于环境修复,若发现法院执行不力或资金未用于环境修复情况的,可向法院发出检察建议或向有关部门提出司法建议。

3. 原告

有学者认为,可考虑赋予原告(即提起本案诉讼的国家规定的机关或者法律规定的组织)监督责任人履行环境修复义务的主体资格,④原因在于原告对案件基本情况更为了解,并且督促修复方案的落实符合其提起诉讼的目的,因此,由原告对被告的执行情况进行监督并向法院和有关部门报告具有合理性。

4. 社会力量

这里的社会力量指的是社会环境保护组织以及人民群众等民间力量。环境保护组织成立的初衷在于保护环境,法律规定,在环境公共利益受到损害时,环境保护组织有权代表社会公众提起环境公益诉讼保护公共环境利益。环境公

---

① 《最高人民法院关于全面加强环境资源审判工作 为推进生态文明建设提供有力司法保障的意见》(2021年修改)第10条:"创新执行方式,探索建立环境资源保护案件执行回访制度,密切监督判决后责任人对污染的治理、整改措施以及生态恢复是否落实到位。"

② 直接回访方式包括承办人回访、庭长回访,间接回访包括电话、书面调查回访、邀请人大代表和政协委员回访等。参见王慧《环境民事公益诉讼案件执行程序专门化之探讨》,载《甘肃政法学院学报》2018年第1期,第125-126页。

③ "阶段性定期验收检查"指法院根据环境修复方案中确定的阶段步骤进行回访,在既定步骤中设定目标,回访目的在于考察是否完成该进度设定的目标。这种做法比"不定期执行回访"更具有效性和可操作性,因为环境修复具有周期性,若某段时间执行进展缓慢,被执行人在法院不定期进行回访时容易被认为怠于履行义务。参见张辉《论环境民事公益诉讼裁判的执行——"天价"环境公益诉讼案件的后续关注》,载《法学论坛》2016年第5期,第82页。

④ 参见王慧《环境民事公益诉讼案件执行程序专门化之探讨》,载《甘肃政法学院学报》2018年第1期,第123页。

益诉讼获得的环境修复费用能否如实用于修复环境是其关注的焦点，故环境保护组织应当对环境修复费用的使用享有监督权和知情权。另外，环境保护组织是独立于公权力的民间力量，组成人员具备环境专业知识并来自各个领域，能够更为客观和全面地对环境修复费用的管理使用进行监督。让公众成为环境修复费用以及环境修复状况的监督主体实际上是公众参与原则[①]在环境民事公益诉讼中的运用，公开修复费用的使用和管理情况可以保障公众的环境信息知情权并最大限度地保证费用的合法使用。

五、生态环境修复费用的监管

（一）国内的实践探索

从实践上看，对修复费用的管理使用主要包括五种形式：第一种是要求被告将生态环境修复费用上交地方国库进行管理、使用；第二种是将修复费用交至当地政府具体职能部门的相关专项资金账户进行管理；第三种是将修复费用交至人民法院执行款专用账户，由法院执行局进行管理；第四种是将修复资金交至人民检察院指定账户进行管理；第五种是将修复资金交至基金会或信托机构进行管理。部分地区环境保护基金制度相对成熟，已有案例可供参考。[②]

1. 国库管理机制

目前尚未形成省级单位统筹设立的公益诉讼专项资金账户，因而上交国库仍是实践中运用最多的方式。现行中央、省、市、县级多层级的国库管理模式，使得修复费用的去向更具分散性。国库资金由财政部门负责统一管理，资金进入国库后须遵循严格的申请拨付程序，这有可能使修复费用无法得到高效利用，生态环境修复工作进程不够顺畅。

2. 行政管理机制

基于管理成本及风险控制等考量，职能部门管理使用生态环境损害赔偿金的积极性低，部分地区甚至出现行政机关不愿接收，致使部分资金积存在法院账户的情形。同时，由于资金支出程序烦琐，即便职能部门申请使用资金，也

[①] 《环境保护法》第五条规定："环境保护坚持保护优先、预防为主、综合治理、公众参与、损害担责的原则。"

[②] 如金华市绿色生态文化服务中心与孟津县汇×供排水有限公司水污染责任纠纷案。参见（2020）豫03民初26号。

会出现"一案一模式,每案必沟通"的现象,① 比较影响修复效率。

3. 司法管理机制

由法院或检察院进行管理、监管的最大问题在于二者属于司法机关,如需承担检查和监督生态环境修复工作的职责,则超出了相应职能范围,"法无授权不可为",而且,法院或检察院不具备相应的检查和监督的专业知识和能力。前三种管理机制均属于公权力管理修复资金的模式,虽能确保资金安全,但难以高效利用修复费用。此外,封闭管理会导致缺乏有力的外部监督。

4. 基金或信托管理机制

基金会资金主要筹集渠道是接受资助,而法院判处的修复费用具有公共财政的性质,理论上不能直接捐赠给公益基金会。法院交由基金会进行管理是委托属性还是其他性质、如何规避基金会为利益考量而不合理使用修复费用等问题,需立法进一步跟进。至于公益信托模式,由于我国信托法律体系不完善,公益信托模式的发展推广缺乏法律规范的指引,具有不确定性。

综上,修复费用的管理使用主体具有多元化特点,且不同管理使用机制均有其各自的不足,为了确保修复费用的高效运用及生态环境修复的效果,必须摒弃单一的监管模式,引入多元化的监督主体进行有效监管并推动高效使用。具体而言,监管主体不仅可以是修复费用的管理使用主体,由其进行内部监管,还可以是相关行政机关、司法机关,以及包括社会组织在内的第三方主体、人民监督员、社会公众等,由其进行外部监管。

(二) 域外的主要模式

1. 美国的超级基金

美国环境公益诉讼起步较早,对于环境修复资金的获取、归属、使用等问题已经有较为健全的专门法律规定。美国于1980年12月颁布了《综合环境反应、赔偿与责任法》,除了对废弃用地的环境污染行为规定了相应的法律责任等内容,还专门规定了建立信托基金来解决治理费用的问题,从而为治理污染地块提供了有力的资金支持,因此该法案又被称为《超级基金法》。但该法案对资金来源和使用的规定欠缺,因此随后又颁布了三部法案:一是1986年的《超级基金修正与再授权法》,要求企业就其排放的化学污染物建立一个数据库,以便公众可以了解相关信息,从而促使企业自觉节能减排;二是1997年

---

① 参见张红霞、张晶《生态环境损害赔偿资金管理的实证研究》,载《中国检察官》2021年第19期,第63-64页。

的《纳税人减税法》，该法案提高了私人资本对污染地块修复的投资热情；三是2002年的《小商业者责任减免与棕色地带复兴法》，该法案促进了中小企业投身污染地块的再开发利用。① 美国环境公益诉讼利益归属机制为通过设立环境污染治理基金的方式对环境损害赔偿金的使用进行管制，向责任人收取的费用由专门基金账户受领，并用于预防污染、修复自然资源。② 基金的使用和管理权限交给环保局局长，环保局局长每年向国会汇报基金的来源、存款总额、实际使用等情况。另外，美国《超级基金法》规定了"污染者付费原则"，将向年收入超过200万美元的大企业征收的环境税作为基金的来源；除此之外，还有政府财政拨款等措施来保障资金来源，并遵循"先治理、后追责"的原则。③ 下文将分两方面具体论述。

（1）超级基金的管理。根据《超级基金法》的规定，环境行政机关行使超级基金的实际管理权，其独立负责环境基金的筹集、管理和使用等活动。联邦、各州政府机关不得干涉环境行政机关独立行使管理权，只有权对超级基金相关活动进行监督。一般是由公民、社会组织和其他主体在发现环境污染后进行举报投诉，环境行政机关才能启动超级基金的使用程序。而且，申请使用超级基金的条件严苛，当且仅当符合条件的所有申请人在穷尽行政和司法救济途径后，环境污染问题仍未得到解决的情况下，才能申请使用超级基金进行修复。

（2）超级基金的使用。具体来说，超级基金使用程序分为五个步骤：第一，环境污染调查评估。受理举报线索后，环境行政机关及时开展现场调查和信息分析，初步判断是否造成环境污染。第二，登记决策。对污染场地的原始状态和存在的污染物质情况进行登记记录，如果达到环境污染的标准，则列入环保责任系统，同时及时决定应急处置的措施。第三，制定修复计划并实施。根据污染情形制定相应修复计划，并在完成前期准备工作后开展清理修复工作。第四，后续跟踪修复。应急处置和清理修复工作完成后，还应保持长期观察，采取保护控制、5年复审等措施。第五，移出环保责任系统并及时总结。

---

① 参见杨骐瑛、阮一帆、杨姗姗《美国〈超级基金法〉及其对我国土壤污染防治政策的启示》，载《领导科学论坛》2023年第1期，第63-65页。
② 参见龙圣锦、陶弈成《环境公益诉讼损害赔偿利益归属研究——基于已公开判决的实证研究》，载《南京航空航天大学学报（社会科学版）》2018年第3期，第63页。
③ 参见沈绿野、赵春喜《我国环境修复基金来源途径刍议——以美国超级基金制度为视角》，载《西南政法大学学报》2015年第3期，第70页。

通过验收确保环境得到修复后,将污染情形移出污染信息记录的责任系统,①并复盘总结工作经验,以更有效地使用修复资金,提升修复效率。

2. 全球环境基金

全球环境基金成立于1991年,目前有185个成员国和18个执行机构,是全球影响力最大的环保基金。全球环境基金是《联合国气候变化框架公约》《生物多样性公约》《关于持久性有机污染物的斯德哥尔摩公约》《关于汞的水俣公约》《联合国防治荒漠化公约》等的重要资金机制。②全球环境基金的管理主要由联合国开发计划署和环境规划署负责具体执行,旨在帮助发展中国家及经济转型国家履行国际环境公约,通过全额项目、中型项目、能力建设项目及规划型项目提供赠款的方式资助相关生态环境项目。因其目的就是保护和改善全世界范围内的生态环境,实现全球环境效益,故资金适用项目对象具有鲜明的全球公益性特征,包括气候变化、臭氧层破坏、森林面积减少引起的温室气体增加、国际水域污染、生物多样性程度降低等环境问题。我国是全球环境基金的主要创始成员国和理事国,也是最大的受援国。

全球环境基金的机构包括成员国大会、理事会、秘书处、执行机构、科学技术咨询小组、国家联络员和独立评估办公室。其中,成员国大会作为内部管理机构,负责审批基金的总体政策,根据理事会提交的报告审议评估基金的运作,并对资金使用进行监管,成员国大会一般4年召开一次。理事会决定基金规划的指导方针,负责解决基金运作的专业性问题,并对基金的运作进行监管。秘书处负责安排日常工作以及项目组之间的衔接协调,且对提交审批的项目具有否决权。执行机构为联合国开发计划署和环境规划署,20世纪末开始,世界银行开始为该基金提供代管理服务,实际上也成了它的托管机构。科学技术咨询小组是对口的技术咨询机构,可调动世界各国相关专家为执行机构就项目建议书的科学性和适当性提供建议。国家联络员帮助确保申请的项目来源于本国的优先领域。独立评估办公室负责监测、评估环境项目的规划实施和开展内部监督工作,其可与其他机构合作建立评估交流系统,以提升评估准确性和合理性。

---

① 参见孟春阳《美国超级基金法的实践及其对我国的启示》,载《2009年全国环境资源法学研讨会论文集》,第1162－1166页。

② 参见张剑智、晏薇、刘蕾等《全球环境基金的影响、面临的挑战及中国应对策略》,载《环境保护》2023年第13期,第25－27页。

（三）建构我国合理的生态环境修复费用监管机制

对生态修复资金管理进行监督具有重要的实践意义，我们应该从内部和外部两个方面共同监督，预防和避免资金管理中产生违法违规行为，对违法违规行为严格追究法律责任，以此规范资金管理行为，保证资金能够真正落实于生态修复，进而保证我国环境保护事业有序开展。基于此，我们应建构合理的环境修复费用监管机制。首先，应当设立统一的费用受领主体。即由最高法、环境保护行政主管部门、环保组织、检察机关多方磋商，建立全国统一的"生态损害修复基金"，将公益诉讼所形成的资金纳入基金统一管理。其次，由兼具环境专业知识和环境保护职能的环保部门作为基金管理人，定期向法院和政府有关部门汇报资金使用情况，并在责任人不履行环境保护义务时通过市场招标的方式委托具备资质的代履行机构执行环境修复任务。最后，建立基金使用的审计制度，接受审计、财政部门的监督管理，保证基金的合理合法使用。基于上述考虑，我们可以探索构建"公权力机关监管与社会组织和群众监督并行"的外部监管机制以及"内部工作人员和内部专门机构双重监督"的内部监管机制。

1. 构建外部监管机制

外部监管可以分为司法机关的监督、行政机关的监管和社会监督三个部分。我国应当充分运用司法、行政、社会的力量来对环境修复资金的管理和使用进行监督，实现监督主体多元化。司法机关的监督就是检察机关和审判机关在履行职责过程中的监督。首先，法院应在执行过程中将阶段性定期验收检查活动常态化，保证环境修复的进度。其次，法院若在监督过程中发现修复方案存在问题，则需要及时补正。按理说，由判决确定的修复方案是具有法律效力的，但当修复方案必须修改否则将影响环境的修复时，应由代履行机构提出变更申请并同时陈述理由，在法院经过严格审核同意后才能变更实施。最后，修复项目执行完成后，法院应在必要时委托专业的验收检查机构对环境修复是否达到修复方案制定的目标进行验收，并出具验收报告，验收符合要求才能裁定执行完毕。检察机关的监督范围在于对生态环境修复资金的使用、生态环境修复的进程是否符合修复方案等。检察机关若是发现代履行机构或相关机构没有按照方案修复环境，则可向法院建议降低该机构的资质评级或替换代履行机构。

《生态环境损害赔偿管理规定》第十三条规定，"财政部负责指导有关生态环境损害赔偿资金管理工作"。故行政机关的监管应包括财政、审计等部门的监督检查。

　　社会监督是每一个社会主体对资金管理工作的监督，监督主体涵盖范围更大，包括资金运行中的参与人和利害关系人。换言之，环境污染责任人和受损人以及实施修复工作的工作人员等都能成为社会监督的主体。《生态环境损害赔偿管理规定》第三十一条规定，"赔偿权利人及其指定的部门或机构可以积极创新公众参与方式，邀请相关部门、专家和利益相关的公民、法人、其他组织参加索赔磋商、索赔诉讼或者生态环境修复，接受公众监督。生态环境损害调查、鉴定评估、修复方案编制等工作中涉及公共利益的重大事项，生态环境损害赔偿协议、诉讼裁判文书、赔偿资金使用情况和生态环境修复效果等信息应当依法向社会公开，保障公众知情权"。虽然社会监督主体范围很大，但实践中很少出现公共监督权的行使。这不是因为公众不愿意行使监督权，而是公众行使监督权困难重重，因此，应当在法律层面明确规定公众行使监督权的内容，为公众行使监督权提供制度性的保障，以此落实社会主体对生态修复资金管理的监督权，促进良性发展。

　　《环境保护法》规定了公众参与监督原则，公众享有对生态环境修复费用使用情况的知情权和监督权，若修复资金的管理使用处于一个不透明的空间，则会导致公众无法对生态环境修复情况进行有效监督，且无法保证公共资金的合法使用。因此，应当建立生态环境修复费用的信息公开制度，将费用使用情况、污染场地环境改善等信息公开上网，并以建立公共信箱、网络平台等方式为公民参与监督畅通渠道，相关部门应重视公众对生态环境修复提出的监督建议。不论采用哪种外部监督模式，都必须注意修复费用的管理使用主体应当配合相应监管主体的工作，监管方可以通过公开听证、公告公示等方式，主动公开修复费用的管理使用进度情况，并接受社会监督。

　　2. 完善内部监管机制

　　内部监督包括两个方面，一是指审批使用生态环境修复费用或者实际参与修复的内部工作人员之间的相互监督，二是指内部专门机构工作人员对资金申请人、使用人等情况进行的监督。监督的主要内容包括对资金使用情况的监督，以及对使用计划的评估等。另外，建构完善的内部监督机制，还需明确内部监督的主要负责人和不认真及时履行监督责任所要承担的法律后果。因为生态环境修复资金的管理和运行与公司的管理运行存在一定的相似性，所以生态环境修复资金的内部监督可以参考《中华人民共和国公司法》中内部监督组织的相关规定。比如，可以在生态环境修复资金管理内部设立监事会性质的组织，并明确该组织的主要负责人；该组织的职能主要是负责资金事务的监督工作，即对资金的使用审核和各部门的工作进行监督，从而避免出现违法违规的行为，防止资金的使用无法达到生态环境修复应有的效果。

第七章 检察公益诉讼的判决执行

党的二十大报告提出："必须牢固树立和践行绿水青山就是金山银山的理念，站在人与自然和谐共生的高度谋划发展。"这为生态文明建设工作提供了根本遵循与行动指南。检察机关积极贯彻落实有关精神，将恢复性司法理念引入生态环境保护领域，结合案情及不同环境要素的修复需求，积极探索增殖放流、补植复绿、替代修复、碳汇补偿、劳务补偿等多种修复方式，以最大限度地保护修复受损的生态环境，取得了诸多成绩。

一、恢复性司法理念在检察公益诉讼中的适用

（一）恢复性司法理念与检察公益诉讼的契合

在对违法行为人进行责任追究时，以劳务代偿的形式使得被告本应承担的民事责任得以落实，这是恢复性司法理念在生态环境保护领域的生动体现。恢复性司法理念发端于20世纪70年代，是基于对传统刑事司法的反思而开展的一系列小规模司法实验。该理念认为，传统刑事司法过于关注犯罪与惩罚，而忽视了对被害人的伤害补偿，为此，倡导通过社区矫正等举措来赔偿受害者。恢复性司法理念主张犯罪人对受害人负有"债务"，应通过恢复犯罪所造成后果之前的状态的方式来清偿该"债务"。也就是说，犯罪人应通过适当的赔偿来救济受害人，促成犯罪人与受害人的和解，并使得犯罪人能够重新融入所在社区和家庭，进而恢复社区的和谐秩序。这种处理方法提供了一条以和平方式在当事人充分参与的基础上解决刑事冲突的新途径。可见，恢复性司法的最主要特征在于恢复性，最终的目标在于实现损害"伤口"的愈合。在此意义上，恢复性司法理念契合了生态环境保护的要求。

生态环境侵权行为或生态环境犯罪行为不仅会损害私人利益，也会破坏人与自然之间的关系，损害社会公益，如果简单地就案办案、一判了之、一罚了之，则难以实现守护生态的良好效果，司法裁判的社会价值也可能会受到影

响。检察机关将恢复性司法理念引入生态环境保护领域，在办理生态环境和资源保护案件时，注重修复遭受破坏的生态环境和自然资源，使得恢复性司法从侧重赔偿被害人个人利益损失拓展到修复生态环境和资源领域中受损的公共利益。检察机关等适格主体提起民事公益诉讼时，其主要的诉讼请求就是要求生态环境侵权人承担生态环境修复责任、生态环境损害赔偿责任，但是如果被告确实由于经济困难而无法履行上述责任时，通过提供增殖放流、补植复绿、替代修复、碳汇补偿、劳务补偿等方式来代替履行金钱责任，则体现了恢复性司法的目的与意义。

但需要注意的是，生态环境领域的恢复性司法强调的是对被破坏的生态环境的修复，也不局限于刑事司法领域，而是广泛适用于刑事诉讼、民事公益诉讼、行政公益诉讼，以及其他生态环境相关的民事诉讼、行政诉讼等领域。其中，生态环境民事公益诉讼，其终极目的就是修复受损的生态环境、恢复生态功能，也因此，在生态环境民事公益诉讼中探索劳务代偿等方式，要求被告从事生态环境保护、修复治理等工作，以折抵其应承担的修复费用、赔偿费用，有利于纠正违法行为，也能彰显司法温度，丰富生态环境修复及赔偿的履行形式。

（二）检察公益诉讼中恢复性司法理念的实践探索

我国《民事诉讼法》2017年修正时正式确立了检察机关提起民事公益诉讼的制度，此后，各地在生态环境民事公益诉讼中积极探索适用增殖放流、补植复绿、替代修复、碳汇补偿、劳务补偿等方式。从法律规范层面看，江西、江苏、广东等地人大常委会在支持检察机关开展公益诉讼的地方性法规中规定，被告可通过增殖放流、补植复绿、替代修复、碳汇补偿、劳务补偿等履行赔偿义务。最高人民法院和最高人民检察院也在多个法律文件中肯定了上述做法。例如，《最高人民法院关于为广州南沙深化面向世界的粤港澳全面合作提供司法服务和保障的意见》规定"贯彻恢复性司法理念，探索创新补植复绿、增殖放流、劳务代偿、技改抵扣、认购碳汇等裁判执行方式"，《最高人民检察院关于支持和服务保障贵州在新时代西部大开发上闯新路的意见》提出"以补植复绿、增殖放流、劳务代偿等多种形式修复受损生态"，等等。

从司法实践看，我们在中国裁判文书网以"公益诉讼""劳务代偿"为关键词进行检索可以发现，2018年至2024年4月30日，共有相关文书85份。其中，刑事案件文书44份，民事案件文书40份，执行案件文书1份；2020年、2021年为高峰期，所涉"劳务代偿"案件分别为30件、25件。也就是说，法院既可以在判决书中明确载明被告劳务代偿的责任形式，也可以在执行中裁定以劳务代偿协议来替代判决主文所确定的责任形式。各地法院、检察院推送的典型案例中，有多起涉及劳务代偿的案件。例如，广东省高级人民法院2024年4月发布的2023年全省法院十大典型案例中，①"某市人民检察院诉某市某区某五金厂生态环境损害赔偿公益诉讼案"就依法支持五金厂经营者以劳务代偿方式承担赔偿责任，并在调解协议中指定河长对劳务代偿工作进行全程监督，明确由生态环境部门对劳务代偿效果进行验收，以确保劳务代偿取得预期效果。

值得关注的是，最高人民法院发布的175号指导案例肯定了劳务代偿的探索。该指导案例指出，在被告确无履行能力的情况下，可以考虑采用劳务代偿方式，如参加保护长江生态环境等公益性质的活动，或者配合参与长江沿岸河道管理、加固、垃圾清理等方面的工作，以折抵一定的赔偿数额。此外，最高人民法院和最高人民检察院也公布了多起劳务代偿的典型案例，为办理同类案件提供了参考范本。例如，最高人民法院2023年10月发布的10件国家公园司法保护典型案例中，有准许被告通过劳务代偿方式履行异地生态修复义务的判决。②又如，最高人民检察院2023年6月发布的检察机关服务保障碳达峰碳中和典型案例中明确指出，由当事人通过劳务代偿等方式修复受损生态，有效解决了补种树木幼龄期固碳增汇能力缺失的问题。

二、检察公益诉讼的执行依据

（一）检察公益诉讼判项的考量

检察公益诉讼的执行依据与其他类型的案件一样，仍然是在我国《民事诉讼法》《行政诉讼法》的框架下展开的。生态环境民事检察公益诉讼判决的

---

① 参见《2023年度全省法院十大典型案例》，见广东法院网：https://www.gdcourts.gov.cn/gsxx/quanweifabu/anlihuicui/content/post_1842466.html，最后访问时间：2024年5月1日。

② 在李某、羊某失火，羊某非法狩猎刑事附带民事公益诉讼案中，法院认为李某、羊某失火行为大量烧毁林木，对当地林业资源及生态环境造成了严重损害，应承担相应的民事责任。遂对羊某数罪并罚，判处有期徒刑一年六个月；判处李某有期徒刑一年二个月；判令李某、羊某连带承担异地修复费用26.7万元（通过支付费用或劳务代偿等方式履行）、生态服务功能损失鉴定及修复方案编制费用3万元，连带赔偿被毁林地生态环境受到损害至修复完成期间服务功能丧失所造成的损失698736元。参见《国家公园司法保护典型案例》，见中华人民共和国最高人民法院官网：https://www.court.gov.cn/zixun/xiangqing/414672.html，最后访问时间：2024年4月30日。

执行主要在于生态修复的判项，这是最重要的责任承担方式。

实践中，被告承担修复责任的判项主要有以下四种情形：

第一，判令被告承担环境修复费用。基于裁判结果的可执行性、执行成本、执行效率等因素，并在充分考量被告负担能力的情况下，法院在判决中往往会优先采用直接判令被告人承担环境修复费用的方式。

第二，判令被告自行修复被损害的环境，同时确定不履行修复责任时应承担的环境修复费用。这种判决对被告较为有利，因为被告据此自行实施修复行为的费用，有可能低于法院确定的不履行时应承担的修复费用。

第三，判令被告承担一定的生态修复费用，同时采取一定的自行修复或替代性修复行为，并确定不履行修复责任时应承担的生态修复费用。这既能让被告承担一定的修复费用，又综合考虑了其承受能力。在一些修复费用较大的案件中，法院往往采用承担修复费用与替代修复行为并举的方式。

第四，判令被告履行替代性修复，同时确定不履行修复责任时应承担的生态修复费用。这是在被侵害的环境无法修复时，法院判决或调解中采用的一种方式，实践中主要是针对污染物排入外环境已无法检测的案件，或现场无修复价值、无法修复的案件，往往以异地补植增绿、增殖放流、劳务代偿等方式进行。

（二）判决主文与修复方案

恢复性司法理念要求受损的生态环境切实得到有效修复，系统保护需要从各个生态要素全方位、全地域、全过程来实施，对于破坏生态所造成的后果，也要从系统的角度对不同生态要素所遭受的实际影响予以综合考量，注重从源头上系统开展生态环境修复，注重自然要素生态利益的有效发挥。因此，对于可修复的生态环境资源，判项的重点在于修复受损环境和预防环境破坏。司法机关应当充分重视提高生态环境修复的针对性、有效性，在判决侵权人承担生态环境修复费用时，可以结合生态环境基础修复及生物多样性修复方案，确定修复费用的具体使用方向。

例如，最高人民法院发布的 207 号指导案例"某省某市人民检察院诉王某林生态破坏民事公益诉讼案"[①]，某市中级人民法院鉴于侵权人非法采矿对生态环境造成了严重的破坏，认为应当消除受损山体存在的地质灾害隐患，以

---

① 《××省××市人民检察院诉王×林生态破坏民事公益诉讼案》，见中国法院网：https://www.chinacourt.org/article/detail/2021/06/id/6079360.shtml，最后访问时间：2023 年 9 月 20 日。

及从尽可能恢复其生态环境功能的角度出发，结合经济、社会、人文等实际发展需要进行总体分析判断，在判决主文中写明了生态修复、地质治理等项目和生物多样性保护等费用的使用方向。其判决主文是："一、被告王某林对其非法采矿造成的生态资源损失1893112元（已缴纳）承担赔偿责任，其中1498436元用于某市山林二矿生态修复工程及某市某区某街道大桥林场路口地质灾害治理工程，394676元用于上述地区生物多样性的恢复及保护。二、被告王某林承担损害评估等事务性费用400000元（已缴纳），该款项于本判决生效后十日内划转至南京市人民检察院。"该案涉修复方案涵盖了山体修复、植被复种、绿地平整等生态修复治理的多个方面，充分考虑了所在区域生态环境结构的功能定位，体现了强化山水林田湖草沙等各种生态要素协同治理的理念，已经过法庭技术顾问论证，结论科学，方法可行。王某林赔偿的生态环境损失费用中，属于改善受破坏的自然环境状况，恢复和维持生态环境要素正常生态功能发挥范畴的，可用于侵权行为发生地的生态修复工程及地质灾害治理工程。本案中，生物栖息地也是重要的生态保护和修复目标，生物多样性受到影响的损失（即鸟类生态价值损失、哺乳动物栖息地服务价值损失）、修复期间生物多样性价值恢复费用属于生物多样性恢复考量范畴，可在基础修复工程完成后，将案涉生态环境损失赔偿费用用于侵权行为发生地生物多样性的恢复及保护使用。

（三）替代性修复与劳务代偿

在实践中，替代性修复成为法院主要判项，《审理环境民事公益诉讼案件司法解释》第二十条为检察机关在公益诉讼中提出替代性修复的诉讼请求提供了法律依据。[①] 同时，该规定也明确了替代性修复责任的适用前提，即"无法完全修复"。在司法实践中，特别是一些资源类的公益诉讼案件中，一旦遭受破坏，生态环境就无法完全修复到损害发生之前的状态和功能。此种情况下，检察机关一般会提出替代性修复方案，以弥补侵权行为对环境资源造成的损害。例如，古树名木、珍贵野生动物等并不是普通的生态资源，其具有不可替代性和不可再生性，古树名木、珍贵野生动物被破坏后显然无法通过修复原状的方式去弥补其生态价值和重要的人文价值。又如，在一起野生动物保护民

---

① 《最高人民法院关于审理环境民事公益诉讼案件适用法律若干问题的解释》第二十条第一款规定："原告请求恢复生态环境的，人民法院可以依法判决被告将生态环境修复到损害发生之前的状态和功能。无法完全修复的，可以准许采用替代性修复方式。"

事公益诉讼[①]中，检察机关在诉讼请求中提出了详细的修复方案，即"赔偿生态资源损害费用共计人民币31500元，以劳务代偿的方式清偿（按公益活动200元/次计算，参加某市某区林业和园林局安排的公益活动78.5次，每次工作时间不少于6小时；参加某市某区某村民委员会安排的公益活动79次，每次工作时间不少于6小时。以上劳务在判决生效后2年内完成，其中陈某妹与邓某林连带承担30000元生态资源损害费用部分的劳务）"。

劳务代偿作为生态环境的替代性修复方式，首先，应考虑生态环境民事公益诉讼被告主观上是否确有悔改表现，是否愿意承担判决所确定的法律责任；其次，要从客观上考察其是否经济困难，从而无力承担相应的生态环境修复费用或赔偿费用，致使受损的生态环境公共利益无法得到及时修复；最后，还要考虑其承担的具体金额及所能提供劳务的能力等现实情况。《最高人民法院关于审理森林资源民事纠纷案件适用法律若干问题的解释》第二十一条的规定值得参考，即"当事人请求以森林管护、野生动植物保护、社区服务等劳务方式替代履行森林生态环境损害赔偿责任的，人民法院可以综合考虑侵权人的代偿意愿、经济能力、劳动能力、赔偿金额、当地相应工资标准等因素，决定是否予以准许，并合理确定劳务代偿方案"。

劳务代偿的具体实施方式应符合保护生态环境公共利益的目的，根据赔偿义务人自身条件等因素确定，包括提供卫生清洁、环保法律宣传、巡山巡林巡河等生态环境安全巡护、植树造林、种草等。相应地，劳务代偿方案应当对劳务代偿的适用条件、程序、方式、计算标准等做明确规定。特别是应详细规定被告进行公益劳动的场地、提供公益劳动的次数、每次的工作时间、每次折抵的费用等。

但是，从司法实践上看，生态修复是一项专业性较强的工作，受到侵权行为人的修复能力、修复意愿、实际操作可能性等各种因素影响，该诉讼请求可能无法实现。因此，实践中检察机关在起诉时除了可以提出要求侵权行为人承担修复生态环境责任的诉讼请求外，还可以提出若无法在限定期限内完成修复责任的，则需要承担生态环境修复费用的诉讼请求。对于金钱赔偿的诉讼请求，人民法院的执行方式与私益诉讼的民事判决执行方式并无二致。

（四）行政公益诉讼的执行依据

检察机关在办理行政公益诉讼案件时，不管是通过行政公益诉讼诉前程序

---

① （2023）粤0117刑初142号。

来督促行政机关履职，还是通过提起行政公益诉讼并由法院判决行政机关依法履职，相关执行都需要依靠行政机关积极主动地履行行政管理职责。例如，在生态环境公益诉讼中，对于进入诉前程序的案件，检察机关应与林草部门就法定职责、整改方案、生态修复效果加强沟通。对于林草部门是否依法履行职责，可从以下方面进行认定：国家利益或者社会公共利益是否得到有效保护，如监督责任人是否按照生态修复方案履行生态修复义务；违法行为是否得到有效制止，如是否采取有效措施制止违法行为、督促责任人进行应急处置；行政机关是否充分、及时、有效地采取了法定监管措施，如因客观障碍导致整改方案难以执行的，客观障碍消除后是否及时督促责任人进行整改，同时没有强制执行权的行政机关是否依法向法院申请了强制执行。对行政机关是否全面履职难以达成共识的，可经请示上级检察机关，与上一级林草部门进行沟通协商。对确实存在违法行使职权或者怠于履行职责的案件，诉前检察建议解决不了的问题，依法向法院提起公益诉讼，通过"诉"的确认来实现公益保护。

可见，公益诉讼执行是否到位主要是依据行政机关是否正确履行职责来判断的。而判断行政机关是否履职尽责，应以法律规定的行政执法机关的法定职责为依据，以其是否采取有效措施制止违法行为，是否全面运用法律法规、规章和规范性文件规定的行政监管手段，国家利益和社会公共利益是否得到有效保护为标准。按照通说，判断行政机关是否充分履职的标准主要包括行为要件、结果要件、职权要件，其中"职权要件"（也就是行政机关是否全面运用法律法规、规章和规范性文件规定的行政监管手段）是最重要也是最终的标准。例如，《广州市绿化条例》规定了当地的绿化行政主管部门负责本行政区域内的绿化工作，包括对古树名木进行普查、鉴定、定级、登记、编号，建立档案并定期更新，统一设置标志；开展定期巡查，采取宣传、培训、技术支持等各种措施开展保护工作。同时，该条例也规定了镇人民政府、街道办事处应当按照职责做好本辖区内的绿化工作，具体包括对本辖区内违反本条例的行为应当及时制止，或者向各区绿化行政主管部门报告，并配合有关部门进行查处。当然，上述关于行政机关的职责文件只是作为参考，如果与法律法规规章发生冲突时，应当依据法律法规规章来认定行政机关的监督管理责任。需要说明的是，如果人民法院判决责令行政机关履行保护古树名木的监督管理职责，但在执行过程中依据上述标准认定行政机关履职不到位，则可以依据《行政诉讼法》第九十六条规定采取相关措施。

三、检察公益诉讼的执行方式

根据"两高"《检察公益诉讼案件司法解释》第十二条的规定[①],不管是行政公益诉讼还是民事公益诉讼,执行生效判决、裁定的机关都是人民法院,而且公益诉讼与一般私益诉讼不一样,法院应当主动执行公益诉讼的裁判结果,无须检察机关主动申请。

(一) 直接强制执行与间接强制执行

生态环境修复的履行费用在形式上是一种金钱给付责任,其执行方式与普通民事案件中的金钱债权执行方式相同,我国《民诉法解释》对代履行的执行做了明确规定。[②] 若责任人在指定期限内未支付相应款项,则可采取查封、扣押、冻结、拍卖、以物抵债等直接执行措施,以及拘留、罚款、加倍支付迟延履行期间债务利息、支付迟延履行金、限制出境、限制高消费、在征信系统记录、通过媒体公布不履行义务信息等间接执行措施并用的方式对代履行费用进行收取。[③] 可见,生态环境修复费用的强制执行可根据法院强制执行的方式,分为直接强制执行和间接强制执行两种方式。

直接强制执行与间接强制执行二者在不同案件中发挥的作用和效能不同,具体可分为以下四种情况:

第一,当侵权人不具备相应的环境修复意愿和能力,那么,从受损公益的尽快修复以及环境利益的及时维护的角度出发,人民法院无须强制侵权人在合理期限内承担修复责任,而应直接使用间接执行的措施予以修复。

第二,如果侵权人具备环境修复意愿和能力,人民法院经过评估后认为可由侵权人优先采取修复措施,而后侵权人未及时履行修复义务的,则应由法院强制侵权人履行修复义务。直接执行效果不佳的,可再结合间接执行措施,将

---

① 《最高人民法院、最高人民检察院关于检察公益诉讼案件适用法律若干问题的解释》第十二条规定:"人民检察院提起公益诉讼案件判决、裁定发生法律效力,被告不履行的,人民法院应当移送执行。"

② 《最高人民法院关于适用〈中华人民共和国民事诉讼法〉的解释》第五百零二条第一款规定:"代履行费用的数额由人民法院根据案件具体情况确定,并由被执行人在指定期限内预先支付。被执行人未预付的,人民法院可以对该费用强制执行。"

③ 参见王慧《环境民事公益诉讼案件执行程序专门化之探讨》,载《甘肃政法学院学报》2018年第1期,第123-125页。

代履行费用执行到相应资金账户。

第三，倘若由行政机关前期委托修复或者应急处置而未严格遵守行政代履行相关规定，行政机关直接使用国家财政资金垫付处理的，垫付主体则应及时提起民事诉讼予以追偿。该民事诉讼与相关的生态环境损害赔偿诉讼程序可能会发生竞合。

第四，如涉及代履行的，代履行主体可以向人民法院申请强制执行。此时，代履行主体和人民法院应当充分预设修复费用执行不能的问题。对此，除了可以提前部署开展财产调查及采取保全措施外，根据相关规定，还可以根据具体情况适当考虑劳务代偿、补植复绿、增殖放流等替代性修复责任的承担。

（二）代履行费用的强制执行

为保证代履行费用能够顺利收取，法院应对责任人的可执行财产进行调查，如果未考虑被执行人的经济能力而做出巨额修复环境费用的判决指令，会导致执行效果差，进而耽误生态环境的及时修复。而且，高额的环境修复费用可能会导致一家企业陷入生存与发展的危机，严重的可能影响当地的就业问题和经济的可持续发展。但也不能因被告履行能力弱就减轻其环境修复责任，而应当在保留其转型和发展空间的情况下，最大限度地促进执行兑现。比如，可以判令被执行人对代履行费用进行分期偿付，这样既可保证该企业可持续性发展，又能让其承担足额的环境修复费用。

在分期偿付的情形下，偿付的期限应是环境修复方案实施完成的期限。若企业原本有能力在期限届满前完成分期给付，但执行中出现了资金断链的问题，则导致无法在修复方案实施期限内向代履行机构支付修复费用，如此一来，代履行机构可能会停止执行，又或者继续执行但自行承担较大的风险。鉴于恢复性司法的理念，环境修复应处于优先地位，应保障代履行机构继续执行环境修复任务。若被执行人无法偿付，则可以让其以低于同期银行贷款利率的方式或抵押的方式向"环境公益基金"借贷执行费用，用于偿付代履行机构，并在规定年限内偿还。如果偿还不能，则将其纳入绿色征信系统，限制其经营行为。

上述借贷执行费用的方式仅限于有存续发展可能的企业，若企业不具备持续经营能力或面临破产倒闭，则应尽早破产清算，以保留尽可能多的环境修复费用。如果经过清算仍不足以偿付代履行费用，则有两种途径可供选择：第一种是对企业进行法人人格否认，找到导致环境污染的直接责任人，要求其在侵害环境所获得的利益范围内承担代履行费用，并为其保留必要的生活费用。第二种也是最后一种填补途径，即在企业清算分配和直接责任人都无法执行代履行费用的情况下，由"生态损害修复基金"进行无代价补充。① 这是因为环境公益基金有补充赔偿功能，对受损环境发挥着最终保护功能。② 同理，如果被执行人为自然人，当直接或间接强制执行被执行人财产后仍不足以支付代履行费用时，则也由"生态损害修复基金"进行补充。

四、检察公益诉讼的执行保障

生态环境本身是不断发展变化的，当出现生态环境损害而需要进行修复时，也要确定修复的目标状态。一般认为，修复的目标状态应当是生态环境的原本状态，但考虑到自然系统的动态演化特征，何为原本状态本身未必容易确定，而且其是否值得作为修复的目标也存在疑问，因此，期待状态（即经一定程序判定的生态环境状态）可能更适合作为修复目标，并具体化为"修复程度"。③ 生态环境民事公益诉讼修复性责任执行效果的司法评价机制需要体现系统观念。但修复责任囿于行政机关、司法机关、环保组织与污染者权责配置不合理而难以实现，④ 更重要的是，各部门之间对于如何开展生态环境修复责任执行程序的协同机制并未建立，也并未发挥各自优势以共同促进生态环境修复到位。"最高人民检察院督促整治万××流域生态环境受损公益诉讼案"就从侧面反映出修复责任执行效果的协同评价机制还不够完善。该案之所以由最高人民检察院督办，是因为万××流域生态环境受损涉及三省（区）五县（市），管理主体分散、利益诉求多元、各方认识不一。⑤

根据目前司法实践情况，生态环境修复性责任的执行效果，有以下三种不同的推进模式。

一是"人民法院 + 检察机关 + 行政机关"三元模式。在某自治区某市某

---

① 参见张辉《论环境民事公益诉讼裁判的执行——"天价"环境公益诉讼案件的后续关注》，载《法学论坛》2016 年第 5 期，第 84 页。
② 参见高翔《论海上石油开发环境污染之法律救济——以墨西哥湾漏油事件和渤海湾漏油事件为视角》，载《法律适用》2012 年第 3 期，第 95 - 96 页。
③ 参见刘长兴《生态环境修复责任的体系化构造》，载《中国法学》2022 年第 6 期，第 99 - 100 页。
④ 参见胡静、崔梦钰《二元诉讼模式下生态环境修复责任履行的可行性研究》，载《中国地质大学学报（社会科学版）》2019 年第 6 期，第 14 页。
⑤ 《最高人民检察院督促整治万××流域生态环境受损公益诉讼案》，载《检察日报》2022 年 9 月 23 日，第 2 版。

区人民检察院诉许某等非法占用红树林林地刑事附带民事公益诉讼案①中，法院从修复受损红树林湿地环境的根本目的出发，采纳检察机关提交的证据材料和专家意见，合理认定补种株数，充分考虑红树林生态环境有效修复，合理确定修复范围和修复内容，明确生态环境损害赔偿金，既契合红树林湿地保护的特殊性，又考虑到刑事被告人实际情况。在执行过程中，人民法院、检察机关、行政机关共同督促实施，促进了红树林及时有效的修复。

二是"人民法院＋行政机关"二元模式。在某省某市人民检察院诉廖某某等非法捕捞刑事附带民事公益诉讼案②中，人民法院坚持恢复性司法理念，在依法做出刑事判决的基础上，依法认定附带民事公益诉讼中的生态环境修复责任。水产品是中华白海豚的重要食物来源，针对非法捕捞数量大而可能会影响中华白海豚食物来源的情况下，人民法院灵活运用增殖放流修复方式，在判决生效后委托某市农业农村局对被告就虾苗选购、提高虾苗成活率等问题进行专业技术指导，根据生态环境特点在合理时间内开展放流活动，及时修复了被破坏的海洋生态，有效实现了惩治违法犯罪与修复海洋生物多样性的双重效果。

三是"人民法院＋检察机关"二元模式。在某省某县人民检察院诉何某等非法采矿刑事附带民事公益诉讼案③中，法院在认定被告人刑事责任的同时，判令其对生态环境损害修复费用承担民事赔偿责任，让破坏生态环境者付出代价。该案判决后，在充分征求专家意见并研究论证的基础上，因不适宜在原地直接修复受损海洋生态环境，案涉法院、检察院依托建立的涉海洋保护联动机制，启动在渤海近海海域生态系统服务功能区，通过使用已执行到位的相关案款补植复绿、增殖放流等环境替代修复方式，使受损的海洋生态环境得到了有效修复，有助于维护渤海海域生物多样性。

在上述模式中，行政机关的积极参与对于环境修复推进工作具有显著效应，但这些行政主体并没有司法执行监督的义务，直接责任主体仍然是做出判决的法院。但是，环境修复活动具有环节多、时间跨度大、牵涉主体众多、专

---

① 参见《海洋自然资源与生态环境检察公益诉讼典型案例》，见中华人民共和国最高人民法院官网：https://www.court.gov.cn/zixun/xiangqing/422032.html，最后访问时间：2024年3月20日。

② 参见《海洋自然资源与生态环境检察公益诉讼典型案例》，见中华人民共和国最高人民法院官网：https://www.court.gov.cn/zixun/xiangqing/422032.html，最后访问时间：2024年3月20日。

③ 参见《海洋自然资源与生态环境检察公益诉讼典型案例》，见中华人民共和国最高人民法院官网：https://www.court.gov.cn/zixun/xiangqing/422032.html，最后访问时间：2024年3月20日。

业性强等特点，①单凭法院自身的人力、物力，显然难以胜任相应的监管和验收工作。②再加上修复效果评价需要考虑各方面因素，因此，修复责任执行的评价对法官来说是个考验，对其综合能力要求较高。如果法官因自身能力不足、责任心不强等原因消极处理该由法院做出司法评价的环境污染修复案件，就容易以"多一事不如少一事"的心态将职责推给行政部门，从而就不难理解实践中常常出现的，对于环境污染公益诉讼修复性责任执行效果的评价以行政评价为主、司法评价作用不明显的现象。

为加强生态环境修复执行评价的合法性和专业性，我们可将行政机关和司法机关共同参与的工作机制固定下来。生态环境损害具有公益性、专业性以及科技性等突出特点，行政机关在专业领域、专职职员、技术手段等诸多方面都具有不可比拟的优势。③因此，由行政机关进行前置评估具有合理性。但是，行政前置并非终局裁判，生态环境民事公益诉讼修复性责任的执行效果如何，还离不开司法评价，而基于诉讼程序、司法职能等特征，司法评价在生态环境民事公益诉讼修复性责任执行效果的验收中，应当具有最终决定权。以判决执行中劳务代偿的监督为例，为保障劳务代偿的顺利进行，法院应确定协助执行单位对劳务代偿进行管理和指导。同时，司法机关负责监督劳务代偿的履行情况，协助执行单位应当配合司法机关进行监督考核工作，根据劳务代偿执行情况，出具相关劳务代偿的工作时间、工作情况等证明和评价意见，并视情况聘请第三方评估机构出具评估意见。司法机关根据证明情况、评价意见、评估意见等，确定被告的劳务代偿是否已履行完毕。在劳务代偿过程中，如果被告出现不服从管理等不适宜继续履行劳务代偿的情形，经提醒仍拒不改正的，协助执行单位可以建议司法机关终结劳务代偿工作，由被告继续承担相应的修复责任或赔偿责任。

五、环境民事检察公益诉讼案例评析

近年来，生活垃圾处理问题日益凸显，不法分子在农村山水林田湖非法倾倒固体废物的行为时有发生，对生态环境造成了严重破坏。在卫某垃圾综合处

---

① 参见胡静、崔梦钰《二元诉讼模式下生态环境修复责任履行的可行性研究》，载《中国地质大学学报（社会科学版）》2019年第6期，第18页。
② 参见于文轩《环境资源与能源法评论（第4辑）》，中国政法大学出版社2022年版，第217页。
③ 参见张博《〈民法典〉视域下环境民事公益诉讼的运行困境与出路》，载《法商研究》2022年第4期，第121页。

理厂（简称"垃圾处理厂"）、李某强固体废物污染环境案[①]中，行为人向农村土地大量倾倒未经处理的垃圾及垃圾焚烧后产生的炉渣，时间长达10年，影响极其恶劣，这也说明公地悲剧是个普遍的实践难题。该案所涉的重要理论问题是，为了实现环境修复目标，在行政应对模式与司法救济模式之间如何通过检察公益诉讼将二者关联起来并建立相应的衔接机制。该案于2021年先后入选最高人民检察院发布的检察公益诉讼起诉典型案例、最高人民法院发布的环境资源典型案例，对于社会大众、行政机关、检察机关、审判机关如何更好地守法执法司法、共同加强公益保护具有重要的积极意义。

（一）基本案情

某省某市某区是全国花木之乡，辖区内山地湖泊水库众多，富有秀丽的山水景观。卫某垃圾处理厂位于某区某镇，李某强于2007年1月开始担任该厂的实际投资人及经营者。2007年5月，李某强与当地经济合作社签订土地租用协议，租用土地约400亩合作种植树木。李某强在签约时谎称会将经过筛选的垃圾运送上山开坑填埋、种植树木，但实际上却将未经处理的垃圾和垃圾焚烧后产生的炉渣直接堆放在后山。直至2016年8月垃圾处理厂被区环保局责令停业之前，李某强还经常趁着夜色将一车车的垃圾运到这里，堆砌到一定高度之后，再在上面堆一层浮土，用机器压平，然后再堆上垃圾。如此一层垃圾一层土，将近10年时间，案涉场地竟被堆出了一座"垃圾山"。经检测，垃圾处理厂倾倒垃圾的方量为40.7万立方米，重量为24.78万吨，垃圾倾倒区域植被遭到严重破坏，而且，垃圾渗滤液未经收集处理就渗入土壤、地下水，影响了周边环境，造成了大规模、超常规的环境污染和资源破坏。某区政府指令由某区某镇政府具体负责项目清理、整治工作。某镇政府前期整治阶段的工程费用为348.62万元，整治处理阶段的工程费用为10995.57万元，生态环境修复费用合计11344.19万元；监测、鉴定、勘测费用合计44.89万元。

（二）检察机关办案过程

某市某区人民检察院掌握现场情况后，启动行政公益诉讼诉前程序，于2017年9月至11月期间先后向环保、城管、安监、农林、水务等负有监督管理职责的行政机关发出检察建议，督促相关部门积极履责，以免当地生态环境进一步恶化。上述行政机关接到检察建议后，认真整改，采取了多项污染整治

---

① （2018）粤01民初724号。

措施。其中，环保部门协调相关责任单位清理垃圾处理厂倾倒的垃圾及渗滤液，避免对周边环境造成二次污染，并对被污染的山体土壤、地下水等进行环境监测和评估，研究环境修复方案，采取环境修复措施；城管部门负责清理垃圾处理厂倾倒的垃圾及渗滤液，并依法对上述垃圾及渗滤液进行无害化处理；安监部门负责依法做出应急预案的综合协调管理工作；水务部门采取拦截、导流、收集等方式防止垃圾渗滤液对周边水资源造成二次污染，并协助城管部门对垃圾清理过程中的渗滤液进行无害化处理，协助环保部门对清理后的现场再次进行地下水跟踪监测和评估，研究地下水修复方案；农林部门依法对垃圾处理厂违法倾倒垃圾所毁坏的林地植被采取修复措施。经过行政处理，案涉场地的环境污染情况得到了较好的控制，但当地政府为此也支付了巨额工程费用。

与此同时，某市人民检察院于2017年10月对该案启动民事公益诉讼工作。在调查取证阶段，生态环境部门应邀派出业务骨干担任特邀检察官助理，提供专业意见，并协调技术评估机构出具生态环境损害鉴定报告，协助检察机关提起公益诉讼。2018年7月，某市人民检察院将卫某垃圾处理厂、李某强固体废物污染环境民事公益诉讼一案诉至某市中级人民法院，诉请法院判令垃圾处理厂赔偿上述费用共计1.3亿余元，其实际投资人李某强在企业对上述费用不能清偿时承担赔偿责任。诉讼中，被告就垃圾处理厂倾倒垃圾行为导致案涉生态环境受损无异议，并同意支付期间服务功能损失费，但对生态环境修复费用数额争议较大。

（三）案件裁判结果

某市中级人民法院经审理认为，被告垃圾处理厂作为经营生态保护和环境治理的个人独资企业，进行民事活动时，应依法合规经营，在生态环境保护方面，切实担负责任和履行更高的注意义务。被告垃圾处理厂无视国家法律规定，实施与国家法律法规规定背道而驰的行为，致使植被遭破坏，地下水、土壤受到污染，生态环境功能严重受损而且无法在短期内恢复，严重损害了公民环境权益，危及社会公共利益。某市人民检察院作为公益诉讼起诉人提起本案诉讼符合规定，提出的各项主张于法有据，应予支持。

2020年9月，某市中级人民法院做出了支持检察机关全部诉讼请求的一审判决，垃圾处理厂被判支付案涉场地生态环境修复费用11344.2万元、生态环境服务功能损失费用1714万元、鉴定费及其他合理费用44.89万元，各项费用共计约1.31亿元。李某强应当对垃圾处理厂的上述债务承担补充清偿责任。另外，该垃圾处理厂、李某强应当在《××日报》或省电视台上发表声明，公开赔礼道歉。该案一审判决已经发生法律效力。目前，案涉场地垃圾已清除完毕，基本实现复绿。

（四）本案的主要问题

生态环境受到损害后，尽快修复环境是对生态环境利益进行救济的最佳方式，我国虽然构建了生态环境损害赔偿诉讼和环境公益诉讼的司法救济模式，但却忽视了行政代履行等行政应对模式。本案例研究的主要问题是：为了实现环境修复目标，应如何通过检察公益诉讼的形式在行政应对模式与司法救济模式之间建立关联并做好相应的衔接工作。具体包括以下四方面问题：第一，生态环境治理是系统性工程，涉及多个监督管理部门的职责，那么检察机关应如何在行政公益诉讼中确定监督对象、督促其履职，进而在治理生态环境污染问题上形成合力？第二，本案中，某镇政府对案涉垃圾堆放点进行清理整治的行为如何定性？第三，本案中，案涉场地生态环境修复费用的诉讼请求与政府投入的污染整治费用之间是何关系？第四，检察机关在本案中如何践行生态恢复性司法理念，从而有效促进环境修复工作？

1. 行政机关履职不到位的检察监督问题

本案中，垃圾处理厂和李某强非法倾倒垃圾的行为，过了将近10年才被有关部门查处，这不仅是负有环境监管属地责任的镇村失守，① 环保、城管、安监、农林、水务等负有监督管理职责的行政机关也存在不履行职责的情况。但检察机关在办理本案时，一些行政主管部门却还以职能交叉、权责不清为由互相推诿。在此情形下，对于行政机关的不作为，检察机关面临着如何确定检察监督对象的问题。

生态环境具有公共性、系统性，对生态环境的监管并非由某一部门所独占。根据行政职权法定原则，行政主管部门的监管职责有着明确的法律依据。因此，检察机关为充分发挥公益诉讼检察职能作用，首先是要在行政公益诉讼的诉前程序中厘清有关行政部门的职责。为做好该项工作，检察机关对相关部门所涉法律依据进行了细致的检索和研究，做出以下五种判断。

第一，根据《环境保护法》第十条、第二十五条的规定，某区环境保护局作为某区的环境保护主管部门，应当对垃圾处理厂违反法律法规排放污染物的行为及时采取监督管理措施。

---

① 2017年10月、2018年12月，某市某区人民法院分别对某镇某村村委会主任谢某涉嫌非国家工作人员受贿行为、某镇环保办主任汤某涉嫌受贿行为做出刑事判决。

第二，根据《广东省城乡生活垃圾处理条例》第五条第二款和第四十一条第二款的规定，某区城市管理局作为区环境卫生主管部门，应负责本辖区内城乡生活垃圾的处理工作，监督检查本行政区域内生活垃圾的清扫、收集、运输、处置。所以，区城市管理局对于垃圾处理厂违法随意倾倒垃圾、造成较大的环境污染隐患和安全隐患，应依法及时履行职责。

第三，根据《安全生产法》第九条、第六十七条的规定，某区安全生产监督管理局作为本辖区的安全生产工作综合监督管理部门，对辖区内的安全生产以及安全事故负有监督管理职责。垃圾处理厂自 2012 年起长期向山体倾倒垃圾，造成环境污染和生态破坏的后果，也给周边企业和居民带来了安全风险，某区安全生产监督管理局未及时依法采取监管措施，消除事故隐患，存在怠于履行职责的情形。

第四，根据《森林法》第九条第一款的规定，某区农林局作为本辖区的林业主管部门，对林地的使用和保护有管理监督职责。垃圾处理厂长期向山体倾倒垃圾，造成了场地污染且林地植被受到明显破坏。区农林局未及时对违法倾倒垃圾破坏林地的行为采取监督管理及林地修复措施，存在怠于履行职责的情形。

第五，根据《中华人民共和国水法》第十二条第三款的规定，某区水务局作为某区的水资源行政主管部门，对辖区内水资源负有监督管理职责。但垃圾处理厂倾倒的垃圾渗滤液对周边水资源，尤其是地下水的污染一直持续，致使自然资源和环境一直处于被侵害的状态。而且在雨水频繁时期，还可能加剧垃圾渗滤液对周边水资源的污染，但水务局并未及时采取措施。

根据上述分析，检察机关认为本案中环保、城管、安监、农林、水务等部门对垃圾山生态环境污染事件都负有监督管理职责，但它们却都出现了不履行职责的情形。为此，某区人民检察院先后制发 5 份检察建议，督促辖区内的环境保护主管部门、城市管理综合执法部门、安全生产工作综合监督管理部门、林业主管部门、水资源行政主管部门等采取有效措施，在环境侵害尚未进一步扩大时加以遏制，从而防止环境公益遭受无法弥补的损失或危害。

2. 生态环境修复责任的追究机制

生态环境修复责任的追究机制因责任主体的不同而有所区别。

首先，政府作为生态环境修复的责任主体时，基于职责法定的原则，需要明确规定政府有责任修复环境。在此情况下，政府如果没有及时开展环境修复工作，则检察机关可通过行政公益诉讼督促政府履职。不过，目前环境法律中明确规定政府承担环境修复责任的并不多。

其次，污染者作为生态环境修复的责任主体时，可通过行政修复制度或司法修复制度这两种途径来追究污染者的责任，这是通常的追责机制。基于行政权的及时、有效，应优先适用行政追责机制。行政主体在查实污染责任人后，对污染者发出修复环境的行政命令，当污染者未能修复环境时，行政机关应代为履行，并在后续的生态环境损害赔偿程序中追索修复费用。在此过程中，如果行政机关不作为或是怠于履职的，则检察机关可发动行政公益诉讼督促其履职。

本案中，由于案涉场地污染时间长、生态环境破坏情况严重，但近10年来却未被有关部门查处，说明监管缺位。案件披露以后，生态环境没有被及时修复，说明环境义务责任人缺位，由政府履行环境义务、承担环境修复职责就非常必要。在此情形下，检察机关通过行政公益诉讼，督促相关职能部门依法履职，查处涉案违法行为，防止生态环境污染情况进一步恶化；特别是督促了某区环保局研究环境修复方案，尽快采取环境修复措施的检察建议。后来，检察建议被全部采纳，垃圾清理和环境整治工作及时启动。历时3年，共清运固废及固废污染土壤170多万吨，清理渗滤液26000多立方米。当然，当地政府介入环境修复工作，并不意味着生态环境污染者就可借此逃避责任。《民法典》第一千二百三十四条也明确了首先是污染者担责，只有在污染者未修复环境时才由有关机关或组织替代其修复，相关修复费用可向污染者追讨。我国生态环境损害赔偿制度就是为实现"环境有价、损害担责"的原则，规定赔偿权利人可以与赔偿义务人主动磋商生态环境损害的赔偿事宜，当磋商不成时，赔偿权利人可依法提起诉讼。但在本案办理过程中，政府并未启动生态环境损害赔偿工作。

最后，通过民事司法修复机制追究污染者的环境修复责任。民事司法修复机制可分为生态环境损害赔偿诉讼机制和环境民事公益诉讼机制。本案中，检察机关向被告发起了环境民事公益诉讼，其中关于生态环境修复费用的请求金额就是以某镇政府清理整治案涉场地所有支出为准，检察机关支撑该诉求的重要证据也来源于某镇政府委托第三方实施环境修复的政府采购合同。该案判决书也明确载明将巨额生态环境修复费用支付给属地政府，体现了检察机关与行政主体在维护环境利益方面具有共通性。从学理上而言，检察机关在民事公益诉讼中实质上承担着维护公共利益、实施公共事务管理的责任，也属于行政的范畴；而污染者承担的环境修复责任是要补救受损的公共利益，是公共行政管理的后果责任,① 这也呼应了生态环境修复责任的行政法律责任属性。

3. 某镇政府对案涉垃圾堆放点进行清理整治行为的性质问题

本案中,垃圾山环境污染事件曝光后,当地政府积极开展生态环境修复工作。某区政府指令由某区某镇政府具体负责项目清理、整治工作。在项目的前期整治阶段,由某镇政府委托某市某建筑工程有限公司实施项目前期整治工程,包括完善渗滤液处置措施、对施工工地进行围蔽和规范管理、完善施工通道建设、改建垃圾渗滤液一体化处理设备临时设施以应对3月至9月的雨季和汛期,工程费用为348.62万元。

在项目的整治处理阶段,某镇政府以政府采购的方式委托中标企业某环保投资集团有限公司、某环投环卫有限公司、某建筑工程有限公司联合体于2020年9月底前完成清理整治主要工作,包括对需要清理的垃圾按组分类,按规范进行分类运输、分类处理;对作业区的污水进行无害化处置;于2020年12月20日前完成全部清理整治工作并通过验收,包括场地恢复和复绿工程等,工程费用为10995.57万元。

综上,某镇政府实施修复方案的费用和监测、监管等生态环境修复费用共计11344.19万元。某镇政府为整理垃圾山投入的上述生态环境修复费用,是作为政府履行国家环境义务而做的必要投入,还是作为代替环境污染责任人垫付的费用,关系到相关费用后续的追索问题。《中华人民共和国乡村振兴促进法》(简称《乡村振兴促进法》)第三十六条规定了政府对生态环境也负有修复责任,② 垃圾山造成的生态环境破坏后果十分严重,当地政府及时进行修复也是履责的体现。但是,如果不区分破坏生态环境、造成生态环境重大损害的原因,就直接将国家环境义务的后果责任归于政府,则会陷入"企业污染、群众受害、政府买单"的不公平局面。

我国《环境保护法》第五条明确规定了环境保护应坚持"损害担责"的原则,第六条在明确公民环境义务之后,规定了环境污染者、生态破坏者要对所造成的损害承担责任。《中华人民共和国土壤污染防治法》(简称《土壤污染防治法》)等单行法也规定了生态环境责任人应承担修复责任。③ 本案中,

---

① 参见刘长兴《生态环境修复责任的体系化构造》,载《中国法学》2022年第6期,第104-105页。
② 《乡村振兴促进法》第三十六条规定:"各级人民政府应当实施国土综合整治和生态修复,加强森林、草原、湿地等保护修复,开展荒漠化、石漠化、水土流失综合治理,改善乡村生态环境。"
③ 《土壤污染防治法》第四十五条第一款规定:"土壤污染责任人负有实施土壤污染风险管控和修复的义务。土壤污染责任人无法认定的,土地使用权人应当实施土壤污染风险管控和修复。"

根据法院查明的事实，可确定是由于垃圾处理厂和李某强的违法行为，才造成了垃圾山环境污染事件。根据"损害担责"的基本原则，垃圾处理厂和李某强应对其造成的生态环境损害结果承担生态环境损害赔偿责任。行政机关所投入的巨额修复费用，属于生态环境损害赔偿范围，根据中央《生态环境损害赔偿制度改革方案》的规定，某市政府赔偿权利人可指定某市相关部门或机构负责生态环境损害赔偿具体工作。本案中，行政赔偿权利人并没有通过生态环境损害赔偿磋商和生态环境损害赔偿诉讼的方式来寻求救济，而是在检察机关提起环境民事公益诉讼时，将某镇政府的修复费用包含在了诉讼请求之内，胜诉后将环境修复费用直接支付给花都区财政局。

4. 生态环境修复费用的诉讼请求与政府整治污染费用之间的关系问题

环境民事公益诉讼的原告与案件没有直接利害关系，其提起环境民事公益诉讼是为了保护环境公共利益，解决"对环境本身的损害"的问题。正因如此，其诉请内容不仅针对已经发生的损害，还针对生态环境的恢复或者生态环境风险的事先防范。在设定具体的诉讼请求方面，《审理环境民事公益诉讼案件司法解释》中规定了原告可请求被告承担修复生态环境等民事责任，法院既可以判决由被告修复生态环境，也可直接在判决中确定被告应当承担的生态环境修复费用。①

本案中，某市人民检察院提出的第一项诉讼请求就是判令卫某垃圾处理厂承担案涉场地生态环境修复费用11344.19万元。这主要是考虑到提起诉讼时垃圾处理厂实际上已不具有修复案涉生态环境的能力，其经营者李某强也已被采取刑事措施，无法亲自实施生态环境的修复工作，而且由于案涉场地生态环境污染严重、事态紧急，当地政府已委托第三方机构进行清理整治工作，相关费用已经明确。检察机关提出的环境修复费用金额，其计算依据来自某镇政府委托第三方清理整治案涉场地的两个合同所发生的费用，有相应的委托合同、政府采购合同作为证据材料。而这些材料能够在诉前就及时为检察机关所掌

---

① 《最高人民法院关于审理环境民事公益诉讼案件适用法律若干问题的解释》第十八条规定："对污染环境、破坏生态，已经损害社会公共利益或者具有损害社会公共利益重大风险的行为，原告可以请求被告承担停止侵害、排除妨碍、消除危险、修复生态环境、赔偿损失、赔礼道歉等民事责任。"第二十条规定："原告请求修复生态环境的，人民法院可以依法判决被告将生态环境修复到损害发生之前的状态和功能。无法完全修复的，可以准许采用替代性修复方式。人民法院可以在判决被告修复生态环境的同时，确定被告不履行修复义务时应承担的生态环境修复费用；也可以直接判决被告承担生态环境修复费用。生态环境修复费用包括制定、实施修复方案的费用，修复期间的监测、监管费用，以及修复完成后的验收费用、修复效果后评估费用等。"

握,也说明了当地政府接受检察建议并积极协助检察公益诉讼,同时,检察机关将生态环境修复费用具体化也是对行政机关工作的支持,体现了行政机关和检察机关为了环境治理的共同目标达成了共识。

对于检察机关的这一诉讼请求,被告持有异议,认为应在生态环境部华南环境科学研究所 2018 年 10 月出具的环境损害鉴定评估报告所确定的 7235.5 万元范围内承担责任。但是,被告的抗辩忽视了该评估报告做出的时间点,也忽视了生态环境状况并非静止,而是不断动态变化的过程。某镇政府开展生态环境修复工作是在该评估报告做出之后,而且某镇政府与第三方机构签订的关于案涉场地清理整治项目的两个合同,形成时间也都在环境损害鉴定评估报告做出之后。也就是说,生态环境变化的不确定性导致实际修复过程中投入的费用更高,而且当地政府是基于环境监管的行政职责来委托第三方机构进行生态环境修复工作的,具有公信力,检察机关据此主张的金额更能体现修复环境所需的实际费用。而且,从诉讼抗辩来看,被告只是主张以环境损害鉴定评估报告为依据来确定环境修复费用,没有对当地政府委托第三方清理整治项目费用可能存在的不合理之处提出相应的证据予以支持。

最终,某市中级人民法院一审判决支持了检察机关的这一诉求。需要强调的是,法院虽然根据当地政府的实际支出确定了被告承担巨额生态环境修复费用。但该费用支付至某市某区财政局账户,是用于修复案涉场地生态环境的,检察机关发动民事公益诉讼并不是为了取得赔偿,而是为了保证有充足的资金来开展环境修复工作,以使受损的生态环境恢复如初。

5. 恢复性司法理念在民事环境公益诉讼中的适用问题

生态环境恢复性司法的核心理念为及时修复受损生态环境,恢复生态功能,各地在办理生态环境损害案件中,通过实施"原地修复+异地复绿""增殖放流""土地复垦"等多种方式最大化修复受损的生态环境。但上述措施大多是案件办结后采取的,在时间上应还有前移的空间。本案就是探索在案件办结前就开展生态环境修复工作。而环境修复很重要的就是要有充足的修复资金提供给修复工作,使其能够顺利开展。本案在资金方面较为特殊,垃圾处理厂在成为本案被告时,其银行账户金额仅有 200 多元,厂内的生产设施和设备也早已被被告李某强变卖,检察机关即使胜诉也无法从垃圾处理厂取得环境修复资金和其他赔偿费用,这将影响环境修复工作。而李某强作为实际投资人和违法获益者,应以个人财产对该厂上述侵权债务承担法律责任。

为了防止李某强转移财产,某市人民检察院于 2018 年 7 月 16 日向某市中级人民法院申请对李某强采取诉前财产保全,依法查封了李某强价值 1000 万元左右的银行存款、房产及汽车。在案件审理过程中，检察机关认为环境污染具有不可逆性，若不及时整治便可能遭受永久性功能损害，于是向法院发出先予执行意见书，建议先予执行被告财产，将上述冻结款用于支付部分环境修复费用。某市中级人民法院支持了检察机关的先予执行意见，裁定被执行人垃圾处理厂、李某强应先行支付生态环境修复费用，该费用数额以已查封、扣押、冻结的垃圾处理厂、李某强名下财产为限。生态环境修复具有时效性、季节性、紧迫性，检察机关在环境侵害尚未进一步扩大时探索运用司法手段加以实施，从而阻止了环境公益遭受无法弥补的损失或危害。检察机关的上述做法，都是恢复性司法理念在民事公益诉讼案件中的体现，对确保本案生效裁判得到有效执行，切实修复受损生态环境具有重要意义。

6. 生态环境修复责任的实施保障

在民事公益诉讼中适用先予执行制度，是检察机关践行生态环境恢复性司法理念的探索。先予执行是民事诉讼法中重要的诉讼保障机制，通过先予执行可解决部分当事人在生活或生产方面的迫切需要，保障诉讼的顺利进行。[①] 可见，先予执行帮助部分当事人回归了正常的生产生活，该制度具有"恢复性"特征，这与检察机关在环境公益诉讼中所强调的恢复性司法理念相契合。检察公益诉讼的首要目标就是及时有效地修复受损的生态环境，在法院做出判决以前，如果生态环境污染面临恶化趋势，则可能失去最佳治理时机，此时若不及时采取措施将造成重大环境损害，待判决后再执行已于事无补。所以，环境公益诉讼中，在紧急情况下适用先予执行制度与民事诉讼法设立该制度的初衷是一致的，应予准许。

本案中，被告承担生态环境修复责任的方式是支付巨额修复费用，也就是履行金钱责任。但检察机关在启动民事公益诉讼前，就已发现被告垃圾处理厂并无支付能力。而李某强是垃圾处理厂的实际投资人，根据《中华人民共和国个人独资企业法》（简称《个人独资企业法》）第二条、第三十一条的规定[②]，在垃圾处理厂财产不足以清偿时，他应承担赔偿责任。明确两被告之间的法律关系后，检察机关在起诉前就申请法院对李某强采取措施，冻结其千万资产，确保判决"不打白条"。在案件审理过程中，检察机关向某市中级人民

---

① 参见张卫平《民事诉讼法》，法律出版社 2019 年版，第 284 页。
② 《个人独资企业法》第二条规定："本法所称个人独资企业，是指依照本法在中国境内设立，由一个自然人投资，财产为投资人个人所有，投资人以其个人财产对企业债务承担无限责任的经营实体。"第三十一条规定："个人独资企业财产不足以清偿债务的，投资人应当以其个人的其他财产予以清偿。"

法院发出先予执行意见书,责令垃圾处理厂和李某强将案涉场地所倾倒和填埋的污染物先予清理,恢复至损害发生之前的状态。鉴于垃圾处理厂、李某强不能自行修复受损环境,某区某镇政府便委托有修复能力的第三方进行修复,在暂时不能全面清理垃圾的情况下,对山体进行加固,并在山底下建立两个垃圾渗滤液蓄水池,将垃圾渗滤液集中起来定期拉走,以避免对土壤和水源造成进一步污染。综上所述,检察机关在环境公益诉讼中将恢复性司法理念融入案件办理过程,除了要厘清案件的事实和法律问题,更要注重生效判决的有效执行,从而有助于及时修复受损生态环境、恢复生态功能。

结　语

虽然检察公益诉讼制度在我国发展的时间还不长，但检察机关提起公益诉讼是在司法改革的大框架下进行的，涉及国家权力的优化配置，中央对此高度重视。党的二十大报告里专门强调了"完善公益诉讼制度"，检察公益诉讼法也被列入十四届全国人大常委会立法规划一类项目，立法草案有望在本届任期内提请审议。在立法工作紧锣密鼓进行之际，我们更应在理论上对公益诉讼形成正确的认识。目前，公益诉讼的运行中私法救济的观念较重，关注重点多集中于"是否侵害环境社会公共利益"，而较少考虑"法定"与"执法"、可诉范围、责任承担，导致公益诉讼不以行为"违法"为前提，责任方式直接着眼于"损害"如何救济。

根据前文所述，检察公益诉讼立法应重点规定案件范围、管辖、证据的收集与保全、举证责任分配、起诉主体的诉讼地位、审理组织、主动执行等问题。对此，本书认为，检察机关在公益诉讼中的法律地位是检察公益诉讼制度的元问题。检察机关正是因为法律监督者这一特殊身份，才能对破坏公共利益的违法行为进行追责。在行政公益诉讼中，检察机关提起公益诉讼，并非寻求司法救济，而是对行政机关的违法行为进行监督和追诉。正是这些特殊性决定了检察机关提起公益诉讼，与民事、行政诉讼中一般的原告不同，也区别于其他公益诉讼主体，以"公益诉讼起诉人"的身份参与公益诉讼，更能体现检察机关的诉讼地位。

检察机关提起公益诉讼必须经过诉前程序。因此，有效发挥公益诉讼诉前程序的功能颇为关键。但民事公益诉讼和行政公益诉讼的诉讼主体、诉讼对象不同，诉前程序内容也有区别。在民事公益诉讼中，从节约司法资源、促进社会组织参与治理、推动行政机关履行职责等角度考虑，应尽可能使符合法定条件的行政机关和有关组织提起民事公益诉讼，诉前程序的功能主要就是排查适格的起诉主体。在行政公益诉讼中，诉前程序主要是协调司法和行政的关系，启动公益诉讼之前要特别注意不能以司法权破坏行政权的正当运行，检察机关应当向行政机关提出检察建议，督促其依法履行职责。为更好地督促行政机关履行职责，建议设定时限、限期答复，行政机关不依法履行职责的，则人民检察院依法向人民法院提起诉讼。

从公益诉讼的制度目的来看，制止继续损害公共利益的救济型公益诉讼和提前防止公共利益受到难以修复的损害的预防型公益诉讼，检察机关都可提起。截至目前，检察公益诉讼在法定办案领域上形成了"4＋N"格局，助力了国家治理体系和治理能力现代化发展。检察机关应在新的实践中不断探索，顺应人民群众对公益保护的新需求，不断拓展公益诉讼案件的范围。同时，检察机关提起公益诉讼具有较强的职权主义色彩，因而要明确检察机关的调查核实权及其保障措施。公益诉讼案件案情复杂、专业性强，涉及的大量证据事实往往掌握在被告一方，检察机关与被告存在信息上的不对称，为便于查清案件事实，应赋予检察机关一定的手段。

公益诉讼裁判的执行监管问题也需妥善处置。法院在公益诉讼中采取职权主义进行积极主动的干预已是共识，对于需要采取强制执行措施的公益诉讼裁判，法院应当主动移送执行，无须申请执行。为了保护国家利益和社会公共利益，检察机关更应加强对法院执行活动的监督。但是，由于公益诉讼执行具有特殊性，特别是公益诉讼赔偿金支付给谁、由谁支配、修复工程由谁实施、由谁监管、执行效果如何评估等都存在法律空白。这恰恰说明了公益诉讼较为复杂，需要细密的规则、制度保障。同时，现代法治视野下的公益诉讼和公益维护需要法治，司法是法律实施的重要而非唯一手段，是执法的补充而非替代，构建检察公益诉讼制度也不是孤立进行的，应按照多方协力、有机联系的原则进行系统化构建，方能行稳致远。

参考文献

一、中文著作

[1] 蔡小雪,甘文. 行政诉讼实务指引[M]. 北京:人民法院出版社,2014.
[2] 常怡. 民事诉讼法学研究[M]. 北京:法律出版社,2010.
[3] 陈亮. 美国环境公益诉讼原告适格规则研究[M]. 北京:中国检察出版社,2010.
[4] 杜万华. 最高人民法院消费民事公益诉讼司法解释理解与适用[M]. 北京:人民法院出版社,2016.
[5] 樊崇义. 检察制度原理[M]. 北京:法律出版社,2009.
[6] 何家弘,刘品新. 证据法学[M]. 北京:法律出版社,2013.
[7] 贺海仁. 公益诉讼制度的新发展[M]. 北京:中国社会科学出版社,2008.
[8] 黄忠顺. 公益性诉讼实施权配置论[M]. 北京:社会科学文献出版社,2018.
[9] 江必新. 新行政诉讼法专题讲座[M]. 北京:中国法制出版社,2015.
[10] 江必新. 中华人民共和国行政诉讼法理解适用与实务指南[M]. 北京:中国法制出版社,2015.
[11] 江必新. 中华人民共和国行政诉讼法及司法解释条文理解与适用[M]. 北京:人民法院出版社,2015.
[12] 姜明安. 行政法与行政诉讼法[M]. 北京:北京大学出版社,高等教育出版社,2015.
[13] 姜世明. 新民事证据法论[M]. 台北:新学林出版社,2009.
[14] 江伟,肖建国. 民事诉讼法[M]. 北京:中国人民大学出版社,2023.
[15] 蓝冰. 德国民事诉讼法研究[M]. 成都:四川人民出版社,2017.
[16] 梁凤云. 新行政诉讼法讲义[M]. 北京:人民法院出版社,2015.

［17］骆永家. 民事举证责任论［M］. 台北：台湾商务印书馆，2009.
［18］潘申明. 比较法视野下的民事公益诉讼［M］. 北京：法律出版社，2011.
［19］汤维建. 民事诉讼法学［M］. 北京：北京大学出版社，2023.
［20］汤维建. 民事诉讼法学精论：上册［M］. 北京：中国检察出版社，2022.
［21］叶俊荣. 环境政策与法律［M］. 台北：元照出版有限公司，2010.
［22］于文轩. 环境资源与能源法评论：第4辑［M］. 北京：中国政法大学出版社，2022.
［23］中国人民大学法学院"民事诉讼法典的修改与完善"课题组.《中华人民共和国民事诉讼法》修改建议稿（第三稿）及立法理由［M］. 北京：人民法院出版社，2005.
［24］张卫平. 程序公正实现中的冲突与衡平［M］. 成都：成都出版社，1993.
［25］张卫平. 民事证据法［M］. 北京：法律出版社，2017.
［26］张卫平. 民事诉讼法［M］. 北京：法律出版社，2019.
［27］张艳蕊. 民事公益诉讼制度研究：兼论民事诉讼机能的扩大［M］. 北京：北京大学出版社，2007.
［28］最高人民检察院民事行政检察厅. 检察机关提起公益诉讼实践与探索［M］. 北京：中国检察出版社，2017.
［29］最高人民法院行政审判庭. 最高人民法院行政诉讼法司法解释理解与适用：上［M］. 北京：人民法院出版社，2018.

二、中文译著

［1］巴尔. 欧洲比较侵权行为法［M］. 张新宝，焦美华，译. 北京：法律出版社，2001.
［2］俄罗斯民事诉讼法典［M］. 桴丽庄，张西安，译. 厦门：厦门大学出版社，2017.
［3］法国新民事诉讼法典：上册［M］. 罗结珍，译. 北京：法律出版社，2008.
［4］哈泽德，塔鲁伊. 美国民事诉讼法导论［M］. 张茂，译. 北京：中国政法大学出版社，1998.
［5］卡佩莱蒂. 福利国家与接近正义［M］. 刘俊祥，等译. 北京：法律出版社，2000.

[6] 罗森贝克. 证明责任论 [M]. 庄敬华, 译. 北京: 中国法制出版社, 2018.

[7] 美国联邦民事诉讼规则 [M]. 齐玎, 译. 厦门: 厦门大学出版社, 2023.

[8] 普维庭. 德国现代证明责任论 [M]. 吴越, 译. 北京: 法律出版社, 2006.

[9] 叶夫根尼耶维奇. 检察监督 [M]. 刘向文, 译. 北京: 中国检察出版社, 2009.

三、期刊论文

[1] 蔡虹, 梁远. 也论行政公益诉讼 [J]. 法学评论, 2003 (2): 100.

[2] 常纪文, 李曜坤. 美丽中国建设监督体系构建的成效、不足与建议 [J]. 中国生态文明, 2022 (6): 62.

[3] 陈建华. 环境民事公益诉讼中的因果关系与责任确定 [J]. 人民司法·案例, 2018 (35): 50.

[4] 陈兴生, 宋波, 梁远. 民事公诉制度质疑 [J]. 国家检察官学院学报, 2001 (3): 96.

[5] 丁丰, 林艳, 吴茜. "固碳增汇"视域下生态环境损害赔偿资金的管理使用 [J]. 中国检察官, 2022 (17): 13–15.

[6] 傅国云. 行政公益诉讼制度的构建 [J]. 中国检察官, 2016 (3): 66.

[7] 高翔. 论海上石油开发环境污染之法律救济: 以墨西哥湾漏油事件和渤海湾漏油事件为视角 [J]. 法律适用, 2012 (3): 95–96.

[8] 郭雪慧. 食品药品安全民事公益诉讼惩罚性赔偿制度研究 [J]. 浙江大学学报 (人文社会科学版), 2023 (8): 91.

[9] 高宗祥. 行政公益诉讼制度施行疑难探讨 [J]. 人民检察, 2016 (10): 8.

[10] 巩固. 环境民事公益诉讼性质定位省思 [J]. 法学研究, 2019 (3): 130–134.

[11] 韩波. 公益诉讼制度的力量组合 [J]. 当代法学, 2013 (1): 32.

[12] 韩耀元. 准确把握诉前程序基本特征 科学构筑诉前程序工作机制 [J]. 人民检察, 2015 (14): 43.

[13] 胡静, 崔梦钰. 二元诉讼模式下生态环境修复责任履行的可行性研究

[J]. 中国地质大学学报（社会科学版），2019（6）：14-18.

[14] 胡卫. 我国环境修复司法适用的特色分析 [J]. 环境保护，2015（19）：58-61.

[15] 黄锡生，谢玲. 环境公益诉讼制度的类型界分与功能定位：以对环境公益诉讼"二分法"否定观点的反思为进路 [J]. 现代法学，2015（6）：109.

[16] 黄忠顺，李琛. 公益诉讼实施权配置论 [J]. 探求，2013（4）：25-33.

[17] 黄忠顺，刘宏林. 论检察机关提起惩罚性赔偿消费公益诉讼的谦抑性：基于990份惩罚性赔偿检察消费公益诉讼一审判决的分析 [J]. 河北法学，2021（9）：92.

[18] 李美君. 检察机关提起行政公益诉讼的路径 [J]. 中国法律评论，2015（3）：219.

[19] 姜涛. 检察机关提起行政公益诉讼制度：一个中国问题的思考 [J]. 政法论坛，2015（6）：25-26.

[20] 李丹红. 广州市从化区古树名木保护现状与对策 [J]. 乡村科技，2020（35）：63.

[21] 李华琪. 论中国预防性环境公益诉讼的逻辑进路与制度展开 [J]. 中国人口·资源与环境，2022（2）：97.

[22] 李征，邓娟. 消费民事公益诉讼中适用惩罚性赔偿的域外研究及其启示 [J]. 法治论坛，2020（3）：181-182.

[23] 林莉红. 论检察机关提起民事公益诉讼的制度空间 [J]. 行政法学研究，2018（6）：56-58.

[24] 林莉红，马立群. 作为客观诉讼的行政公益诉讼 [J]. 行政法学研究，2011（4）：5.

[25] 林仪明. 我国行政公益诉讼立法难题与司法应对 [J]. 东方法学，2018（2）：158-159.

[26] 刘本荣. 行政公益诉讼的要件分析 [J]. 北方法学，2020（4）：87-88.

[27] 刘长兴. 生态环境修复责任的体系化构造 [J]. 中国法学，2022（6）：99-105.

[28] 刘加良. 解释论视野中的民事督促起诉 [J]. 法学评论，2013（4）：94.

[29] 刘莉，胡攀. 生态环境损害赔偿磋商制度的双阶构造解释论 [J]. 甘肃政法学院学报，2019（1）：38-39.

[30] 刘学在，刘鋆. 论生态损害赔偿磋商协议的法律性质及其争议解决路径[J]. 南京工业大学学报（社会科学版），2020（2）：2-7.

[31] 刘艺. 检察公益诉讼的司法实践与理论探索[J]. 国家检察官学院学报，2017（2）：14-15.

[32] 龙圣锦，陶弈成. 环境公益诉讼损害赔偿利益归属研究：基于已公开判决的实证研究[J]. 南京航空航天大学学报（社会科学版），2018（3）：63.

[33] 吕忠梅. 环境公益诉讼辨析[J]. 法商研究，2008（6）：133-134.

[34] 吕忠梅，窦海阳. 修复生态环境责任的实证解析[J]. 法学研究，2017（3）：127-137.

[35] 罗丽，王浴勋. 生态环境损害赔偿磋商与诉讼衔接关键问题研究[J]. 武汉理工大学学报（社会科学版），2017（3）：123.

[36] 马明生. 检察机关提起行政公益诉讼制度研究[J]. 中国政法大学学报，2010（6）：99.

[37] 潘剑锋，郑含博. 行政公益诉讼证明责任分配的理论阐释与规则构建[J]. 北京大学学报（哲学社会科学版），2022（1）：114-116.

[38] 彭中遥. 论生态环境损害赔偿诉讼与环境公益诉讼之衔接[J]. 重庆大学学报（社会科学版），2021（3）：175-176.

[39] 钱国泉，俞广林，付继博. 检察机关提起行政公益诉讼的举证责任分配[J]. 人民检察，2016（22）：28-29.

[40] 饶成，黄密. 关于古树名木保护的一点思考[J]. 林业与生态，2020（9）：17-18.

[41] 石菲，邓禹雨，高赫男. 环境民事公益诉讼中生态环境修复义务的判定与执行：以38份裁判文书为样本[J]. 贵阳市委党校学报，2017（4）：44.

[42] 隋璐明. 将来给付之诉的理据研究：胎儿生活费请求权之诉的另一种实现路径[J]. 交大法学，2019（1）：176-179.

[43] 孙其华. 涉税行政公益诉讼制度的实践困境与完善路径[J]. 税务与经济，2021（6）：24-25.

[44] 孙佑海，张净雪. 检察公益诉讼专门立法的理论基础和法律框架[J]. 国家检察官学院学报，2023（3）：75-76.

[45] 沈绿野，赵春喜. 我国环境修复基金来源途径刍议：以美国超级基金制度为视角[J]. 西南政法大学学报，2015（3）：70.

[46] 唐守东. 食品安全民事公益诉讼惩罚性赔偿制度的实践检视与完善路径 [J]. 湖南行政学院学报, 2021 (3): 84.

[47] 王承堂. 论惩罚性赔偿与罚金的司法适用关系 [J]. 法学, 2021 (9): 162.

[48] 王玎. 检察机关提起行政公益诉讼的举证责任 [J]. 上海政法学院学报 (法治论丛), 2017 (4): 141.

[49] 王慧.《民法典》生态环境修复请求权的二元构造及其实现路径 [J]. 安徽大学学报 (哲学社会科学版), 2021 (4): 118 – 119.

[50] 王慧. 环境民事公益诉讼案件执行程序专门化之探讨 [J]. 甘肃政法学院学报, 2018 (1): 123 – 126.

[51] 王慧. 论预防性环境民事公益诉讼永久禁止功能的实现 [J]. 政法论丛, 2022 (1): 98 – 100.

[52] 王莉, 许微. 生态环境损害赔偿磋商制度法律属性的再认识 [J]. 河南财经政法大学学报, 2023 (1): 3.

[53] 王蓉, 陈世寅. 关于检察机关不应作为环境民事公益诉讼原告的法理分析 [J]. 法学杂志, 2010 (6): 70.

[54] 王社坤, 吴亦九. 生态环境修复资金管理模式的比较与选择 [J]. 南京工业大学学报 (社会科学版), 2019 (1): 45 – 46.

[55] 王胜明. 关于《中华人民共和国民事诉讼法修正案 (草案)》的说明: 2011 年 10 月 24 日在第十一届全国人民代表大会常务委员会第二十三次会议上 [J]. 司法业务文选, 2012 (31, 32): 63.

[56] 王万华. 完善检察机关提起行政公益诉讼制度的若干问题 [J]. 法学杂志, 2018 (1): 101 – 102.

[57] 王秀哲. 检察机关的公诉权与公益诉讼权 [J]. 法学论坛, 2008 (5): 134.

[58] 王旭光, 王展飞. 中国环境公益诉讼的新进展 [J]. 法律适用 (司法案例), 2017 (6): 13.

[59] 毋爱斌. 变更判决之诉的立法论: 兼论定期金给付制度的适用 [J]. 法律科学 (西北政法大学学报), 2019 (6): 153 – 157.

[60] 吴凯杰. 论预防性检察环境公益诉讼的性质定位 [J]. 中国地质大学学报 (社会科学版), 2021 (1): 31 – 35.

[61] 吴满昌, 王立. 生物多样性的司法保护路径研究: 以预防性环境公益诉讼为视角 [J]. 学术探索, 2021 (5): 109.

[62] 吴一冉. 生态环境损害赔偿诉讼中修复生态责任及其承担 [J]. 法律适用, 2019 (21): 40-43.

[63] 肖建国. 民事公益诉讼的基本模式研究: 以中、美、德三国为中心的比较法考察 [J]. 中国法学, 2007 (5): 141-142.

[64] 肖建国, 蔡梦非. 环境公益诉讼诉前程序模式设计与路径选择 [J]. 人民司法, 2017 (13): 16.

[65] 徐全兵. 检察机关提起公益诉讼有关问题 [J]. 国家检察官学院学报, 2016 (3): 169.

[66] 杨会新. 公益诉讼惩罚性赔偿问题研究 [J]. 比较法研究, 2021 (4): 119-122.

[67] 杨骐瑛, 阮一帆, 杨姗姗. 美国《超级基金法》及其对我国土壤污染防治政策的启示 [J]. 领导科学论坛, 2023 (1): 63-65.

[68] 叶纪保. 昭平县古树名木资源现状、存在问题及保护对策 [J]. 南方农业, 2020 (32): 105-106.

[69] 湛中乐, 孙占京. 论检察机关对行政诉讼的法律监督 [J]. 法学研究, 1994 (1): 37.

[70] 湛中乐, 尹婷. 环境行政公益诉讼的发展路径 [J]. 国家检察官学院学报, 2017 (2): 58.

[71] 章剑生. 论行政公益诉讼的证明责任及其分配 [J]. 浙江社会科学, 2020 (1): 53.

[72] 章志远. 行政公益诉讼热的冷思考 [J]. 法学评论, 2007 (1): 21.

[73] 张博.《民法典》视域下环境民事公益诉讼的运行困境与出路 [J]. 法商研究, 2022 (4): 121.

[74] 张红霞, 张晶. 生态环境损害赔偿资金管理的实证研究 [J]. 中国检察官, 2021 (19): 63-64.

[75] 张辉. 论环境民事公益诉讼裁判的执行: "天价"环境公益诉讼案件的后续关注 [J]. 法学论坛, 2016 (5): 82-84.

[76] 张剑智, 晏薇, 刘蕾, 等. 全球环境基金的影响、面临的挑战及中国应对策略 [J]. 环境保护, 2023 (13): 25-27.

[77] 张卫平. 公益诉讼原则的制度化及实施研究 [J]. 清华法学, 2013 (4): 14-23.

[78] 张显良局长解读《水生野生动物及其制品价值评估办法》[J]. 中国水产, 2019 (10): 24-25.

[79] 张洋，毋爱斌. 论预防性环境民事公益诉讼中"重大风险"的司法认定 [J]. 中国环境管理，2020（2）：139-140.

[80] 周虹，王栋. 检察机关提起行政公益诉讼制度构建中的问题 [J]. 中国检察官，2018（2）：73.

[81] 朱全宝. 论检察机关提起行政公益诉讼：特征、模式与程序 [J]. 法学杂志，2015（4）：116.

四、报纸文章

[1] 江必新. 认真贯彻落实民事诉讼法、行政诉讼法规定　全面推进检察公益诉讼审判工作：《最高人民法院、最高人民检察院关于检察公益诉讼案件适用法律若干问题的解释》的理解与适用 [N]. 人民法院报，2018-03-05（3）.

[2] 刘文晖. 惩罚性赔偿能否成为公益诉讼利剑 [N]. 检察日报，2018-05-23（5）.

[3] 刘欣. 我国古树名木保护法治化规范化水平不断提升 [N]. 法治日报，2024-02-02（5）.

[4] 吕忠梅. 建立环境诉讼资金管理制度 [N]. 检察日报，2016-11-14（7）.

[5] 邱春艳. 完善公益司法保护的中国方案　为服务保障中国式现代化作出新的检察贡献 [N]. 检察日报，2022-11-03（1）.

[6] 最高人民检察院督促整治万峰湖流域生态环境受损公益诉讼案 [N]. 检察日报，2022-09-23（2）.

[7] 张军. 最高人民检察院工作报告：二〇二三年三月七日在第十四届全国人民代表大会第一次会议上 [N]. 人民日报，2023-03-18（4）.

[8] 章宁旦，赖润敏，赵一瑾. 商贩用工业松香加工食品获刑又赔偿：广东检察十倍惩罚性赔偿金公益诉讼获省高院支持 [N]. 法治日报，2021-11-03（6）.

五、学位论文

[1] 吴真. 公共信托原则研究 [D]. 长春：吉林大学，2006：15.

六、网络资源

[1] 安徽省合肥市蜀山区人民检察院对合肥市国家税务局提起行政公益诉讼[EB/OL].（2017-01-23）[2023-05-10]. https://www.spp.gov.cn/spp/xwfbh/wsfbt/201701/t20170123_179471.shtml.

[2] 充分发挥检察职能 推进网络空间治理典型案例[EB/OL].（2021-01-25）[2023-05-05]. https://www.spp.gov.cn/spp/xwfbh/wsfbh/202101/t20210125_507452.shtml.

[3] 陈卓. 水费逾期每天罚0.5%，江苏消协起诉南京水务"霸王条款"[EB/OL].（2016-10-26）[2023-07-11]. https://www.thepaper.cn/newsDetail_forward_1549164.

[4] 第八批指导性案例[EB/OL].（2017-01-04）[2022-11-01]. https://www.spp.gov.cn/spp/jczdal/201701/t20170104_177552.shtml.

[5] 丁国锋，罗莎莎，高岳. 全国首例非法投放外来物种民事公益诉讼案一审宣判[EB/OL].（2023-02-08）[2024-03-10]. https://www.spp.gov.cn/spp/zdgz/202302/t20230208_600413.shtml.

[6] 2023年度全省法院十大典型案例[EB/OL].（2024-04-26）[2024-05-01]. https://www.gdcourts.gov.cn/gsxx/quanweifabu/anlihuicui/content/post_1842466.html.

[7] 广东召开领导干部大会通报广州市大规模迁移砍伐城市树木问题 真正做到敬畏历史敬畏文化敬畏生态[EB/OL].（2021-12-14）[2023-09-09]. https://www.gdjct.gd.gov.cn/ttxw/content/post_158558.html.

[8] 国家公园司法保护典型案例[EB/OL].（2023-10-17）[2024-04-30]. https://www.court.gov.cn/zixun/xiangqing/414672.html.

[9] 海洋自然资源与生态环境检察公益诉讼典型案例[EB/OL].（2023-12-29）[2024-03-20]. https://www.court.gov.cn/zixun/xiangqing/422032.html.

[10] 江苏省南京市人民检察院诉王玉林生态破坏民事公益诉讼案[EB/OL].（2021-06-04）[2023-09-20]. https://www.chinacourt.org/article/detail/2021/06/id/6079360.shtml.

[11] 屈凌燕. 法院裁定不予受理浙江消保委诉上海铁路局"公益诉讼第一案"[EB/OL].（2015-01-30）[2023-07-11]. https://news.cnr.

cn/native/gd/20150130/t20150130_517588646. shtml.

[12] 人民法院环境资源审判保障长江经济带高质量发展典型案例［EB/OL］. （2018 - 11 - 28）［2022 - 11 - 01］. https：//www. court. gov. cn/zixun/xiangqing/132681. html.

[13] 上海消保委起诉手机预装软件无法卸载 获中消协支持［EB/OL］. （2015 - 07 - 02）［2023 - 07 - 11］. http：//district. ce. cn/newarea/roll/201507/02/t20150702_5829566. shtml.

[14] 王纳，孟广军. 让病死猪流入餐桌 20人面临千万索赔［EB/OL］. （2017 - 03 - 17）［2023 - 07 - 11］. http：//health. people. com. cn/n1/2017/0317/c14739-29151058. html.

[15] "以数记实"见证我国网络强国建设成就［EB/OL］. （2024 - 05 - 07）［2024 - 05 - 19］. https：//www. cnnic. net. cn/n4/2024/0508/c208-10983. html.

[16] 赵亚芸. 广东省消委会提起四宗新公益诉讼：剑指假盐 索赔超百万［EB/OL］. （2017 - 10 - 29）［2023 - 07 - 11］. https：//m. cnr. cn/news/20171029/t20171029_524004192. html.

[17] 中国政法大学诉讼法学研究院.《中华人民共和国民事诉讼法修正案（草案）》修改意见［EB/OL］. （2011 - 11 - 25）［2023 - 05 - 08］. http：//www. procedurallaw. cn/info/1021/2497. htm.

[18] 最高检发布生物多样性保护检察公益诉讼典型案例［EB/OL］. （2023 - 12 - 28）［2024 - 04 - 10］. https：//www. spp. gov. cn/spp/xwfbh/wsfbt/202312/t20231228_638608. shtml#2.

[19] 最高检举行"充分发挥检察职能 推进网络空间治理"新闻发布会［EB/OL］. （2021 - 01 - 25）［2023 - 05 - 05］. https：//www. spp. gov. cn/spp/jqwlfzcz/xwfbh2020. shtml.

[20] 最高检举行"高质效办好每一个公益诉讼案件 更高水平守护人民美好生活"新闻发布会［EB/OL］. （2024 - 02 - 28）［2024 - 03 - 05］. https：//www. spp. gov. cn/spp/gzxbhmygajv/22xwfbh_sp. shtml.

[21] 最高检举行"依法惩治网络犯罪 助力网络空间综合治理"新闻发布会［EB/OL］. （2024 - 02 - 23）［2023 - 03 - 05］. https：//www. spp. gov. cn/spp/yfycwlfz/22xwfbh_sp. shtml.

[22] 钟亚雅，肖晓涵，林燕嫔. 广东广州越秀区：针对宠物主题餐厅食品卫生等开展听证［EB/OL］. （2020 - 11 - 12）［2022 - 08 - 05］. https：//

www. spp. gov. cn/dfjcdt/202011/t20201112_484632. shtml.
[23] 中消协公益诉讼告雷沃重工欺诈 诉称其违规生产[EB/OL]. (2016-07-27) [2023-7-11]. http://finance. people. com. cn/n1/2016/0727/c1004-28588594. html.